U0424119

苏恺之 著

我的父亲
苏秉琦

一个考古学家
和他的时代

生活·讀書·新知 三联书店

Copyright © 2022 by SDX Joint Publishing Company.
All Rights Reserved.
本作品版权由生活・读书・新知三联书店所有。
未经许可，不得翻印。

图书在版编目（CIP）数据

我的父亲苏秉琦：一个考古学家和他的时代 / 苏恺之著. —北京：
生活・读书・新知三联书店，2022.4
 ISBN 978 – 7 – 108 – 07264 – 1

Ⅰ. ①我⋯　Ⅱ. ①苏⋯　Ⅲ. ①苏秉琦（1909-1997）–传记
Ⅳ. ① K825.81

中国版本图书馆 CIP 数据核字（2021）第 178861 号

责任编辑	曹明明
装帧设计	康　健
责任印制	卢　岳
出版发行	生活・讀書・新知 三联书店
	（北京市东城区美术馆东街 22 号 100010）
网　　址	www.sdxjpc.com
经　　销	新华书店
制　　作	北京金舵手世纪图文设计有限公司
印　　刷	北京新华印刷有限公司
版　　次	2022 年 4 月北京第 1 版
	2022 年 4 月北京第 1 次印刷
开　　本	635 毫米 × 965 毫米　1/16　印张 25.25
字　　数	338 千字　图 104 幅
印　　数	0,001– 4,000 册
定　　价	99.00 元

（印装查询：01064002715；邮购查询：01084010542）

谨以此书

献给我们敬爱的父亲、母亲，
纪念父亲跟随导师徐旭生参加考古工作及陕西考古八十周年，
感谢所有前前后后和父亲一起并肩工作的同仁们，
深切缅怀对父亲有过各种学术思想交流润泽的前辈与学友们，
感激所有支持、呵护和关心着我们家庭的挚友们。

也以此书
回报父母家乡的父老乡亲们。

苏恺之，苏悌之，苏慎之，苏怡之
2014 年 10 月 4 日于北京

孔子说人三十而立，我体会了，那时我独立工作了、成家了、很美满；四十而不惑，是指能够判断是非曲直，我做到了，我选择了留在大陆、有了广阔活动的空间；五十而知天命，我也懂得了，自己要"夹着尾巴"做好自己的本职，也开始有了自己的想法和创造性的认识；六十而耳顺，我觉得也做到了，有了听到不同意见的思想准备而不畏惧了；我现在还想体味七十岁的"随心所欲不逾矩"，即心态和认识可以提高到新的境界，且基本符合客观规律，进入自由世界了。

我从事考古六十年，圆了梦，自己感到幸福。我有那么多的学生，他们有了出色贡献，所以我是富足而幸福的。你的妈妈曾多次要我写书，我不以为然，其实我的学生分布各地，这才是最大的文章，他们的成果汇集起来重新谱写中国的历史，那才是最厚最好的著作。

考古学的根本任务在于要对中国文化、文明的起源与发展，中华民族的形成与发展，统一的多民族国家的形成与发展做出正确回答。并以此为核心、框架，来系统复原中国历史的真实轮廓与发展脉络。为此，必须建立史论结合的、系统完整的史学理论体系。

我们考古学是大众的事业，总归要还给大众些什么，这是行业的本分。

——苏秉琦

自　序
——写在父亲投身考古工作八十周年之际

　　他，只是一介布衣教授，却是中国考古学教育的主要创办者，参与建立了中国第一个考古学专业，并担任教研室主任，培养了众多引以为豪的优秀学生。

　　他，没有官衔，但他非常自豪的是加入了中国考古学会，并在生命的最后十一年里当选中国考古学会的理事长，是中国考古学事业的重要奠基者和主要领导者。

　　他，没有离开过生育他的土地，没有出国留学，没有去海外参加国际学术会议、进行学术访问的经历，没有在国外发表过论文。但是他却想着"世界的中国"——世界考古中的中国考古学，将中国考古推向世界。他的《中国文明起源新探》一书，在香港出版的繁体字版早已售罄，现正准备再版；在内地此书由三联书店出版了简体字版，后又由辽宁人民出版社出版；在海外发行日文版之后，又将推出英文版。

　　他，没有在电视上露过面，不是社会名流，没有许多大起大落的人生故事。但他的家里或办公室里，却常有国内外来客求索学术问题；全国的许多重要考古发现，都会邀请他去现场指导。他被称作中国考古学的旗帜，他提出的考古学文化的"区系类型理论"和解读中国古代文明起源与形成的"文明论"，一直引领着中国考古学的发展方向。

　　他，发表的学术文章不多，只有一百三十篇（本），将近两百万字。

但他的《苏秉琦考古论述选集》却获得了首届国家图书奖。他的《华人·龙的传人·中国人——考古寻根记》一文，曾作为1988年全国高考语文阅读理解题，有两百多万莘莘学子在同一时间阅读同一篇考古文章，这在世界考古学史上是从没有过的传奇。

他，从1934年工作，到1997年离世，六十多年只做了考古一件事，用一生践行了中国考古学的科学化、大众化，圆了一个"其大无外，其小无内"的考古梦。

他，已经停止呼吸、停止思考十七年了，但是他的许多学术思想、方法和纲领性的远见卓识，已经渗透在中国考古事业里。这正像他在回顾人生旅程时感悟的那样："我觉得与事业融为了一体，我的生命将在事业的发展中得到延伸。"

我曾一再地从我父亲、从他的诸多前辈和同仁们的身上感受到，中国一代又一代的知识分子，为着我们国家的民族复兴和美好未来前仆后继，至死不渝。

这里，我愿从家庭的视角，把他漫长而短促的一生、多彩而单一的生活侧面，展示给关心他的人们。共同感受他的人格魅力，探寻这个没有行政职务的人，却有如此影响力的原因。适逢他诞辰一百零五年、参加考古工作八十周年之际，我代表我们子女，以此书表达对父亲和母亲的深切怀念和敬意；我们为自己是这位普通而不平凡的学者的后人而备感自豪。

苏恺之

2014年6月30日

目 录

自 序
——写在父亲投身考古工作八十周年之际

前 篇 最早的童年记忆　　　　　　　　　　　　3

父亲是属鸡的／我看到他开怀大笑／苏家,高阳,仝和工厂／不分家的"分家"／北上求学：他的第一次抉择／给冯玉祥讲课／徐旭生之一：亲其师而信其道／娃娃亲／斗鸡台：他在梦里喊的名字／令人惊讶的两件真事／立业成家：举迁北平之喜／抗战情结之一：韩振江去"那边"了,我们的热血曾一起沸腾／南下昆明：他的第二次抉择

如诗如画黑龙潭　　　　　　　　　　　　　　52

黑龙潭：让我们魂牵梦绕的地方／清贫却快乐着／中央机器厂：一种精神,一种力量／徐旭生之二："大学的校长,我的好老师"／而立之年读"天书"／至交校友俞德浚／云南自费考古梦的破灭／小家,大家,国家／与一对农民夫妇的情谊／胜利了！／"月是家乡圆"／回北平：他的第三次抉择／我们能回北平了

中篇　再回北平　89

金秋团聚北平／西直门大街26号：文人荟萃的家园／赞扬生命之一：花草和精神世界／北平城解放／留在大陆：他的第四次抉择／父亲给我的第一个差事：买报纸／莫逆之交王天木／倍加推崇裴文中／德国友人傅吾康／不学俄语和学术自由／出版著作和野外发掘都开始了／母亲自立梦的破灭／妙手灵心白万玉／抗战情结之二：韩振江回来了／真正的分家／考古界的"黄埔军校"／到北大教书／求真不易／忍辱负重

当个做学问的人　164

认真做学问的人／"香且醇"才是最好：父亲对工作的指标要求／"我的腰板是直的"：接待日本考古学者／问心无愧，自有良知／自己对自己的认可／业务灵魂之一："学会读书，学会和作者对话"／业务灵魂之二："学会运用事分为四"／识别好马，志在四方／提出"大文物""大遗址"概念／《关于仰韶文化的若干问题》的发表／苦涩与不安

暴风雨中　199

抄家／画在烟盒上的素描图／居住空间压缩，精神空间还在／赞扬生命之二：雷雨过后必有光明／学会忘却／父亲给我的第二个差事：探望徐老伯／爱国、爱民族、爱文化／父亲给我的第三个差事："去看看你三伯父吧"／清高，尊严／低头才好爬山，你就老实干活吧／区系类型理论／求索"石峡文化"／业务灵魂之三：学会工作方法／幸福，知足／忘却了吗？／"双达"勇士

| 后 篇 | 呼喊始于年七十 | 245 |

四处奔走，游说有余／传奇般的真实故事／中国考古学会成立大会／考古为"大政治"服务／唐兰先生送来的厚礼／离开北大，谢幕讲坛／"世界的中国"／三星堆："真正的巴蜀"／师生情同父子／难忘的1985年／搬到昌运宫／考古学的方法和目的／"我更喜欢勇往直前的精神"／喜见科普工作已起步／辽西的考古事业／考古先驱李济／我的时间不够用了

毕生一役，无怨无悔　　308

人老念故情／支持环境考古和科技考古／"告状信"／八十忆孟真，谈学科建设／铜绿山古矿冶遗址保护／长者为尊：白寿彝／谁先到达美洲？／桑干河，东方文明的一个摇篮／槐树，涿鹿／西周燕下都遗址的小典故／难忘的1994年／《圆梦之路》发表前后／天地君亲师／《中国文明起源新探》出版前后／张光直与许倬云／对"中国特色""中国学派"的学术情结／对生命的总结／遗嘱

余音绕梁　　380

魂归大海／母亲离去／余音绕梁

后记　　387

前篇

最早的童年记忆

（1941年以前）

父亲是属鸡的

我最早的记忆片段是1941年的初秋，母亲带着四周岁的我从北平辗转一个多月来到云南，终于见到了前来迎接我们的父亲。父亲离开北平时，我才一岁。

我们在曲靖南边一个山脚下的空地下了长途汽车。在嘈杂的人群中，母亲一手提着布包，一手牵着我。她一下子就发现了正在等待的父亲，赶忙叫我："甦之，快叫爸爸。"

高人半头、身穿长褂的父亲急匆匆地挤了过来，随即笑着把我抱起。他的脸紧贴着我的脸，我清楚地看到了他那浓密的黑发和有些陌生的、大大的面孔，他的眼眶里充满了泪水。这一幕深深地印刻在我的心里，留到了今天。

在北平时，祖母几次抱起我唠叨：长得真像他爸，也是个"小武生"模样，长大了也会像他爸一样有出息的。离开北平前夕，祖母特意给我买了一个涂有红绿彩的小公鸡模样的泥巴口哨。拥挤的长途车上我们只有一个座位，母亲只好一直抱着我。为了让我好受些，她一直让我拿着口哨玩儿，还练习了几次，要我一见到父亲就说："奶奶说你是属鸡的，让我给你这个。"可是就在快到达之前，我不慎将它摔碎了。就在父亲带着我们坐上去昆明的汽车时，我一下子搂住他，说"奶奶给我的公鸡——我把它摔坏了"，随即哇的一声哭了起来。父亲急忙讲："没关系的，爸爸再给你买一个。"

后来听母亲讲，祖母最疼爱父亲，我才慢慢体味到，祖母是用这个公鸡口哨儿来表达对儿子"老四"的牵挂。我每次回忆起这个情景时，都会责怪自己没有做好，把"奶奶说你是属鸡的"这句最重要的话漏掉了；但同时也会原谅自己：父亲自会明白的，母亲也会说给他听。

我们母子从北平到云南，计划了将近三年。这一路也经历了不少苦难。原定的方案是我们从香港飞往缅甸，再坐汽车去昆明。开始，舅舅陪伴母亲和我坐火车到上海，从父亲的单位——国立北平研究院设在那

父亲1938年底到达昆明后的第一张照片。国立北平研究院院长李书华款待刚到昆明的人员看电影，父亲在新落成的电影院拍摄了这张照片，并立即把它寄给了母亲。此后随着物资的缺乏，拍照的机会就很少了

母亲和我，摄于1941年离开北平前夕，把它寄给父亲之后不久，就接到了来昆明的通知。在母亲带我们返回北平时，这张照片奇迹般被带了回来

4

里的办事处得到了帮助，折腾了半个月之久，才买到去香港的机票。但到了香港，经多番努力还是没能买到飞仰光的机票。母亲没有熟悉的人，孤儿寡母奔波了多日，最终下决心买了离开香港西去的汽车票。父亲收到我们离开的电报不久就赶赴曲靖接我们了。而我们却在路上走走停停地换乘了几个"大鼻子车"，还有一段路程是在越南境内，行程缓慢。沿路打电报又极其困难，当我们到达时，父亲已经等了五六天了。

我清楚地记得，那天父亲把我抱起来时抱得很紧。二十多年后当我也有了儿子，也经历了和妻儿异地居住再相见时的情景，我才体会到，紧紧抱住自己儿子时的心境。

"再也不会分开了。"我长大后听母亲讲，那次相见时父亲曾向母亲郑重地许诺过。

我看到他开怀大笑

父亲先带我们来到昆明市区金马寺的碧鸡街。那是一条繁华的商业街，多为二层小楼，楼下是店铺，楼上是老板的办公室，有的店家还有后院住人。在这密集的街店里，有我们老家河北高阳县仝和工厂在昆明设立的"布庄"——办事处。父亲原想在这里只住一天，暂作休息。但第二天正逢中秋节，晚间街道上有传统习俗耍狮子，就特意多住了一天。

入夜，街面人头攒动，舞狮子的队伍挨家挨户从这头舞到那头，做各种表演，高潮都是由狮子大嘴里伸出一只手，设法抓到各个商店赏的红包。许多商家都是站在二层楼的外过道上，手持一个悬挂大红花的长竹竿，花里面捆有装钱的红包，来回晃动，舞狮队则要千方百计抓到。此时，围观的群众时而为舞狮队出主意呐喊，时而为举竹竿的人大声加油。在这传统节日里，我们的民族依然显示着顽强的生命力。

狮子队来到了仝和布庄，这里的竹竿更长，花朵也更大，成了整条街的焦点。一个店员用力晃着竹竿,但舞狮队却早有准备,几个人紧紧抱起一根粗竹竿,双人扮演的狮子爬到了顶端,眼看就要抓到红花了。观众大声呼喊着。突然,父亲喊了一句"让我来",并迅速把竹竿抓了过来。他的高个子和长臂膀,让局面立刻转变,狮子筋疲力尽也没成功,从顶端退到地面,研究对策,观众们一阵嬉笑议论。不一会儿工夫,一个长梯子移了过来,气氛再次达到高潮,狮子使用了它的最后一招,向上跳跃,但父亲也相应地跳一下,嘴里还喊着"给你",如此几次之后,父亲才静静地让狮子得胜。在楼上楼下的欢呼声中舞狮子的人大喊了几声,大概是些祝福的吉祥话,以示谢意。全和员工都很兴奋,父亲一边下楼一边开怀大笑,还和员工们说,我不舍得让他们再劳累了,他们也真有力气啊。

自此之后,虽然我看过他多次的喜悦,但总觉得远远比不上那一次。母亲说,他少有这般开怀的甚至是有些孩子气的兴高采烈劲儿了。

我的童年记忆是从那次团聚开始逐渐形成的。此前父亲母亲的事情,多是我成长之后逐渐从别的大人那里听到的和串联起来的。

苏家,高阳,全和工厂

我长大后,母亲在闲谈中逐渐告诉我许多老家的往事。父亲却说得很少,只是在"文革"结束后才讲得稍多些。

我们国家的20世纪二三十年代,甚至后延到1937年,有人将其比喻为黄金期或现代化萌动期。众多有识之士纷纷走出国门,如饥似渴地学习西方文化,使中国在政治、思想、文化、教育、艺术等多个领域逐渐脱离蒙昧,涌现出数不胜数的卓越人才。仅以教育界为例,就有蔡元培、范源濂、梅贻琦、张伯苓和李石曾等著名的教育家和大学校长。那时,许多知识分子开始寻求国家、民族兴旺发达之路,对中国传统文化和学术有着深沉的忧患意识。

而在冀中平原，不起眼的高阳县却出现了两个奇迹。一是它竟成为出国留学勤工俭学运动的"赤潮"发源地之一，这和人才辈出的李氏家族有关。1907年，高阳人李石曾（晚清重臣李鸿藻之子，留法第一人，留法勤工俭学运动发起人）在巴黎创办了中国人办的第一家企业"豆腐公司"（那时，法国经济困难，牛奶价格很贵，李石曾把在高阳老家学来的豆浆、豆腐制作技术引入法国，受到欢迎）。他从老家河北省高阳县招来四十多名同乡青年，一边工作，一边读书，试行"勤以做工，俭以求学"的方法培养人才，拉开了留法勤工俭学运动的序幕。二是高阳县的纺织工业和民族资本也在迅速发展，李氏家族曾起到重要作用。

高阳，在保定东南30公里，据高阳县档案馆记载，1943年，全县面积361平方公里，人口14.9万。现在面积470平方公里，人口30余万。父亲的老家北沙窝村，就在县城西侧偏北两公里许。母亲的老家西河屯，又向北两公里多。到了20世纪80年代末都成了高阳县的近郊区。

高阳及其附近的安国、博野、蠡县、定县、完县等地，轻碱地较多，很适合种棉花。这种棉花纤维长，能织出32支（纱）的精布，曾被称为"天津棉"。当时天津为进出口口岸，所以优质商品出口后往往被冠以"天津××"的头衔，如河北泊头盛产的鸭梨，出口时冠以天津鸭梨的名字。建国前最盛时期天津棉的产量可达每年400万匹，占河北省纺织总量的四分之一。产品甚至远销到蒙古、东南亚一带。

苏姓大家族开办的仝和纺织印染厂，始于1916年。当时我的大伯父苏秉衡和他的堂兄合伙从天津买来了一台日本的"楼子机"（提花织布机），开始织造提花布，年年获利。这是高阳布业从传统土布走上现代机器纺织的开端，带领了高阳北沙窝村提花织布业的迅速发展。不久，我的二伯父秉杰，从高阳甲等商业学校毕业回家，开始专攻图案设计。三伯父秉璋在保定著名的商号"裕丰泰"做学徒期满回来。人力兴旺。1921年，在我祖父苏绍泉的主持下，我的三个伯父共同组建起仝和工厂。

全家竭力筹集了8000大洋，购地15亩，盖房，购买楼子机32台，招收工人60名。工厂大门张贴的藏头楹联"仝心勤织纺，和气乐经纶"是祖父的书画好友李鸿藻写的，据说还在莲花池公园展示过。工厂经营麻丝，织提花麻布，又浆又染。"七七事变"前夕达到鼎盛，还在南边建立了25亩地的"南厂"。南织布北漂染，全部资产达二十多万银元，人员达四百多，成为染织兼备、工商并举的大型织染工厂，位居高阳布业之首。

仝和的外庄和商号，设于天津、许昌、汉口、徐州、潍县、西安、洛阳、昆明等地。仝和工厂的一些原料来自法国和意大利，后用日本洋行送来的麻丝。颜色用德国德孚洋行的品色和化学色，特聘设计师李相波改进花色图案，创出"渔翁得利""孝感动天""双龙珠"等知名产品。在短短的十多年时间里推陈出新，是个奇迹。此时恰逢30年代全球经济大萧条，唯独中国例外，民族资本主义工业在高阳县一带依然蓬勃发展，引起了一些经济学家的关注，直到20世纪末，美国学者仍在研究这段历史。

我的曾祖父是农民，他沿袭着祖辈的传统兼做些土布和棉花的小生意。祖父苏绍泉是秀才，在村子里做私塾先生，后又到县城里教小学，在村里和县城有较好的声望。他有意识地安排四个儿子的成长和就业，

仝和工厂漂染厂外景

我的祖父苏绍泉

带领着几个儿子从染布作坊起家,逐步办成大厂。在他和我祖母的协调下,家人之间的关系也很和睦融洽。他的管理能力和大局观,对四个儿子,尤其是老三和我的父亲老四影响非常大。

三兄弟协助我祖父负责全面的产销经营。工厂的规模也日渐扩大,技术日臻成熟。

三伯父自幼就聪明过人,心算好,记忆力强,做事稳重,所以工厂自然交由他来管理。两个哥哥也都心服口服,全力支持他。他重视并善于引进新的技术设备,在村里最先购买了发电机,配套用于新式织布机和照明,最先进口并使用了德国不褪色的染料。他一向注意工人的福利,人缘好,也使得全和工厂的声名极佳。劳资双方同心协力,工厂发展很快,几乎是一年一个样,成为高阳县数一数二的大厂。他还看到,高阳的优质棉花运到天津纺出好纱再运回来织布,存在往返运输的成本问题,所以高阳县不能仅限于织布,还应该发展纺纱业。

1935年10月,李石曾短暂回到高阳,考察了这一带的纺织业,提出要"扩充电灯、电气厂,发展交通,改造织染技术等事宜,拟先由地

《江南实业参观记》封面

方自筹,再请政府指导与协助",推定苏秉璋专程去江苏、安徽一带考察,并请高阳县私立职业学校的校长李福田随行。我三伯父回来后写了《江南实业参观记》,随即在李石曾的鼓励下,联络了一些工厂商户商定共同集资,修建一条连接高阳和保定(还设想进而建设一条从保定到天津)的铁路。因为这时他们都意识到,随着保定被确立为河北省的省府,这条铁路必定对保定和高阳的发展起巨大作用,只是后来由于日本侵华战争的爆发而破灭了。

仝和工厂的产品有较好的质量,在逐渐扩大的市场上日益取得良好信誉。三伯父曾发现在县城的集市上,有的摊贩把别的厂子的布匹换上了仝和工厂的标记,以次充好,便立即前去进行了处理。

七八十年过去了,依旧能在一些老人那里听来一些苏家和仝和的佳话。当厂子里有了发电机后,众乡亲都很羡慕,于是我三伯父(那时称他为三掌柜)决定,给每户人家安装一盏照明灯,不要钱。1924年至1930年,家乡遭遇水灾,粮食歉收,生活困难,三伯父就在春节前给每户都送去了粮食。南区厂子门外拴有一匹牲口供农户使用。又如,曾有两次清早在厂子的大门口,放着被遗弃的幼婴。三伯父就慷慨出资把他们寄养在老乡家,一直到孩子长大成人。天长日久,苏家人的口碑好是自然的了。

我祖父年老得第四子,心中十分欢喜,觉得前三个儿郎都能派上用场,便更看好老儿子,希望后起的老四更有作为。祖父曾对我祖母苏阎氏满意地说:"老四的天庭饱满,灵性绝不比老三差,'三岁看大,十岁看老'嘛,你记住我这句话吧。"祖母在祖父去世后,更是一心扑在老三和老四身上了。

那时的高阳人很有闯劲儿,不但表现在织布生产,还表现在出外经商中。除了保定、北平(前门地区)和天津(三条石地区),有些高阳人还跑到上海虹口区一条小街上做布匹买卖,这就是高阳路名称的由来。高阳路距离荣毅仁大家族和纺织厂(现在是上海纺织博物馆)不远(约6公里),这让高阳人很早就开始关注荣家的动向了。

李氏大家族和苏家是世交,曾有几起婚配佳话。现保存于高阳市区内的李鸿藻故居,与仝和工厂相距约2.5公里。巧合的是,我父亲所上的中学(现为保定一中)距离李石曾的"留法勤工俭学运动纪念馆"也是2.5公里。

1950年,我曾问过三伯父,厂子为什么起名为"仝",而不是同志的同。他喜形于色地问我:"铁路局的标志是个火车头,你注意到了吗,那个发明标记的人得到了几千斤小米呐。"我说我知道,像个火车头。他又说,它上面是个人字,下面的铁轨像是个工字,合起来是工人,构思巧妙。咱们厂子的仝字,不也是工人二字吗,思想很进步吧!

不分家的"分家"

1923年冬,工厂正处于空前发展期时,祖父病故。料理完后事不久,也就是春节后的一个晚上,由祖母主持召开了全家会议,讨论是否分家,很快地达成了一致意见——"分家"。"分家"的具体内容由刚上初一的父亲执笔,他们四个兄弟签字认可,内容是:

1. 工厂的全部财产在近期做出估价后，资金并不分出，依旧统一管理使用。

2. 将现在的资产均分成五个账户，相当于五个股东。他们兄弟四人各一份，祖母一份（含她自己愿意时用来接济她的两个女儿），按年度分红入账。

3. 每份都可以自由取出，但只能用于自己的生活，不能私自另设门户或向外投资。

第二天对外公布：苏家的分家方案昨夜完毕。众乡亲还是很惊诧，没料到分得那么快，尽管都知道苏家的大家庭关系融洽。父亲在他晚年时曾对我们说："苏家兄妹自始至终从没有红过脸——这就叫苏家。"

1925年夏，厂内资产评估完毕，正式建立了五个账户。自此父亲可以使用这笔经费了，但实质性的使用是在他1928年到北平求学之后，以及此后支持母亲在北平读完高中。他自己的和祖母的那些蓝布封皮的七八个账本曾在我家里保存，我上中学时常常翻着玩：纸面浅黄有印制好的红色竖格子，毛笔字很棒。第一页写有编号，会计是谁，年终时审核人是谁。以下就是正页：每个竖格分为三个格，分别写着某年某月某日，因何目的取走了多少银元，谁来取的，却没有本人的签字——由此可窥见当时民风的质朴。年底时，在一底页注明：总计本册或本年花费了多少，节余多少，分红利多少，净余多少。这些账本一直到1966年"文革"期间"破四旧"时，才被母亲紧急销毁。再有，父亲在斗鸡台考古出现了经费极其短缺的状况时，仍能坚持把后期的工作圆满完成，就是因为他动用了属于自己的那份资金。

1938年，日军侵入冀中地区，工厂陷入侵略者之手。工人失业，厂内设备被拆散夺走。苏家只有不多的流动资金在手里了，自此各个股东都自觉地不再支用这些经费，以支持我三伯父在后方惨淡经营布匹买卖的运转，也指望在西安从建立织布厂、筹建制革厂、筹建猪鬃制品厂等重新做起。三伯父全家也搬迁到西安了。此后虽然经过各种努力，新工厂始终没有建起来，直到1954年彻底收了尾。

二伯父还带着独生子和护厂用的枪支等，携同部分职工二百余人参加了时任冀中军区司令员兼八路军第三纵队司令员吕正操将军率领的八路军抗日游击队。二伯父的独生子苏润之参军后不久被国民党抓进监狱，受尽折磨，出狱后不久去世，已安息在老家的烈士陵园里。大伯父也在家赞助游击队打日本鬼子、打伪军，做过许多事情。

日本投降后，八路军接管了这个厂子，后来高阳县又是国共展开拉锯战的地方。1949年后，这个厂子归当地政府管理，给我大伯父、二伯父家每个月几百斤小米——有时近一千斤小米，相当于"赎买"了这个厂子。厂子的办公室等房屋，曾多年用作村政府（镇政府）的办公室。

老家的种种事情我听起来总有些神奇和不解：在老家，我们苏家就那么有人缘？纺织厂能有如此的奇迹？到了20世纪90年代，我一次次地回到父母的故土，和老乡们、领导们攀谈，在大槐树下久久沉思，我内心受到震撼，所有事实比父母说的还要充实感人。这才知道，他们在向我们提老家往事时，都是轻描淡写、低调处理了。

北上求学：他的第一次抉择

我父亲在保定读书的情况，他几乎没有说过。反而是1950年间，大伯父当上了高阳县的政协委员，高兴地来北京探望和观光。他问了我的学习情况后，顺口说："你爸自幼爱念书，很小就能背诵三字经，从上小学起要徒步走到县城里，来回各走五里地也乐意。你爷爷虽然是教书的，却并不想让孩子们总是一味读书，怕读成了书呆子。但你爸爸有灵气，老师一说就领会了，还喜欢在大人们说话时坐在一旁静静地听。你爷爷对他这个乖巧儿子特放心。"

大伯父还告诉我，父亲进入保定"省立第六中学"后，学习成绩一直在前。家里人都看出来了，这个家业早晚要交给他的，对此大家也充满了期望。在父亲进入高中时可以住校也可以走读，他选择了住校，开始锻炼生活自理的能力。后来我得知，第六中学校风好，师资力量强，曾培养了生物学家牛满江等许多有才华的人。它就是今天的"保定市第一中学"的前身，距离"留法勤工俭学运动纪念馆"所在地（旧育德中学）约2.5公里。

按照父亲填写的履历表：中学时代赶上了五卅惨案，学生运动被血腥镇压，学校空气消沉，《大公报》《国闻报》应运而生。"我经常阅读，合自己口味。对第一次大革命至南京政府成立、蒋介石背叛革命的历史，当时全不清楚。"虽然他说没能更积极地参加学生运动是因为报纸的报道不全面，而且说自己读大学时期的表现为中等偏左，但是我从他的一系列表现看，觉得他该近于左派了。

1928年，父亲高中毕业后单身北上求学，遵循祖父生前的遗愿，带着他的母亲和哥哥们的重托与期望：振兴家业，实业救国，应做出比他三哥更辉煌的大事业。

来到北平后不久，他报名参加了位于西城区北沟沿路（现名赵登禹路）西侧的北平工业学院的入学考试。期间看到该学院的设备陈旧，校园里空气沉闷，比不上师范大学等学校，担心在此学不到多少技能。在与同乡和新认识友人的接触中，他深深感到国家的形势严峻，青年的责任重大，"国不保家也难保"，于是在接到工业学院录取通知书后，没去报到，决心改学中华民族的历史以唤醒民众——教育救国，兴史救国。他也隐约想过将来当个历史老师，站在讲台上向青少年讲述中华民族辉煌的古代史及屈辱的近代史。于是他掉头报考了爱国气氛浓烈、学术思想活跃的北平师范大学历史系的文预科（那时各地的中学水平不一，所以要先读两年的预科）。半个月后，他以优异成绩被录取了。

这是父亲人生中的第一次抉择，时年19岁。

这个自作主张的消息传到老家，立即引起了波澜，很不被家人认可，几个回合的书信来往都是激烈的争论。祖母一向很疼爱小儿子，虽然不识太多字，但思想还比较开通，相信一向听话、稳健、从没做过莽撞事情的老儿子的选择必定有他的道理，就劝说大家不要太计较了。期间三伯父常到北平，准备在北平商业区——前门，设立分部以扩大经营范围。在和父亲的接触中他觉得长了很多见识，还能把工厂遇到的困难梳理清楚，并提出较好的解决方法。三伯父更加醒悟：现今国家难保了，村镇和自家也难发展生存了。他回到老家劝说大伯父、二伯父后，家里的不满情绪才慢慢有所缓和。几年过后，家里人逐渐觉得这老四还是很有远见的，也将是最值得信任的人。

父亲在北平入校之前的几个月里，居住在老乡介绍的位于西四牌楼颁赏胡同一个小院里，一个单人小房间。吃饭是个问题，他常常到街头的小地摊上或胡同里挑担子旁吃小吃，这养成了他一直很喜欢北平小吃的习惯——面茶、馄饨、豆腐泡丸子汤、豆腐脑、烧饼、硬面饽饽、豆汁就窝窝头、菠菜豆腐汤就窝窝头等，他此生的饮食没有偏好也没有忌口。工作后，他认识了同事兼老乡王振铎，两个人口味相投，常一道去东单牌楼西北角的小吃摊点，吃卤煮火烧、涮羊肉等。在我上高中时，母亲曾把父亲保留下来的一个长长的1934年的支出账单给我看，从中可以看出当年父亲自己的生活比较节俭，曾给了母亲生活费近百元大洋，并且在8月毕业后找工作的空隙，随着三伯父去了青岛，又花费了百余元。

北平师范大学的前身是始建于1902年的京师大学堂师范馆，是清末戊戌变法的产物，是国内最早建立的几所高等学校之一，更是中国高等师范教育的发端。经过清末民初的社会动荡，师大在风风雨雨中不断发展壮大，已成为教育观念现代、学科门类齐全的全国著名大学。当时学校师资实力雄厚，仅文学院就云集着如梁启超、钱玄同、黎锦熙、陈垣、高步瀛、吴承仕、余嘉锡、张星烺等享誉国内外的大师。学校早期提出"诚实、勤勉、勇敢、亲爱"八字校训,后又陆续有"以身作则""为人师表"为学校师生的座右铭。学生们要求自己具备端正的品德、精深的学术和高尚的情操。师大的学生就是沐浴在高尚、儒雅、向上的阳光下学习、成长的,因此在社会上声誉颇高。

父亲对大学的学习生活很是满意,曾多次说,这六年太重要了,使他懂得做人,是他成长的定型期。首先,自己的思想在与进步青年的交融中得到提升。其次,许多老师的治学精神对他的教育和熏染作用极其深远。当时师大采取主、副科制与学分制相结合的措施,使学生既有专长又知识广博,触类旁通。特别是开设大量选修课,文理科学生可以交叉选课,既扩大了学生的视野,又使各科学生在学习、生活中相互影响,使得文科学生也机敏,理科学生亦儒雅,体育科学生尚斯文。父亲选修了许多课程,如声乐课、器乐课(弹钢琴和吹笙)、图画课、西洋艺术史与美术史,对于他的全面成长大有裨益。现在该学校档案室里,还完整保存着他各个学科的优良成绩单。

那时的北平师范大学距离琉璃厂很近,他常去书店看书,也买了些书。这个习惯一直延续到80年代初。另外,学校就在厂甸地区,他也赶上过几次春节庙会,1947年春节时还饶有兴趣地带全家去了一趟,也让我们体会到了他的大学生活及其环境。

他在大学期间,还频繁出入位于北海前门西边的北平图书馆(今国家图书馆),说那里环境优雅,有传送书籍的自动传送带,还有自动饮水机等设备,属于国际水准,还藏有很多线装书,慢慢品味阅读它,编辑卡片,"真是难得的享受"。在寒暑假里,他没有把时间全放在老家,而是安排了一些时日专门来这里。为此还专门购买了一辆较时髦的英国凤头自行车。一去就是一天,中午就到大门西面的西什库大街的小吃摊点草草吃一点,有时是面茶就着硬面饽饽,或糖酥芝麻酱火烧,或饸面

北平图书馆（父亲摄于上大学期间）

馒头，有时则是窝窝头和豆汁、咸菜。每每回忆起这些，他总是说："挺好吃的呢！"

他上大学期间，正值"九一八事变"前后。民族危机，救亡热潮风起云涌。据他在 1957 年的反右思想检查中所写，学校里革命的、中立的和反革命的几种思潮和人物都有，他是中间而偏向革命的。他曾参加了中共领导的北平学联举办的暑期社会科学补习班，听取过许德珩、侯外庐等进步教授的演讲，受到马克思主义哲学，尤其是唯物史观思潮的影响，还结识了一些进步青年。与此同时，也开始注意和关注大师级人物，如王国维、胡适、陈寅恪、陈垣、傅斯年等。直到晚年，他依然能对这些人物当年的许多事情说个没完，说："国家有这些财富，太难得了。"

关于他的大学生活，我得到三个"旁证"。第一个是 50 年代在颐

父亲与同学会部分成员

和园,他意外遇到同专业但高一届的同学黄现璠[①]。黄1974年1月25日的来信说,"你还像三十年前大学时期那样慷慨激昂、侃侃而谈吗?回想当年同系相处,切磋琢磨情景,言犹在耳,也宛如隔世"。第二个是20世纪70年代,我有个同事是地质学家张文佑教授的儿子,我去过他们家几次,闲谈里得知,张先生的妻子刘蕴真,也是北师大历史系毕业的,比我父亲低一届,相互熟悉。她说:"你爸爸个头高,走路轻盈,说话有口音但清晰稳重,对同学会的进步活动很热衷,大家说他像《家》《春》《秋》里的老大,爱国之心能流露出来,我们那时就相信他肯定是个国家栋梁。"还有一个是60年代初,家里突然来了位南方客人,曾是父亲的老同学,热情的叙谈中我能听出,

---

① 中国现代民族学奠基人之一。

当年两个人都有着爱国的远大抱负，父亲向他说起了韩振江的事，他听了啧啧不已。

给冯玉祥讲课

"怎么，您还和冯玉祥有接触？您的历史怎么那么多事情啊。"1967年，父亲要在家里写各种材料，交代自己的历史问题，其中涉及曾去泰山和冯玉祥在一起待了两个月，我这才第一次把父亲和冯玉祥的名字联系起来。我有些懊恼地想：您怎么惹来那么多事啊？不管社会对冯玉祥怎么看，您认识他总不会是好事情吧？

后来才陆续听他讲了些情况。他大学三年级时，经高新亚介绍，于1933年夏季，和另外五个年轻人一起，去泰山的普照寺给冯玉祥和夫人李德全半读半讲世界史课程，整整两个月。冯玉祥点名要思想进步、受传统观念约束较小的青年人来给他讲课，并要直率地说出自己的分析见解。父亲每星期二晚上讲，轮到别人讲时则做听客并参与讨论。每次讲课后都要在一起议论一番，古今中外畅所欲言。

这些年轻人的领队，父亲记得是姓裴，后来没有联系了。但"文革"前又听说，他是地下党员，被派去台湾，不料因所在地下组织被破坏而牺牲了。

冯玉祥一口的保定府口音，遇到我父亲也说乡土话，立刻拉近了距离。父亲还陪同冯玉祥一家去探望了泰山孤贫（儿）院两次，也去过冯玉祥办的小学（今冯玉祥小学）。

这次特殊的经历时间不长，但对他思想观念和世界观的成长、提升有深远影响。他晚年，多次向我们子女称赞冯玉祥"心地的大度，眼界的宽广，对人的平和，善于倾听的态度，纯朴自然与体谅民情的心态"，给他留下了深刻印象，成为他所敬重并深受其感染的人。父亲还记得他写的诗《我》的最后几句："奋斗不懈，守诚守拙。此志

1933年夏,父亲和几位年轻教师在普照寺东北侧的卧云台。在他们讲课期间,冯玉祥正在此处盖房,以纪念几位烈士用。1935年,冯玉祥在此建成了"烈士祠"

不移,誓死抗倭。尽心尽力,我写我说,咬紧牙关,我便是我。努力努力,一点不错。"

父亲还说,这次讲课对冯玉祥有正面作用,他接受了唯物史观后的一些言论即为证明。例如他在第二年竖立了两个石碑,刻有他手书的两句话,其中一句是:"若不信辩证的唯物论则我民族不能复兴。"

冯玉祥对一些御用文人的献媚取宠、见风使舵做墙头草、见利忘义等行为十分反感,这也给我父亲留下了深刻印象,说"这就给我打了预防针,更懂得了做人的尊严、人格和义气"。这种感触的由来,和一次课后讨论时冯玉祥的激动情绪有关。说到当年与蒋介石作战时,冯玉祥说:"哪怕我再多一个团的兵力,我也不致败下。"大家听得很入神,都记住了这句话,却也没再说什么。几天后父亲又听他们中间的一人私下说,其实在这个事情上,冯玉祥心里有个很深的隐痛,不愿意明说。原来在那次作战中,有位曾跟随他多年的干将,冯玉祥本是很赞赏他的,只是没有外露,他却突然脱逃了,冯没这个准备,以致损伤那么大。而那人脱逃的原因,只是觉得冯玉祥对他要求太严厉,对下面将领们奖赏"还不够",因此而叛变了。

父亲还讲到,其实冯玉祥对手下都是相当民主、客气的。就是对当地的村民百姓,也很注意体察民情。他在1933年初春节前夕,看到村子里许多老乡还在为缺粮而犯愁,就给每户发放了一袋白面。

父亲在从泰安返回北平时心情很好,路过济南时曾去趵突泉游览,并拍照留念。此后,他一直保存着那张照片,却不曾料到,此生为了探寻大汶口文化又来山东五次之多,其中有一次长达40多天。

父亲给冯玉祥泰山纪念馆的信件草稿(第1页,写于1991年)

最早的童年记忆

北师大档案室保存的1934年史学部毕业照（后排左一韩振江，前排左二许兴凯①，前排左五陆泳沂②，前排左六系主任李佳学）

徐旭生之一：亲其师而信其道

1934年8月大学毕业，父亲是这一届毕业同学会的交际股成员（另外有编辑股、事务股、出版股），张罗了同学聚会、典礼等活动。

他本想毕业后在北平或者老家做历史教师，说是为了"让国人深知民族历史而懂得要挽救自己"。没想到天赐良机，毕业前夕，教育家、师大校长李蒸先生知人善任，认为父亲机敏且稳重，专心且善思，更适宜做研究工作，因此就推荐他这个河北汉子到北平研究院史学研究所求

---

① 许兴凯，笔名"老太婆"。在报纸上发表过许多小文章，痛批社会不良现象，疾呼抗日。对我父母产生了深刻影响，母亲曾向我讲述了不少他文章的内容。1921年经李大钊介绍加入共产党，1934年末赴日本学习，1939年在西北大学任教，和我父亲有少量书信来往。
② 陆懋德，别号泳沂，中国现代著名史学家。曾任大总统府礼官，后一直在北师大任教。

职①。赶巧该所的所长是曾任北平师范大学校长的徐炳昶（旭生）先生（以下或称徐老伯）。徐先生对他素有了解，当场就满口答应说：我将向院长禀报，几天后你就可以来上班。

事情就是凑巧。那时任北平研究院院长的李石曾，与徐旭生一样都曾留学法国，是勤工俭学运动的发起人，且在法国与徐先生相识。李石曾与李蒸又一向关系密切，1930年教育部任命李石曾出任师大校长，他委托李蒸为代校长任职近一年。北平研究院得到的经费资助也主要来自法国，而不是中央政府拨款。我父亲和李石曾相识后才惊讶地得知，他也是高阳人，且和我的三伯父也有过良好接触——三伯父去南方考察也来自李石曾的倡导。

北平研究院史学研究所设在中南海的西四所（位于怀仁堂左侧）里，中南海新华门的大门口由身穿黄色呢子军服的高个头宪兵看守，挺威风的，凡研究所业务人员出入新华门时必行军礼致意。向父亲行军礼，这是我此生唯一见到的一次。研究所下设考古组和历史组。考古组刚起步②，人员不多且不很稳定，由徐旭生负责，聘请何士骥和我父亲等人共同工作。历史组则聘顾颉刚为主任，阵容强大，有吴世昌、吴丰培、刘厚滋、张江裁等为编辑，请刘师仪、许道龄、石兆原等为助理；又聘了陈垣、孟森、容庚等人为名誉研究员，冯家升、白寿彝、王日蔚、杨向奎、顾廷龙、王振铎、童书业等数十人为名誉编辑。其中，冯家升、王静如、白寿彝、王振铎等自此成了父亲的终生挚友。

年少好新交。父亲说他工作后"像海绵那样渴求知识，渴求和那些有学识的人交往学习"。对于那时同事们的名字，到了晚年他仍能一一说出。工作不久，就和在南京时任中央研究院院长的傅斯年有了几次书信交往，

---

① 我从北师大校史办公室王淑芳老师那里得知，在那期间学校出了几位来自河北的杰出人才，所以校长推荐苏秉琦是很自然的事。又有文章说，北平研究院副院长李书华曾对李蒸校长说过，请他寻找一个适合做考古的人才。

② 1929年成立，晚于南京的史语所一年。

在宝鸡的"古大散关",此碑已损毁(左一何士骥,右二徐旭生)

傅与陈寅恪所崇尚的"独立之精神,自由之思想"给他极深的记忆,延续了一生。还认识了北平研究院物理研究所的钱临照、翁文江。在书柜里,一直珍存着王国维、向达、竺可桢、唐启宇、翁文灏等人当年的论文。

他和徐旭生在同一房间工作。几番长谈后,徐老伯见他进入角色快,对中国现代考古学"修国史"的任务开始着迷,就给予重任。同年10月底即让我父亲随他和何士骥等人一道至陕西宝鸡斗鸡台从事田野考古工作,随后就交由他负责沟东区的发掘,由此翻开了他此生的新篇章(何士骥在西安负责整理沟西区的资料)。依我的感觉他就是"死认这一门且用心一也"。在徐老伯的长期指引下,他的脑海里逐渐酝酿形成了他晚年时呼出的理想:为重建中国古代史(史前史)而努力。

宝鸡发掘工作的内容和目的是什么?20世纪70年代末,父亲用简单的话回答我:(20世纪)二三十年代,是近代中国考古学的奠基时期,南京的重点是到河南的安阳殷墟做发掘,而北京的重点一是北京南边易县的商周遗址的发掘,二是陕西渭河流域的发掘。斗鸡台的发掘目的很明确,就是找出秦人和周人的关系脉络,并和文献记载相联系做研究。他还说:我国至少有两千年较完整、无间断的文字历史记载,是中国历史学、考古学的特色,不容轻视,而两千年前漫长发展的古代历史也同样值得重视。

在 1964 年间,我和父亲偶然谈起郭沫若时又得知,郭老当年的几句话让年轻的他激动、铭记终生,因此在他的一生中对郭老始终保持尊重。父亲说,郭沫若在 20 年代对中国考古学的地位和任务,在《中国古代社会研究》一书中写得很明确也很正确:"对于未来社会的待望逼迫着我们不能不生出清算过往社会的要求。目前虽然是'风雨如晦'之时,然而也是'鸡鸣不已'的时候。"这句话很是"激动人心",使得这个学科从一开始就很健康。所以我这个从业者,光凭这一点,也要对他尊重,我就把这个守住。别人对他杂事的议论在我这里并不重要。

1959 年,我在担任大学助教后曾正面问过父亲:古语"亲其师而信其道"原是说给老师用的,即做老师的让学生感到和你亲近了,学生就自然地愿意接受你传播的道了。但如果用在作为学生的您身上,即您对徐老伯,是先和他亲近了而后受到他的为人品德的感染,还是由于崇敬他的正义耿直而和他学术上走得越来越近了?他说:两者都有,相辅相成吧。进而又说,徐老伯重视古代文献,重视把野外发掘与古代文献资料相结合。这对父亲的影响很深,成了他一生的法则。

父亲去世后我在整理他参加工作前四年即 1934—1938 年留下的部分文字材料时,也感受到他参加工作时的充沛精力与全身心投入,为充实基础、扩展知识面下了功夫。

和美国图书馆取得了联系,索要了两卷胶片,是考古方面的文献资料"微缩版"。那时没有扫描、复印手段,文献的传递只得采用胶卷,然后在专门的"缩微阅读器"上阅读,或是放大洗印出照片来阅读。他还曾和英国杂志社联系索要了一些期刊,现在家里还留有三本 1902 年、四本 1936—1937 年的人类学期刊。

对国外的文献做系统调研，保存有文献卡片两大盒、外文文献目录的笔记本两本、记录的文献条目六七十页。其中有安特生的文献目录等，还有些德文的文献目录，后者似乎是为了鼓励傅吾康[①]先生介入考古学领域吧。

在赴宝鸡工作期间的手札，关于宝鸡历史资料的搜集，以及许多与野外工作相关的知识书籍，如土壤学、人体骨骼结构、三角函数、摄影技术、素描基础等。

和南京的中央研究院史语所、国立中央博物院取得联系，索要了"野外器物登记表"和"填写说明"作为参考。

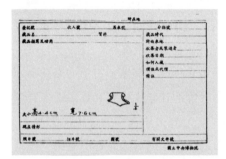
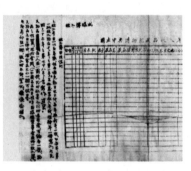
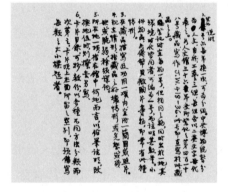

器物登记表以及填写说明

[①] 傅吾康（Wolfgang Franke，1912—2007），德国汉学家和战后汉堡学派的主要代表人物，汉堡大学中国语言文化系名誉教授。

到中德学会学习德语,认识结交了傅吾康,并被吸收为会员,以后为了避免日军伤害,遵傅吾康的好意,挂了"总务委员"的虚衔。

那时,不知他从哪里得到了一本暗红色精装的由苏联印刷的非卖品《联共(布)党史教程》。日军占领期间,因傅吾康先生的保管而留存了下来,直到20世纪70年代。

再有,他还专门定制了一个两米高的菲律宾木带玻璃门的大个头书柜。祖母曾取笑说:怎么你要在家开个图书馆啊。在这个书柜最上端中部,一直存放着两本大块头的书:《殷墟》和《城子崖》。母亲告诉我们,这是"绝对地"不许乱翻的。我记得在50年代初,有位来访的客人很敏感地发现了它们,说:"你不如卖掉吧,每一本就可以有近一千元收入呢。"这大约相当于父亲十个月的工资(每月1000斤小米),但父亲根本不予理会。

娃娃亲

1951年春,我的姥爷解尽臣和姥姥解闫氏来北京住了近一个月,我们全家陪同他俩在市区各处参观。几天之后,我和他俩相处得很轻松融洽了。姥爷给我讲过很多我从不知道的小故事小知识,例如在做生意的同行内部,各有各的"行话"(暗语),我能记得其中一部分,如把由、申、山、大、井、口这些字喻为一、二、三、五、八、零。行外人听不懂。

有一次,姥姥给我讲起了父母二人的结缘经过,说,你现在14岁了,当年你爸比现在的你大一岁,你妈比你小一岁的时候他俩定了亲。我听着很惊奇有趣。几年之后我才鼓起勇气去问了母亲,她笑着承认了。几天后大概告诉了父亲,父亲就把他们结婚时算命先生写的算命单子从樟木箱子底部找了出来,给我"欣赏"了。

那是1924年春节期间的一个傍晚,苏家和解家两个大家族的人都带着长板凳来到西河屯的空场子看大戏。春节期间各个村子轮番地连续演戏是惯例,每个村子里演几天不等,和村子的富裕程度有关。大多是京戏,也有河北梆子。在河北中部地区,农民的戏剧团体比较发达,演出水平和欣赏水准都不错。由此可以理解为什么北面的霸州是京剧之乡并诞生了李少春、盖叫天等著名京剧表演艺术家。

赶巧两家挨在一起,开场之前大人们相互攀谈,一群孩子在一旁追逐打闹,手里拿着"刺刺花"(最小型的烟花)玩。两家互相谈论这些孩子,那年父亲15岁。祖母说这个13岁的女孩儿很伶俐乖巧啊,于是有人半开玩笑地提议把她配给这个男孩正合适啊,而且追索起来,两家在许久以前还有远亲关系呢。这可是亲上加亲。两家都觉得这个想法不错,我奶奶和我姥姥谈得很投机,此后就一直有走动,也就相当于认了这门亲事了。我常想,这一个小小的刺刺花,偶然引来的长辈人聊天,竟然将母亲和父亲的人生轨迹结合在了一起,才有了我们这个考古之家,演绎了七八十年的人生之旅。

两家原本认识,对方的情况都算知晓。西河屯村住户里,解姓人家挺多。我的姥爷也是上了私塾熟知经文的人,没去考秀才,在家务农,却能写一笔好字,村子里凡有红白喜事要写帖子,春节时各家的对联,都非他莫属。我奶奶以前就听我爷爷说起过这家人。

祖母很疼爱父亲,父亲也一向很尊重祖母。1926年春节前夕,17岁的他要求我祖母务必向解家表示,要求明年小学毕业的母亲务必继续上学,直到把初中、最好是高中念完,如果解家的财力不够可以由他给予支持。

解家很重视这个要求,懂得这些道理。我姥爷虽比较富裕(土改时定为富农),却已没有足够财力,因为恰好此时我的舅舅正在天津的一个财会中等专业学校学习,几乎已花完了家里所有的积蓄。

但还好,半年后舅舅刚毕业就到北京东交民巷的一个外国银行当上了一个小职员,并在北京租了个小房安了家,经济宽裕了许多。于是我姥爷就利用这个机会,让母亲于 1926 年末,跟随回老家探亲的舅舅,一起来到北京,与他们同住一间平房,并按照父亲的提议,到当时北京最好的中学就读,父亲负责她的零用钱。15 岁的母亲刚来北京时遇到了不少困难,例如她入学时学校已开学数月,功课一时吃力;从家里去位于北池子的第一女子中学要徒步两三公里,中午还要赶回家吃饭;班里多是城里学生,不少人看不起农村来的。父亲是一年半后的 1928 年来到北平,母亲回忆说,他的到来让一切都好转了。

1929 年,母亲 18 岁时才初中毕业,但毕竟是村子里第一个初中毕业的女生。

按照我父亲的主意,母亲继续就读北平师范大学女子附属中学的高中部,开始住学生集体宿舍。1931 年初,舅舅所在的银行在天津设立了分部,因而随即迁往了天津。自此,父亲开始负责母亲的全部生活费用。

虽都在北平,但他们极少能用上电话。所以,从 1928 年起他们两人就开始有信件往来,并成为主要联系方式。两人用的是进口信纸,用蘸水钢笔竖写,行文清秀工整,当然母亲的字比不上父亲的,父亲说他很用功地按照一本教科书《钢笔行文千字帖》练习了钢笔书法。

两人都把信件保存了下来,直到 50 年代末。我是在 1955 年上高三时最后一次看到那些信件。信里没有海誓山盟的言语,也没有卿卿我我的字样,也很少涉及物质金钱的追求,多为心灵的沟通,却很有韵味,总让我一再地联想到作家冰心那个时代的文章,清澈素雅。我现在体会起来,这个时期(也许可以一直延伸到 50 年代末)是他俩一生中最愉快、最幸福美满的时期。

我入神地翻看,父母在一旁会意地抿着嘴笑。我想,这是二三十年代特有的时代精神吧,竟可以让儿子来欣赏咀嚼自己的私人信件。我这一代人很难想象,更别提我的下一代了。

父亲写道,我觉得这个钢琴曲子(像是月光曲类的小夜曲吧?我记不清了)很美;母亲写道,吹笛子总是不算动听,那几个小曲子只是勉强吹完整了。①

母亲对于一次花销很心疼。她和几个同学多方策划后,终于去万寿山②玩了一天,很愉快,只是坐人力车到西直门外北面的高粱桥再租了个马车到那里,又在石舫边的听鹂馆吃的午饭,花的钱超出了预算,如果让她母亲知道了准会责怪她。她带去了笛子,只是大家在石舫处聊天却没有兴致唱歌吹笛子,于是它成了摆设,几个人轮流拿着它照相,效果不错。

那时去万寿山主要是走从高粱桥出发的水路,它旁边的小路可以骑驴或坐马车。很窄的汽车路是此后日本占领时期才从西直门修到那里的。1949年后沿这条窄路做了扩建,只有从北京大学西门到西苑的一段路和原来的路线不同。

母亲(右一)和两个同学在石舫附近

---

① 似是父亲专门给母亲写成的简谱——母亲对于五线谱不习惯。我上小学时,母亲教我唱的几个古曲,可能就是她这个时期学来的,有《小白菜》《满江红》《苏武牧羊》等。
② 那时把颐和园叫万寿山。

我还记得，在信里，父亲对母亲的饮食和花销都过于节省做了几次劝导，说早饭不吃是很不好的，不要轻信诸如"废止朝食论"、李石曾倡导的"素食论"等。要母亲中午在学校吃食堂时最好打两个菜（母亲告诉我，那时的一个菜就只是盛一菜勺）。父亲曾和母亲约定一个周末，两人到北海公园前门的东面、北池子路口的一个有些名气的饭馆①去吃"肉末夹烧饼"，这个饭馆距离女一中也很近。两个人还曾约定到中山公园的水榭看温室花草，观看院子里那一大片大鱼缸里面许多稀有品种的金鱼。足见他俩的心情很好，充满着对未来新生活的向往。

他俩还曾对会计职业和护士职业做了多方比较，母亲要在二者之间做出选择，似乎倾向于后者。父亲倾向于前者，对她说：这样可以让你和你哥哥，还有我哥哥有了共通之处。

和这些信件同时保存着的，是我父亲的五六本硬皮本的日记，是书店出售的专门用来写日记的厚本，像本书，用进口纸张印制，印有竖写用的浅色格子，每页的边角都有一条励志的名言警句。大概是从大学期间写起，直写到他1938年离开北平前。里面多是工作生活的纪实，如来往信件，见到的客人，曾有多处提到了和他的老师"旭师"的接触情况，如讨论了什么问题，提到了哪些古书，一同去了哪里等。当然里面也很自然地写有涉及国家危亡、民族苦难等几句话式的感慨议论。

我注意到父亲很节约。这日记本的价格肯定不菲，原是每一天占一页的格式（日志），但他没有留下多少空白处，是挨着写的。他从一开始就不是每天都写，而是有事情才写。

我还注意到，一个日记本里夹着两三个自制书签，是压平了的暗红色干枫叶，在它的叶梗处拴有彩色丝线编织的小穗子。过了几天我才醒悟：啊，它必定是母亲的作品啊。

这些日记，在50年代末销毁了，很是可惜。而最可惜的，是父亲

---

① 该饭馆似于20世纪70年代末消失。

此后在昆明八年时间里，仅仅写了一本日记，也是个"洋纸"硬皮本，里面的字越写越密，内容越来越简练，紧凑得很，最后只剩下几页空白了。而且这本日记其实已属工作记录了，我记得里面多是和谁见面了，做什么了，以及不多的信件往来记录等，也有一次提到，上月薪水还未到。

1932年夏，母亲高中毕业后返回老家，更是成了村子里第一个女性高中毕业生。几个亲戚姑娘们还前来串门，专门来看看高中毕业证书——"洋学堂"的证书是啥样儿。

经过两家的积极筹备，1932年末，父亲请假回老家结婚。新房是一个单独小院，北房五间，是我祖母特意重新翻盖的，在家族里面算是质量较好的住房。八十年过去，目前尚存，据称这里准备作为文物保护点"苏家老宅"——父母的房子和它北面全和工厂的几排房子。

两个人都是家里的老小，加上父亲有自己的账户，所以完全遵从了他母亲的心愿，婚礼的大场面在北沙窝村子里是少有的。解家送来的嫁妆是五个大樟木箱子。

祖母并不迷信，但是为了烘托喜庆的场面，还特意请来了一位以前认识我祖父、在县城里有些名气的算命老先生前来，根据两人的生辰八字，当场写了一个帖子说：必是多子多孙，向南方发展必有大吉大福。这个人写的字很好，写在大幅白色绸绢上，我们子女都看过，可惜在20世纪60年代也销毁了。

1933年春天，父亲回家探亲数日，特意在他的小院子里种植了一棵槐树，还带着祖母和母亲，到保定市区里的中央公园（现名莲花池）游玩，留有风景照片。

斗鸡台：他在梦里喊的名字

对于父亲在斗鸡台工作情况的总体评价，是直到1967年我去徐旭生老伯家探病时，徐老伯说给我，我才知道的。

徐老伯说："你爸爸那时英年笃学，意气风发，一往直前，聪明睿智，从不知累——我很看重他，是你之楷模。"接着，徐老伯让我扶他起身走到书柜旁，从最底层拿出了一个久久封存的牛皮纸袋子，里面是父亲1935年初写给他的"信件"。徐老伯说："这是他给我的一份额外的工作汇报，他'良工不示人以璞'，所以我一直珍存着它呢，三十多年了，你拿回去留做纪念吧。"原来徐老伯安排他在春节放假、民工休息三天的时机，由白万玉先生陪同，到斗鸡台附近的几个小地方观光考察一番。他当作"奉徐公之命"，认真去办了，回来写了这份汇报。

我回家后对父亲说，徐老伯很是赞扬了您一番呢，还是四个字、四个字的一大串，我背诵得不很全了。父亲听了笑着说："徐老伯可从没这样表扬过我。他的这些话，应当用来形容他自己的年轻时代，放在他身上才最合适。或者，你要理解为他把这些作为标准，作为对你的要求，做你的楷模吧。"

母亲说，人家把大事情交给了你，不就是对你最大的赞扬吗。父亲得意地笑了，双手十指合拢微微摇着头说，你这话说对了。接着又感悟地说："好的老师，好的课题，好的切入点啊。"

我没料到，在那红色海洋的浪潮里，这师生二人还有如此兴致回顾过去。而父亲上面说的14个字，到了1994年他再次向我说及，我才有了更深切的理解。

不久后，母亲想起父亲在斗鸡台的一个趣闻，就翻出了三张旧照片给我看。那是父亲在宝鸡的工地，发现一个民工很憨厚，干活卖力气，所以对他很赞赏，慢慢得知了他的大心思——到明年开春时他积攒的工钱就能娶上媳妇了。于是父亲资助了他一点，答应他提前支付些工费，好让年纪不小的他年前完婚。参加婚礼时，父亲给他们照了几张相片，情节是新媳妇下了轿子就由媒婆搀扶着，踩着红色的羊毛毯子前行，旁

宝鸡工地一个民工的婚礼照片（父亲摄于1936年和1937年之交）

边几个人把走过的毯子赶快移动到前面接替上，一直走到新房门口举行仪式。事后，那个新媳妇第一次看到相片，看到了自己的模样，高兴地说，这可羞死人了。这张相片成了他家的珍宝。只可惜，现在我家里只存一张了。

在斗鸡台工作期间，吃饭、住宿、文物存放、文字初步整理等都是在陈宝祠里。当时正逢宝鸡—西安段铁路的建设后期，负责斗鸡台这一段施工的工程师是一位比父亲大几岁的年轻人，他很忙，常坐着"专用车"（平板车，由车上一名工人双手推拉一个把手做动力，在铁轨上奔驰）前后巡查。这里几乎只有他俩是文化人，时间一长，谈得很投机，当地老乡对他俩也很尊重。他很喜欢考古，两个人多次在斗鸡台的山坡上观看一些古迹，如废旧古堡和父亲工作居住的陈宝祠，还有东北方向不远处传说中的陈仓古城遗址，在那里可以拾到一些旧瓦片和带锈迹的铜箭头——这些捡来的铜箭头带回北平后曾摆放在他办公室的一个小展柜里，从昆明回来后再次摆放出来多年。父亲还在陈宝祠里的佛像前请这位工程师给他照了张相。

铁路线基本是东西向，北面是丘陵和山坡，南面是平坦土地，界线较明显，但一个小山包正好位于设计的铁路线上，所以需要开挖隧道。而这个山包却是绝好的圣地，上面建有古老的陈宝祠，最南端还有古堡。从庙宇向西、向南、向东看，都视野开阔，唯有北面连着土坡。父亲和同事们就借住在这个庙宇里。父亲说，到了夜间，能听到从戴家沟的草木丛里传来的狼的嚎叫声。

这位工程师说，他根据此前考古人员的介绍，已决定改变原有的施工计划，把对这个小山坡原定的明开挖改成了隧道开挖，以便将这些古迹完整地保存下来，并将这个隧道命名为"斗鸡台隧道"，尽管这会加大一些工程量。这是陇海铁路上最短（一百多米）的隧道，单从经济角度看是最傻的方案了。

现在此地已被夷为平地，原隧道处仅剩一点痕迹。2011年10月12日，《宝鸡日报》说位于隧道东西两个道口的顶石，保存在了宝鸡金台区文化馆，长、宽、厚为160、60、10厘米，要四个壮劳力才能抬起。两端的顶石由邵力子和杨成武分别书写了"斗鸡台隧道"五个大字，写得苍劲浑厚，显示了那时民众的爱国之情，也显示出当时对于这段铁路工程的重视和对此地考古工作的关切。

建国后，我父亲还四处打听这位工程师的下落，却无结果。父亲很想念他，说那个技术员敢于挑重担，做事果断，这样的人业务成熟得快，是个有用之才。父亲在说他，其实似乎也在说自己。就在本书定稿前夕，我意外地在网上得知，在戴家沟有位戴宏杰，"他在那时还算一个有文化的人。他经历并参与了党玉琨的盗掘和苏秉琦先生主持的考古发掘。苏秉琦在斗鸡台发掘时，他被当作民工中的技术骨干，抄抄写写什么的，所以对考古中的一些常识有所了解。我们找到他时，他已八十岁高龄，但脑子记忆特好，对当时的一些主要人名都记得很清。对一些考古术语用得比较准确。对苏秉琦先生很崇拜，多次表示希望在有生之年能再见一次苏秉琦先生"①。推算下来，这位还记得我父亲的戴宏杰应是近百岁高龄的人了。

  1937年初夏，是父亲第三次也是建国前最后一次出差宝鸡。回到北平时，距离我的出生只有几个月了。母亲突然发现他睡觉时说起梦话了，而且说的都是野外现场的事情。有两次，甚至从梦中突然坐了起来，双手对持像是抱着个东西，喊道："快看这！这里又有个头骨！新发现啊！"

  母亲把这个新情况告诉了祖母，祖母半开玩笑地说，这个老四，真是属鸡的命，迷上了宝鸡，果真把鸡当成宝了。

  在我年幼时，听了这个故事没当回事。现在回想，宝鸡的工作对于他已是如同生命。

  在返回北平前，考古队先到西安做器物的进一步登记整理，再正式装箱运回。他们在西安停留总共一年，还借机对西安市区及附近的几个遗址作了调查，也登了大雁塔和华山。在华山脚下购买了刚出版的华山碑帖和好大一卷石刻拓片，一直珍藏到"文化大革命"时。自此，父亲对华山有着特别的关心和感情，多次在家提起华山，这可能和他晚年出版《华人·龙的传人·中国人——考古寻根记》一书的书名不无关系。

  父亲曾给我们介绍过，在宝鸡—三门峡一带，村民中斗鸡娱乐的风俗由来已久，老乡们用的斗鸡是专门培育的，头顶和脖子几乎是光秃秃的，鸡冠子很小，而腿很粗长，有助于搏斗，等等。

  他还注意到，放羊的羊倌对于他的每一只羊都能辨认，能叫出它们的外号。这个见闻竟然启发了他：识别陶器的外形和纹路，可以像分辨羊只那样细微化。他在宝鸡停留的时间不算长，却很注意从各个方面吸收素材。我进而知道了，他在野外坚持晚间写文字总结和善于向老乡学习等习惯性做法，都是从徐旭生那里学来的。

  我在2010年特意去了宝鸡斗鸡台，找到了沟东区、沟西区和戴家

---

① 此文似为20世纪末的事，后于2007年报道。

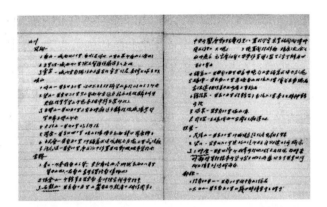

父亲在宝鸡工作期间收集的凤翔、岐山、扶风、宝鸡和郡县等地的地理历史信息

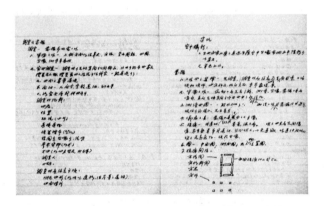

父亲的野外工作读书笔记

沟,却已是物去人非,找不到遗迹。斗鸡台的隧道已于1956年、1984年拆为平地。山坡上有了不少住户,新出现了登山台阶和即将完工的市政府办公大楼,很难想象当年在这里会听到狼的叫声。询问那里的老者,他们对我手里拿着的旧地图和村落地名茫然不知。到了2012年,郭大顺先生建议,由国家文物局的孟宪民等人前去实地考察,找到了迁移后新修建的陈宝祠,还看到了许多新的盗洞。

2014年4月26日,我参加了在宝鸡召开的纪念陕西考古工作八十年座谈会,见到了罗宏才先生和陕西师范大学出版社刚刚出版的他的《陕西考古会史》一书。他发现了我父亲在斗鸡台工作期间的见闻录(载《国立北平研究院院务汇报》1936年第七卷第二期,第79页)。里面述及当时工作的艰苦,是父亲不曾在家里说过的,现将部分语句摘录如下——他们共11人于1934年11月19日乘两部载重汽车从西安启程:

> 车厢装满了行李,箱子,和一切日常及工作器具,人就坐在上边。
> 高高地坐在车上,迎着峭厉的西风,引起一种悲壮的情绪。
> 光景动人的陈宝(祠),也式微的不堪了。只有不大的三间正殿,三间门洞,和四小间东西厢房。陕西考古会的临时办公处,就设在此地。
> 各屋都门窗洞开,立刻找来些高粱杆做窗棂,用麻纸糊起来,然后把行李铺在旅行床上就睡了。
> 夜间凉风阵阵,真有说不出来的凄清滋味!

而徐旭生先生,是在此前的自备科学考察中受过极度艰苦环境锻炼的年长者。他作为带头人,为鼓舞士气,在工作站撰写了新联,显示着他高昂向上的感受:

> 流星闪光,兆秦族兴王之运,实即启全中国大一统之机,庙建陈仓,像设北坂,永涯于今存古祠;雏雉来格,乃宗教祀物之胤,亦可为数千年群神祇之姊,栋宇无恙,雕绘如昨,村老岁时奉蒸尝。

这尤使我深受感动,心生敬佩。我父亲就是在这样一位品德高尚者的长年带领下,才会逐渐被熏陶培养为一个合格的学术领军人物。

令人惊讶的两件真事

这是带有传奇色彩的真实故事。记得那是1954年,考古工作者白万玉先生顺路来我家。白先生的家在西直门,和我家相距一站地,他是常客。他们谈论着发掘方面的事情,我不懂,也没细听。忽而怎么地,听白先生又说:哈,要是再来检查咱们斗鸡台的账目可就有戏唱了,你没有假公济私,反而是假私济公啊,那该倒贴不少钱还给你才对啊。我听懂了每句话,却不明白整体的意思,事后我和母亲问父亲那句话是怎么回事,他敷衍说,那是白先生随便说说的,全当玩笑听听呗,算不上事。此后我也就淡忘了。

1994年,时任北京博物馆馆长的赵其昌先生来我家做客,又聊到这事。父亲又是含笑说:没什么。1997年父亲去世后,我在赵其昌写的一篇纪念文章里看到,他曾于50年代住在十三陵的长陵发掘现场,夜晚休息时,听白万玉先生聊天时说过一件往事:在宝鸡斗鸡台工作的最关键时刻,经费许久不能到位,又恰有一位民工因墓坑坍塌伤亡,现场工作很难为继。为了让这个摊子不致散伙,父亲就毅然写了个条子,请白万玉次日一早,带上一名体格健壮的民工和防卫用的枪支,徒步三天直奔西安,去找那时在西安的三伯父。我的三伯父看完纸条让他俩休息一夜,第二天就把500大洋藏在几个麻袋的货物里,雇了两匹骡子驮着。他俩日夜兼程,安全带回了斗鸡台。那期间仝和工厂在西安已有布庄,三伯父正好在西安筹划再开设一个织布厂。这笔钱相当于我父亲9个月的工资。但事后,他没有向研究院汇报这个事情,更没有申报(要回)这笔费用。赵先生说,白先生提到此事,对于我父亲的敬佩溢于言表,常挑起大拇指。我看了这篇文章后连忙问母亲,母亲说,在1936年父亲返回北平时只是简单一说,但还真的不知道是那么一大笔钱。

这倒是让我回忆起另一件小事。我曾听父亲说,当年的战乱和人员的调离，使得许多现场的照片和原始资料缺失了。我进而问父亲，家里的这个小小测长器，该是公家的吧，怎么没归还呢？他说，你们头脑里都是供给制的思想并习惯了，用啥都得找公家解决和报销。我们那时没那么优厚，缺啥小件就自己掏腰包买呗。母亲告诉我，他手里的德国莱卡照相机和三脚架也是自己花钱买的。

第二件事关于阿房宫。在本书写作后期，我注意到，早在1933年，北平研究院的徐旭生、常惠、何士骥、张嘉懿就致力于西安一带的考古调查。此后在我父亲写的《斗鸡台沟东区墓葬》"绪论"部分的"三 遗址的选择与发掘区确定"中，转述了古迹调查的七处"重要遗址"，第七处为"阿房宫遗址"：位于今西安市西二十余里之阿房宫村附近。其地残砖瓦不少。村南有大土台，俗名"上天台"，通常认为即阿房宫址。根据调查，其遗址所在，约尚在台西二三里，古城村之东南。这个结论竟然和现今我们动用了很大力量确定出的遗址位置十分一致。

我父亲当年是否去过阿房宫遗址，没有文字记录。他在家里极少提过阿房宫三个字，因那时大家还不关注阿房宫。但我能回忆起和遗址探查有点关联的几件小事。在斗鸡台发掘后他们曾在西安驻扎累计近一年。王振铎伯伯在1961年曾在他家里对我说起："我们年轻时，哪儿像你们现在的年轻人，下班急于回家操家务，你爸爸就是没白天没夜晚地干，到了野外更是兴奋，从宝鸡完工就立即到西安市里关起门来整理起瓦片儿了，如醉如痴不顾家——新婚的家啊！"

在西安忙累了怎么休息呢，我回想起父亲说的，"四处走走，和老乡聊天，晚上还去听戏，那时西安有大大小小的戏院几十个，一年到头演，小戏院门票很便宜，我们几个人就去过好几次呢，秦腔嗓门粗犷有力，唱到感情深处也很婉转动人。没有钱的穷人就一直蹲在戏院门口附近闭眼听戏。西安的戏迷多的是"。

他说："那时居民住房不算密集，不少地方能看到出露的建筑遗迹和人类活动遗迹……西安的里里外外几乎没有哪块土地没有被人挖掘过,耕地的地表常能找到陶片、碎砖瓦,处处都是宝,都有故事。"

父亲唯一的一次提到阿房宫,是在五十年后的1985年10月初,他在俞伟超、张忠培和严文明先生的陪同下,考察了辽宁绥中姜女石秦行宫遗址,回到家里聊天时侃侃而谈地说:"秦始皇觉得他是天子,北、西、南三面的疆界都清楚了,就差东面了,待找到了渤海湾时觉得对头了,觉得这里该是国门。于是他在这里建30公里长的碣石宫当作第二道门(内门)。

"于是他把修骊山、修阿房宫的现成的工匠调去,砖瓦制作、夯土办法也和以前一样。我注意到,两处的夯土都细如面粉。直到汉武帝时建望海楼的夯土技术还是和建阿房宫时一样,大瓦当的图案也几乎和阿房宫一样,当然经过了百年图案稍有改变但技术没有变。"

我从他的这一段阿房宫土质情况的谈话得知,他的确到过阿房宫遗址,且触摸过那里的夯土和瓦砾——细细抚摸器物是他的习惯。于是我推测,他在绥中秦行宫遗址惊呼"碣石宫"时,是因为他蹲在地上仔细抚摸了那里的细土之后,感觉到了绥中秦行宫和西安阿房宫两地夯土的性状一致。只是不知道他1951年再次去西安试掘时,是否再次去过那里。我现在翻看到,在他1951年书写的西安地区考古调查未发表的图件资料里,确实依旧标注着阿房宫的位置。

立业成家:举迁北平之喜

1934年,全和工厂在前门地区西打磨厂路的街面开设了北平分部(母亲告诉我,那时在前门商业区聚集了不少来自高阳的布商,她在街面上有时能听到乡音),和北平的来往密切了,于是奶奶带着我母亲于1935年夏天来到北平,那年老家正闹水灾,先坐船后换乘火车。奶奶决心和老儿子住在一起了,先在西城区厂桥街道的南侧租下了一个院子居住,那是两个并排着的横向相连的大号四合院,屋檐下有燕子居住,秋去春来。在空中，常常能看到一群群鸽子飞过，它们的"脚哨"发出悦耳的音响，令人心怡。

父亲当然很是高兴。事前特意买来了一台美国造的当时最好的电子管式收音机，这在当时属于奢侈品。奶奶喜欢得不得了，摆放在屋子中央最显眼的地方。一有来客她就说，真没想到它的声音那么好，在院子里听着总觉得像是有个真人在屋子里说话，怪不得叫作话匣子呢。

父亲还对她讲，它的外壳可不是一般的木头，是用一种"柚木"加工的，这柚木的音质特好，可用于做提琴，比胡琴的音色更柔美。于是奶奶的房间里经常有"戏匣子"里戏曲节目的声音，母亲和我也常常专门到她房里听。母亲说，那时我已能哼哼几句"玲珑塔，塔玲珑，玲珑宝塔十三层……"奶奶一再问：这得花费多少大洋（银元）啊。父亲说不贵。奶奶说：哼，我明白了，肯定很贵呗。

父亲还带着奶奶和母亲去了"万牲园"（俗称三贝子花园），即现在的北京动物园。父亲告诉她俩，五四运动前，这里规定每周二、四、六才是女性参观日，另四天是男性，不能男女一起进去的。

父亲骑自行车上下班，总是带着一个大的牛皮办公包，里面有稿纸，还有他的陶器瓦片。奶奶对此很不解地说：你这个老四，下了班多和我们俩聊聊天该多好，你却一头趴在桌子上，让你媳妇总看你的后背。再说，你看书写字也就罢了，还摆弄那些瓦片，还要来回带着它真不嫌麻烦，你索性把几片瓦片放在家里不就成了吗？

父亲说，那可不成，要是你们给碰坏了、丢了就不得了啦。母亲立刻说，我能保证，你桌子上的物件我绝对不会碰。

不久，徐旭生告诉了所有考古工作人员一个行规：绝对不和收藏文物沾边，这是和南京那边的李济先生写信相互约定好的。此后，父亲再也没有把任何文物、甚至陶片拿回家，更是没有接触过任何古董，以及稀缺的古籍珍本、孤本。而母亲立下的保证"我不会动你桌子上的物件"也一直坚守了一生。我们也从小就知道,父亲的书桌绝不准翻动。到了晚年他再说起此事:"李济先生也和徐老伯一样,是位忠心爱国的学者,……所谓忠心——那个时代的产物:全靠自觉,全盘工作不和钱字沾一点点边际。"

母亲和奶奶的关系融洽,让父亲很欣慰。临到春节,父亲怕奶奶寂寞,还买来了"牌九",陪着奶奶一起玩儿,热闹了几天。这副硬木制作、质量很好的牌九后来成了我弟弟妹妹的积木玩具了。

我长大后听母亲讲,有一件事情她和父亲都迁就了奶奶。那就是母亲来到北平,就要学习骑自行车。父亲告诉母亲若想会骑车你得先会推着车在院子里跑,训练手的平衡反应。母亲就在小院子里推车跑了起来,没注意奶奶看到不高兴了。当晚奶奶把父亲叫到她房间里说,哪有女人家这样地想着出外疯跑?都是人家媳妇了。于是父亲劝说母亲,别再想骑车的事情了。

我听了这事很不解,母亲解释说,那个时期,北平只有少数的女学生会骑车上马路。在 20 年代,有两个女学生会骑车都成了新闻上了报纸。母亲上学前十几年,教授女子中学的男老师必须在 50 岁以上,讲课时眼睛都不能正视学生呢。

母亲为什么要学骑车?她想,家已经安顿好了,可以出去学会计,进而找个工作。现在不准骑车也就罢了,过了这阵子,可以每天雇人力车去西四牌楼附近的会计补习学校也就是了。可不久后母亲怀上我了。我的到来打破了母亲外出实现"女性独立、摆脱家庭束缚"的梦想。

于是,母亲到灯市口大街西口南侧的一个打字机洋行里,购买了一台当时最好的英国打字机,在家里照着书学习指法,熟背了字母键盘的位置,想着将来能派上用场。

在"七七事变"的隆隆炮火声中,我降生了,那是 1937 年的 9 月。在那个时代,北平的多数人家在家里请接生婆来生产,母亲到协和医院里生产算是时髦奢侈的。在我出生后，医院照例立刻派出勤务工人，骑车送到我家和父亲办公室一式两份条状通知单子，是钢版刻写（竖立誊写）油印的，括号里的字是钢笔后填写上去的：

贺　信

兹有（苏）太太于本月（15）号（下）午（五）点（二十五）分，生一（男女）婴。

现在母子平安

特此报喜

北平协和医院 妇产房
民国贰拾（陆）年（九）月（十五）日

这天父亲按原计划下班后骑车去医院探望，没有和骑车送贺信的人碰面。到医院后护士很惊讶，你怎么这么快就赶到了。这情景和我们现在的全家多少人早早挤在医院里等候大不一样。奶奶也只是在家里等待，那时似没有奶奶辈跑去医院等候探望之说。

奶奶对我这个孙子格外喜欢，说这个"小武生"天庭饱满真像他爸，是她的心头宝贝。家里充满了欢乐气氛，她也准备长期和我父母一同居住下去，于是她坚持由她出钱把这个庭院买了下来。

我一降生，父母就取名为甦之，一直用到1943年上小学才正式改为恺之。但在生活中依然称呼我甦之，一直没有变。

我上中学后问他们这甦字的用意，他们说就是甦醒、复甦的意思呗[①]。可后来我又想到，他们或许是指他们自己内心的感触——从乡村来城市，社会在变动，家庭模式在变动，他俩需要觉醒创造自己新的生活，心中对未来充满了期望。但也许是说整个民族整个国家都需要觉

---

① 现在写为苏醒、复苏，甦字已很少使用。

醒。那个时期，觉悟、觉醒、顿悟、醒悟、悟性、新生等一些词汇使用频率较高。"觉悟"一语在 20 世纪 50—70 年代还常用，而"新生"一语似乎现在的应用面已很窄了。

抗战情结之一：韩振江去"那边"了，我们的热血曾一起沸腾

在大学期间，国内抗日情绪高涨，父亲结识了一些爱国青年，受到很大的影响。在他的班级里，有位老乡韩振江，河北博野人（高阳西南三十多公里），个头中上等，偏瘦，说话振振有词，在抗日运动中很活跃。于是他们有了更多交往。

在我出生前后，父亲每每骑自行车路过王府井大街东面的天主教堂时，都会看到小塔楼北面竖写的 30 个大字，5 列各 6 个字没有标点符号：神爱世人甚至/将他的独生子/赐给他们叫一/切信他的不致/灭亡反得永生。而他的心里已经变换为另外的 25 个大字，并常常在他心里叨念：

吾爱吾国，
甚至把身心奉献，
让国土和民族不致沉亡，
反得永生。

父亲曾对我们说，那时的国家大事是救亡图存，个人的心情就是"惟恐做亡国奴"。母亲告诉我，日本占领北平后在故宫成立了所谓的博物馆，知道父亲掌握着许多原始资料，以当"顾问"为诱饵想让他顺从，父亲当面回绝了，并立即感到必须避开这样的纠缠。为此，他和中德学会加强了联系，有时还以查资料为名到北平图书馆去躲避。

就在我出生后没几天，父亲在医院探望母亲和我，毕业后分手三年的同班同学韩振江突然来了。他得知父亲已经成家,就先去了厂桥我家,之后又从厂桥找到了医院来。他对我父母说了许多激昂慷慨的话(产房里的护士多次请他肃静),说身为报纸记者的他已经被日军盯上了,很危险,决心到"那边"去。这些话他们都明白,就是到延安去。父亲此前已经介绍了两三个人去。因为有我二伯、大伯在吕正操的部队里,通过这个渠道可以从冀中分几步再转移到西安和"那边"。

过了些天,他匆忙地提着一个中号的皮箱子来到我家,让母亲为他保存,父亲则把准备好的一张很工整的毛笔字纸条递给他:

二哥如鉴:

兹有我的把兄弟韩振江,老实可靠,想前来和你合伙做生意,请你接待他。

弟琦

贰拾陆年某月某日

自他走后,一直没有消息,这和以前介绍过去的两三个人情况相同。以后父亲和他的哥哥们说起此事时,他们也都说没得到音讯。只因韩振江留下了他的皮箱,所以我们全家一直没有忘却他的名字。

1965年,父亲携全家去新街口电影院观看大型音乐舞蹈史诗《东方红》,当唱起歌曲《松花江上》时,我看到他在禁不住地流泪,并赶快用手绢擦掉,这是我唯一的一次看到他流泪。以后他对我们这些子女说,那时国难当头,民族危难,群众抗日救国的激情和斗志,你们现在的年轻人很难深刻理解到。

韩振江的箱子,一直保留到1950年。父母想,新中国成立一年多了,还没有他的消息,那就把箱子打开吧。一看,几乎全是他的西服,另外还有一件短大衣和四五本写有他名字的线装书。几年后我长个子了,穿上他稍长的衣服也算合身。这让我加深了对韩振江三个字的记忆。

父亲和韩振江在大学时期

南下昆明：他的第二次抉择

"七七事变"后，侵华日军占领了位于中南海怀仁堂西四所的北平研究院办公地点，将未能及时转移掩蔽的考古原始资料、文件等大量掠夺，研究院的知识分子们很是痛心。父亲作为徐旭生的行政助手，在和后方取得联系后，和化学所所长刘为涛、物理所钱临照一起，将北平研究院事前隐藏在中法大学的资料、贵重仪器等，还有他隐藏在中德学会的一些原始资料，一并委托东交民巷的英商太平洋公司，由天津搭乘英轮，取道香港和越南海防，终于在1939年夏天运到了昆明。

建国后徐老伯和我聊天时说，你爸的工作责任心很强，完全来自他的自觉。"七七事变"后史学研究所留有七八个人，但考古组就剩了他一个（徐老伯先于他去了昆明），他照例上班。有时为了躲开日军在中南海里的骚扰，就到北平图书馆去查阅资料。

北平城里的气氛逐渐紧张。家里小院子南墙外紧邻着的大马路（现在的平安大街）上，常有日军背着带刺刀的步枪来往巡逻，军靴"咔咔"地很是刺耳。院子大门常常要紧闭着，小孩子更不能随便出去。还有多次，在急迫的敲门声后，两三个日军蛮横地冲到各个屋内四处搜查，首先是翻查抽屉，把里面的物品全倒在桌子上，进而翻查柜子，连同床下、被褥下都用刺刀挑起来翻看。我清楚记得，每次我都被吓得紧紧地抱住母亲的腿。

那时，各家不允许存有收音机，害怕你用短波段听取外地电台。父亲把收音机用蓝布包起来，藏在院角厕所的柴火堆里，奶奶自此就再也没能听它了。家里也不能有较多的图书报纸、文献资料、信件纸张等，免得惹麻烦。父亲把他自己的文字资料分几批带出去了，多是藏在中德学会办公室里了。

1938年，先期到达昆明的徐旭生来电报通知，说父亲现在可以并且要尽快动身转移去昆明。考虑到交通极度困难和时局震荡，也为了避免离开北平时日军的阻拦，只能和徐老伯一样，暂不带家眷同去。研究院设法给他购买了机票，从上海绕道香港，再到越南或缅甸。

奶奶实在没这个思想准备，曾一再劝说父亲：咱们好不容易安好了这个家，你却要妻离子散，丢弃我，这是何苦呢。能否就在北平另外找个工作，例如当个老师算了，不必长途跋涉去昆明了。"世态万变难预料，咱们活在一起吧"，我的身体也不好，你的儿子刚一岁还没断奶，"家有母亲儿不远离"啊，再加上日本宪兵无缘无故地常来家中搜查，日益紧张，家里没有个男人应承实在是太困难了。

他没有直接回答奶奶的要求，沉默了几天，最终还是以"我离不开我刚刚开了个头的事情，那些资料需要我去整理"为理由恳求并带有些勉强地说服了奶奶，并承诺不久会回来的。然后，毅然决然匆匆启程，和刘为涛、钱临照历经一个多月到达了昆明，和徐旭生会合了。临行前父亲还特意给奶奶买了一架留声机和一些京戏、京韵大鼓的唱片。

这是他一生中的第二次抉择，时年29岁。也是成家后第一次离开小家。

父亲离开北平之前

关于他去昆明的行程,我有一个旁证。1986年底,他突然接到了一封从《人民日报》编辑手里转过来的信,是他的一位"船友"谭振中先生寄来的。原来,1938年他们同在一艘轮船上,从天津出发去的香港,两人在香港分手后各自去了昆明和重庆。两人当时在船上几天,互相说了许多抗日救国的慷慨之词,所以都还记得对方。建国后,谭先生曾多次打听父亲的消息,但都没有成功。原来,他在天津建筑材料研究所任高级工程师,有一天意外地在1986年12月5日的报纸上看到父亲在内蒙古考察的消息。父亲接到他的信后,也很兴奋。次年,两人相逢,感慨万分。母亲说他们谈得很投机,让她也很感动。

父亲动身去昆明时,嘱咐我奶奶带着我们母子迁移到别处居住。1941年初,奶奶把厂桥的房子卖了,再买下西城区石碑胡同(现更名育德胡同）西头 21 号的小宅院，全家向西迁移了一公里多。这里居民密集，心里踏实些。这时，奶奶手里的零钱已经所剩无几了。

老家那边，高阳地区于 1938 年初被日军占领，工厂厂房亦被征作仓库，设备被拆散军用，400 名工人失业。厂子里能转移出来的有限的流动资金全部交由我三伯父带到西安开拓新的活动领域，每个股东都不再支取生活费用，无人例外。从日本侵略者对老家的占领开始，高阳地区就成了日军与国民党、共产党争夺的前沿，1945 年以后又是国共拉锯战的焦点，直到解放军取得全面胜利。我们大家族的命运与情感，和这里息息相关。

自此，我们的生活费用全部依靠父亲的工资。父亲晚年曾提起：那时顾颉刚的月工资是 400 大洋；徐旭生自己给自己定的月工资是 200 大洋，有领导劝他再向上调一点儿，徐老伯没有同意；而父亲的工资是 56 大洋，直到抗战胜利，那时确实是不够花销的。50 年代，王天木伯伯告诉过我："你爸爸在北平，工资仅有 56 大洋，而南京的中央研究院的工资是高等学校教师的两倍，是北平研究院的两三倍呢。"

石碑胡同的新居是两进式的四合院，外部环境相对僻静些。接着奶奶又让她的大女儿和二女儿两家人也从老家迁来北平。我大姑家住在西单牌楼，我二姑一家则和我奶奶住在一起，院子里总算有了男人当家对外。我的两个姑父都是在高阳和保定与天津之间买卖布匹，转而住到北平仍能继续做这些生意。我的二伯父还开办了一个小衬衣厂和一个皮革厂，各有十几名工人，都是从老家招募来的。

1941 年夏末，研究院来了通知，说现在交通情况稍好些，可以设法把我们家属从沦陷区转移到大后方去。父母通了几个电报，商量奶奶的安排问题。最后的决定是：奶奶已经近 70 岁了，还是说服她，让她在北平和两个姑姑一起生活，等待我们"不会太久"返回吧。

母亲把舅舅请来北平，由他陪同我们坐火车经天津去上海。按照奶奶的建议，多买些硬面饽饽，多煮些茶叶蛋，这两样能禁住饿，"出门就不想家了"。

离开上海的前几天，母亲还执意请舅舅陪同去看了曹禺的话剧《原野》。年幼的我只是记得话剧开场时的一个片段：在铁路线旁边，一个傻子模仿着火车的开动来回跑着，并向旁边取笑他的人说："鼻涕的味道是咸的。"

长大后我还记得这个细节，是因为母亲曾几次说起来。我问，怎么在那个时候还有兴致看场话剧？母亲说，她以前只是在学校看过小的话剧（被称为"活报剧"），在北平等待去昆明的几年里，几次看到了报纸上的话剧广告，真想去看一场。那时看场话剧是很时髦的，剧目多是有进步思想的，涉及摆脱旧势力、摆脱封建家庭的，例如易卜生的《玩偶之家》。可是若想大老晚的，带着你出去看什么新戏，会让你奶奶觉得很张扬。如果协同几个同学去也很费力，那时没有电话联系啊。所以，到了上海，这里是话剧的发源地，当然机会难得。后来的事实证明，母亲第二次进入剧场，已是五年后重返北平之后的事了。

有一次和父亲说起，我感觉曹禺写的《原野》不似其他几个剧本受欢迎，甚至被说成是曹禺的败笔。父亲说，这剧情在当时却引起青年一代尤其是女性的共鸣，妇女强烈要求摆脱家庭的约束，争平等求自由。又说，对于一个大号作品的功过，再过半个或一个世纪的后人来评说，也不为迟呢。

父亲的回答，也让我理解了，在20世纪80年代，北京上演了由鲁迅《伤逝》改编成的歌剧，父母看了电视转播还觉得不过瘾，又设法买了剧场演出票，实现了母亲的心愿。

1941年，母亲带我去了昆明以后，奶奶把一间小房子锁了起来，里面妥善保管着我们小家庭的全部物件。她坚信并盼望着，我们一定能够早日归来。

如诗如画黑龙潭

（1942—1946年）

黑龙潭：让我们魂牵梦绕的地方

父亲准备好了我们的居住地——位于昆明北郊黑龙潭的清水龙潭东面的小山坡上。现在黑龙潭已是著名的公园游览区了，那时则是个道教的重要庙宇，大约有50个道士居住在小山坡处的"上观"，也有少数道士住在下面的"下观"。我们家就在下观对面隔着"清水龙潭"的薛尔望祠堂里①。在这里一住就是四年多，我的弟弟悌之和妹妹慎之、怡之就是在这里出生的。

虽然国内局势动荡不安，抗日战争前途未知，生活条件极度清贫艰苦，但这里确确实实给了全家人难忘的快乐时光，也让我度过了最珍贵的金色童年。

这个祠堂有主厅，三个墙面都竖满了赞颂的碑石，两边是侧房。院子的朝向和其他地方不同，主厅朝向西面的清水龙潭。院子里除了种植的兰花草外，还有四棵树：樱桃、石榴、海棠和一棵"痒痒树"。其中

---

① 薛尔望，字大观，明末清初的昆明书生。1661年，当清兵打来时，"痛惜南明大势已去"而宁死不屈，不但自己投湖自尽，而且他的妻儿媳孙、侍女，甚至家里的鸡狗也随同他一同投湖了。后人在小山坡上为他修建了纪念祠堂，在祠堂附近的"清水龙潭"边修建了他全家人的合葬墓。

前三棵都能结出丰满的果实，或许是有纪念薛公的含义吧。

那时候这个院子，是游人常来观光瞻仰的场所。最能引人注意的是那棵"痒痒树"，用手慢慢摩擦一会儿树干，顶端的树叶和树枝就会摇动起来，据说是薛公的魂灵还在这里。

在主厅和右侧房之间，有个小的过门，门里面又是一个小院子。这个院子是一个中年道人和他徒弟两个人的住所和菜地。两个道人的任务就是看管这个祠堂。游人多时，徒弟在院子里摆小摊出售他们拓的各种石碑拓片，同时经营着山脚下清水龙潭南侧的小茶馆。由于市区里的人为躲避敌机轰炸"跑警报"而常来此地，生意还算兴旺。

两排面积不大的侧房空闲着，就租借给了研究院的职员。我家住在北侧房，南侧房是两位单身汉。1979年，我看到祠堂已自然塌落，游客很少，"痒痒树"也枯干了。到了90年代，那里已把旧房拆除，杂草丛生。现在几乎没人知晓，更无人观光了。只有山下的坟墓依旧，望着世间的巨变。

父亲已经添置好了最基本的家具，有长条木板床、几个凳子和一张吃饭小桌，还有做饭用的炊具和日用品，例如那时挺贵的手掌大的玻璃小镜子、煤油灯等。第二天，父亲请俞德浚伯伯的妻子俞伯母来我家里，指点如何点燃和使用这里烧木炭的小炉子，它是用泥巴打制的，用于烧水做饭以及取暖。自此，两个家庭成了世交，一直延续到我们这一代。俞伯母对我母亲说："我没想到，秉琦兄竟然是这么细心的人，连酱油醋瓶子都准备好，还给打满了。"那时，玻璃瓶子也是稀罕物件。

俞伯母还特意告诉母亲：你家不需要买肥皂啦，看，你家院子前方有这棵皂角树，到了秋天会结出许多皂角来，你把它撮泡到水里就能洗衣服了。又说：你们每天都能喝山下"珍珠泉"的泉水，那水很甜啊。

"七七事变"后，有一部分爱国知识分子来到了大后方。昆明北郊的"龙头村"，是西南联大的主要集中地之一，许多著名人物都曾在这

父亲和俞德浚一家在黑龙潭（摄于1941年，右二俞德浚，左三俞夫人）

里居住过，如钱临照、赵九章、范文澜、闻一多、朱自清等。报载，冯友兰的旧居，梁思成、林徽因自建于此村的"三间房"旧址等现已找到。而北平研究院则集中在黑龙潭南边的"蒜村"西侧（此地现为中国科学院昆明植物研究所和一个生物制品公司），有严济慈、钱临照师生为主的物理学人员和历史学界的徐旭生及我父亲等在此工作。此后，历史所又在东南方向的落索坡驻地，建了简陋房子。而植物学界的俞德浚、蔡希陶等人则居住在蒜村与黑龙潭之间的植物园里。

我长大后知道，北平研究院里的大多数研究人员都比我父亲年长，所以我自幼便知道要称呼他们为伯伯，而称叔叔的人很少。再以后我又注意到，绝大多数人都是喝过洋墨水的，没喝过的人在抗日战争胜利后也出过国。唯独我父亲，从没有离开过这片热土。

这些知识分子在黑龙潭"自行加压"，自觉地做着可以做的工作，谱写了许多感人的篇章。徐旭生和父亲的办公室起初是租借了上观里主殿的西厢房的楼上，和另外两个人挤在一个屋子里。这里是现在游人必然会去的唐梅宋柏庭院，正面是大雄宝殿。西厢房前还有一棵生长良好

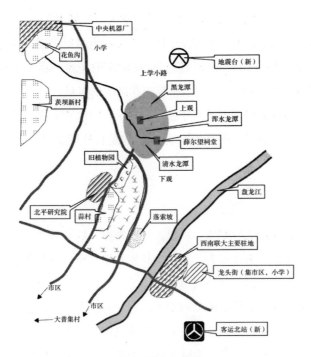

黑龙潭景区示意图

父亲当年所在的办公楼。当时茶花树有两个枝杈伸到了二楼的走廊,可以伸手触摸,现在仅存树杈的疤痕

的高大的茶花树（明茶），和唐梅宋柏并称为"三异木"。

父亲回忆道："每当茶花盛开时，开窗就能闻到它独有的气息，我站在木走廊上伸手即可轻轻触摸到鲜亮洁净的花瓣，早上还能看到珍珠般的露水，真是难得的享受。"我们在昆明的时候，这棵茶花树下端的枝杈生长良好，但下方的几个枝条已在80年代后因衰败而被砍掉了。父亲听到这个消息后，很是惋惜地说："这是自然规律啊！"

清贫却快乐着

黑龙潭，在抗战时期成了城里人"跑警报"的场所之一。城里一有警报，这里必定会来许多人。交通工具主要靠马车，也有不很固定的一两辆公共汽车，土面的公路很窄。

游人来到这里，活动的空间很大。有花园，有草坪，有庙宇和庙宇背后山坡上的参天树林，还有龙云家族的祖坟等古迹。

另一个不可不去且要常常驻足欣赏的景点，就是珍珠泉了。在清水龙潭南侧一米多的地方，几乎终日不见阳光的树荫下，有一口约一米见方的池子，是用石块堆砌的，深度不到一米。泉水从底部汩汩喷出，水面日夜不平静，底部一个相对平静的角落还有小虾在游动。水面距离地表很近，我可以蹲下身子舀水喝。池面有许多气泡冒出，最吸引游人的是，你在旁边跺跺脚，涌出的气泡就会数量大增，如同一串串珍珠向上滚动，故名珍珠泉（现在这个泉眼已近干枯）。

这眼泉水的水量原本很大，沿着一个石块砌成的暗渠流入了清水龙潭里，再流到西面的小河，再南下，流经蒜村村民的家门口。村子里几乎没有雇农，生活安定，很有些《桃花源记》里的味道。该泉水再继续南下汇入了盘龙江。

草地是休闲的重要场所。人们晒太阳、睡懒觉、踢球、吹口琴、唱歌、聊天嬉戏，但没有打牌娱乐。学生们唱着许多爱国进步歌曲，我也能学着哼哼几句《大刀进行曲》《义勇军进行曲》。

这里，有时还能看到美国的飞虎队教练在给中国的驾驶学员做培训。绿草地上，一个老师拿着教鞭，配有一个翻译，站在一个展示板和彩色挂图前讲述，四五个学生围坐着认真听。飞虎队军纪严明，素质很高，常击落日本飞机，给民众的印象很好。有老百姓看到他们的吉普车路过时，会自发地向他们伸出大拇指，感情真实自然。在日本侵略者的飞机一再轰炸欺辱我们的时候，他们的战绩显得尤其鼓舞人心。

在黑龙潭，在茨坝，从没有电影看。唯一的文艺节目就是每年春节期间在黑水祠堂的北侧连着唱好多天的大戏，似乎多是花鼓戏，是附近的蒜村农民自动捐钱操办的。看戏的村民很多，也很热闹，四周有几个卖零食的。道士们则一律不看。

还有一个让我们这群儿童饶有兴趣的，是庙里每年都有几次热闹的祭拜活动。主要内容是求雨和还愿。道士们在院子里唱经，或是念念有词。乡民带来的是红蜡烛、香和供品。

那时谁家也没有收音机，唯一的信息来源是报纸。报纸是用黄色的稻草纸印刷的，正面还算比较光整，印刷的字迹也算清楚，背面粗糙，不少铅字就难辨认了。没有邮电局，两天才能拿到一次报纸。研究院有一名"邮夫"（脚夫），每隔一天徒步进一次城，把要邮寄出的信件交给邮局，再把近两天的报纸和信件捎回来。

照明用煤油灯，但很多时候买不到"洋油"（煤油），只好用菜油和灯芯草点燃的灰暗小灯。有时连火柴也买不到，火柴也多是含磷的，即在地面一摩擦就能燃烧的"不安全火柴"。1943年才有了电灯。

纸张极度缺乏，办公或写信的白色纸张成为稀缺品，更没有印刷条件。父亲一生很节约纸张，总要把废纸中没有字的边角裁下来，放在左端抽屉备用。后来我还发现这个做法不只是他一个人，而是那一代"文化人"在抗战时期养成的共同习惯。

村落里几乎没有店铺，只有家庭式的微型小卖部。更没有书店、医药店。生活用品的来源只有两公里外的"龙头街"集市，它的旁边就是龙头村，聚集了西南联大的一部分师生。原本是按照农历逢一逢五赶集，但这些知识分子的到来改变了集市的旧规矩，变成了每个周日一次。

1943年至1944年，时值抗战最艰苦的时期，物价飞涨。常常有些纸币过时成了废纸，变成儿童们的珍藏品、玩具。当时有好几种纸货币，其中使用最多的是"法币"。为了让职工们少受涨价损失，有时便发放相当于工资额度的大米。职员们多在赶集的那天或提或抱一袋大米到集市，先卖掉这些大米得到纸钞，再掉头去买些蔬菜和油盐酱醋，以及少量的肉类副食。赶集成了这些文化人极其重要的假日休闲生活。

工资只能维持温饱，他们舍不得常吃肉，余钱很少。曾有约半年多的时间，极其有限的工资都不能按时发放。有人笑说，现在我们可真是"君子之家贫如水"啊。我在以后才感觉到，我们这些孩子创造了很多童年纪录：没有进城看过一次电影，没有吃过一次饭馆，没有到理发馆理过发（就连父亲的头发，也是母亲给理的），我们全家没有照过一张全家福（父亲刚到黑龙潭时，手头还算宽裕，自己照过几张相，但我和母亲来了之后开销已经逐年吃紧了），孩子们不知道收音机是什么，没有玩具（只有用竹子削成的手枪或布制、泥制的娃娃等），也从不知有打牌一说。

我家的清苦，有许多的小故事可讲，例如：

刚到昆明时，每晚三个人在一起，可吃到一根香蕉。母亲把它分成三段，我先挑。不知我是怎么知道的，中间那块最香最大，于是无论母亲怎样分割，我都挑中间的。可有了弟妹后，香蕉就很少吃了。

从城里买来了一"大"包的五香花生米，母亲每天在我上学前给我几粒，我说太少不够吃，后来增加到10粒，就绝不再增加了。父亲教我，不要整粒吃，把它先掰开，再把那半个分为两半，一点点放嘴里，满嘴总是香的，就解馋了。

我的学校曾说，过两天将把两棵栗子树上的栗子打下来分给大家，我回家告诉了母亲，母亲说她还没有看到过外面带毛刺的栗子是啥样子。过两天我分到了三个，可是在回家的路上经不住它的吸引便一个接一个地吃光了，回家很难堪。此事被父亲多次当笑话讲给别人听。

从我上小学二年级开始，花鱼沟村子里有农家出售鲜牛奶了，于是我每天上学要背书包，再背一个装牛奶瓶子的小布包，负责给弟弟妹妹携带牛奶。只有一瓶，我喜欢喝，但轮不上我。

我还记得，父母商量了几次，才去茨坝买来了毛线，给父亲织了毛背心，再用剩余的线也给我织了一件，此时毛线用量已很紧张了。

由于饮食品种单调，加之缺医少药，父亲的牙齿曾经多处出现松动。弟弟悌之得霍乱病持续了一个月，刚刚病愈又复发，以致病好之后消瘦许多，下床后都不会走路了。妹妹慎之和怡之曾得了眼疾和湿疹，医治许久方愈。

我弟弟妹妹的诞生，都是由钱临照先生的妻子从龙头街赶来完成接生的。有一次是半夜，由一个壮工提着煤油马灯护送，冒雨急忙赶过来的。

听母亲讲，那时的知识分子依旧有些旧思想残余，植物园有对夫妇是福建人，妻子生育后丈夫协助妻子洗婴儿尿布，竟成了男人们的笑柄。但丈夫协助妻子做些好菜却是可自夸的美事。我父亲的拿手食品是花生糖，窍门是用鸡蛋清调和白糖熬制糖液。俞伯伯的拿手食品，是用馒头来制作黄面酱。钱临照先生则擅长制作荞面饼子，当地称作"粑粑"。许多人家学会了制作肉松、腊肠、酱豆腐、炸排叉等。所以大多数家庭都是清贫而愉悦的。

中央机器厂：一种精神，一种力量

1943年，六岁的我该上学了。从黑龙潭到最近的小学校，有约两公里的直线距离，但地势近乎丘陵。有一条自然走出来的弯曲小土路，夏季时常有小小的泉眼，从几个低洼处，汩汩涌水。

那儿就是茨坝，现在的昆明人都知道。它原是个小村子，抗战初期为了抗战的紧迫需要，在那里建设了一个"中央机器厂"（现在为昆明机床厂），主要是看中了这里地势平坦。在茨坝，原来只有一个私塾学堂，不敷需要，于是该厂在其东边和十余户人家的花鱼沟村子相邻的空地，盖了一个很小的院子和两排平房，每排平房有五间的样子，起名"中央机器厂职工子弟小学"。

我上学要走的大部分路段都是野地和庄稼地，人烟稀少，最后一小段路才穿过花鱼沟村，再跨过一个小木桥就是学校了。这个小木桥跨过一条清澈的小溪，传说在这小溪里原本生长着一种身上有斑点的小鱼，故名花鱼沟。现在这个村子变大了，村名依旧，就是偏偏见不到那条可贵而神奇的小溪了。

上学的头几天，父亲送我到学校，再后是只送前半程，一两个月后就是我自己上路了。这条弯曲自然形成的羊肠小路，两边大多是荒芜的野草灌木丛，当然也能看到喇叭花一类的野花、野果。由于人烟稀少，有时还有土匪出没，偶尔还能听到枪响。只有个别时节会遇到背着木炭的背炭工，他们生活较苦，背着的长条筐篓里面装的是烧制好的木炭。经过这条小路到达黑龙潭之后再上大路，到昆明市区街面出售。他们有两个明显的特征，头戴着褐色的圆形毡帽，可以遮雨还可以当作舀子从小溪里取水喝。另一个特征是手持一个木棍子，走路当拐杖，休息时把它叉在筐子下方做支柱，就这样一口气可走几十里路。父亲曾对我说，你的学习也要像他们一样，背起重物就不再卸下，一直奔到终点。

小学的规模很小，有七八个临时拼凑起来的老师和六七十个学生。有的老师本是中学老师，后来俞伯母被招来做校长，她原就是中学校长。学校仅有三四间教室，多是两个年级的学生聚集在一间教室里，一个老师先给一边的一个年级学生讲课，留下课堂作业或自习，然后再给

我和俞伯伯的女儿俞兆珠摄于花鱼沟村。镜头朝西,远方为西山的北端,这是我在昆明五年里唯一的照片(俞德浚摄于1944年)

另一个年级的学生们讲课。讲课的老师就是班主任,同时负责美术、手工、体育和音乐等课程。后面的这些课程没有任何教学材料,任凭老师自己发挥。

读书的课本很难买到,且多不及时。有个学期硬是没有买到课本,老师只好借来了高年级学生用过的课本,让我们轮流使用。这个小学竟然也培养出了一些优秀人才。

一年级的第一堂课,讲的不是别的内容,而是防空警报的知识,重点是几个长度不等的信号组合,需要牢牢记住。

这个工厂是日本飞机除了市区之外最重要的轰炸目标,四周留下了许多炸弹坑。我们下课后唯一的玩耍去处,就是校园旁边的一个炸弹坑。我们可以像玩滑梯那样滑下,再从坑底跑着圆圈绕出来。大约到了1944年的时候,随着对日本飞机的有效拦截,日机飞到上空的次数明显减少了。

学校隔一两年就组织我们去中央机器厂参观,我赶上了两次。只记得车间里堆满了刚刚浇铸完的炸弹壳,想到它将去回敬日本侵略者,幼小的我内心很激动。回到家听父亲说,他见到过厂长,姓王(王守竞),是个很棒的值得敬佩的中国人,说是中国人就要有志气,我们后人不能忘却他们。

我长大之后才知道,云南在抗战期间有许多奇迹:滇缅地面运输线(父亲告诉我,那里的新一军牺牲了两万人,却消灭了日军十余万)、飞虎队的空中防线、西南联大和这个机器厂。特别是这个厂子,做出了很多奇迹。王守竞厂长原是在美国研究原子物理的书生,却在国家危难时刻,挑起了生产战争急需的工业母机等重担。他们克服了很多困难,在条件极其简陋的情况下,硬是用手工顽强地打造出五辆汽车送到了前线,这件事却鲜为人知(我们通常以为,1958年"大跃进"时才造出了第一台汽车,但父亲特别告诉我这提法不准确)。在几年时间里,中央机器厂的生产能力和水平提高很快。不但做出了很多科技成果,还创造了许多的中国第一:生产出中国第一台机械工业的工作母机,第一台大型发电机,第一台大型汽轮机,第一台500马力电动机,第一台30—40吨锅炉(后来父亲还告诉我,这些事迹和当时重庆的许多工厂的事迹很像)。

抗战胜利后,还没有来得及表彰王守竞时,他便默默地又回到美国的实验室做他所喜爱的事情去了。在抗美援朝时期,父亲再次谈起王厂长时说:你从王厂长那里要"看到一种民族精神,一种崇高境界","心系国家,不图名利,这才是优秀的中国知识分子"。

徐旭生之二:"大学的校长,我的好老师"

我家刚住到黑龙潭,一位老者就来探望,并和我们一家三口一起兴致盎然地到后面的山坡上观光,又在一个松树林子里歇息。我还隐约记得,他让我躺在满是黄色松枝的地面上,享受温柔阳光的沐浴,我还闻到了松枝隐隐的芳香。他滔滔不绝地向母亲讲述着他来到这里的感受。这是我第一次在四周没有人烟的自然界躺下休息。自此,这个穿着长袍、梳着整齐长胡子、目光炯炯有神、带有些威风、令人肃然起敬的老者逐渐进入我的视野,并且随着我年龄和思维能力的增长,他的形象逐渐变得高大充实,他就是父亲要我称呼为徐老伯的徐旭生。他比父亲大19岁,隔了将近一代人。父亲说"他是个大学的校长,是我最好的老师呢"。

1940年后,史学研究所有了些盖房子的经费,在距离黑龙潭南约一公里多的"落索坡"一地,盖起了一排极简陋的小平房。没有玻璃,窗户用仅有的浅色黄纸裱糊,地面是夯土面,墙也是夯土墙。每逢下雨,路面和院子必是红色的泥巴沾满鞋底,再蔓延到屋子里的红色硬土地面。

我后来联想到,那个特殊时期的工作环境——国难当头、困难重重,缺乏工作的基本条件,行政人员极其有限,没有年度计划,没有年终检查,各种会议极少,更没有奖励、补助、加薪一说。他们却无一例外地自觉做自己认为应该做、争取条件做的事情。学术空气是自由的,心境是积极向上的,同事关系是相对轻松的。这样的学习、工作环境,有值得深思之处。

徐老伯没有把在北平的家属带来,他在物理学家钱临照先生家入伙吃饭。他手里有不少线装的古籍书,常借给钱临照先生翻看。到了50年代我才知道,古文字学家唐兰伯伯那时在西南联大教书,也常来找徐老伯讨论古史,当然也就认识了我父亲。

记得是在抗战胜利之后不久,有一次父亲和五六个人一起在湖边草坪上晒太阳,吃着葵花籽,谈天时提到了徐老伯,并生动地讲到了他九死一生的探险,引起了我的好奇。当时听得很模糊,倒是母亲知道一些,以后又和我唠叨过。

我家搬回北平后,在1948年至1963年间和徐老伯家仍是邻居,走动更频繁了。我对他和父亲友谊的了解也在不断加深，自然将他作为最敬仰的人。尤其是在1950年初的寒假里，父亲把他珍藏的《亚洲腹地探险记》（斯文赫定著）和徐老伯1931年出版的《徐旭生西游日记》让13岁的我阅读，并有意的要我做口头的读书汇报。那时我也能学着父亲，背述出那些令我和父亲终生敬仰的传奇般的真实故事。

全家人非常懂得徐老伯在父亲心目中的崇高地位，他也亲口说过他所跟随的徐老伯是个什么样的人——首先是品德高尚，其次才是学识渊博。与徐老伯交往是他此生的幸福，是莫逆之交。大年初一拜访老师，成了父亲雷打不动的惯例，哪怕是前几天刚见过面、做过长谈也不例外。仅"文革"时期的几年串门极少，是个例外。

而立之年读"天书"

1971年4月，著名地质学家李四光去世，《参考消息》刊登了国外关于他的报道。父亲把其中的一段话特意一字字地念给我听："在他三十多岁的时候（父亲解释道：这是指还没有明显成绩，即还没有成名得到公认时），就已经懂得了什么对于他是重要的。"他把后面的几个字念得慢而重，既是在教导我，也是对他自己那个时期的总结吧。

到了80年代，一次偶然的机会，我拿来了一幅准备送外宾的国画《达摩》给他欣赏。他只说了一句话：达摩面壁了九年啊。我听了没当回事。后来我才联想到，他在黑龙潭待了七年。一个而立之年的学生，跟随着一个知天命且耿直的优秀老师，在一个房间里长达七年，没有做业务之外的任何杂事，思考一直没有间断，这是难以想象的。我也常思量，父亲和他的老师如此固守七年，动力到底是什么，是否显示了中国传统知识分子的韧性和顽强精神？两个人以各种方式和角度谈话聊天、交流读书心得和思想，对于父亲后来学术思想的形成所起到的潜移默化的影响，是难以估量的。

80年代，父亲进一步告诉我，他当时的主要工作有二：一是和徐旭生合作完成《瓦鬲的研究》，一是继续完成斗鸡台沟东区墓葬的发掘报告。实践表明，二者都是他此生学术思想发育的种子。他在以后的回忆里说，这个时期好比在释读"天书"，从瓦鬲制作角度出发，将这个中国文化特殊载体的演化规律依序分成了四个阶段，应是摸索中国特色考古学方法论的开始。

他还告诉我，30年代瑞典学者蒙特留斯写的《先史考古方法论》一书，介绍了器物类型学，引起了他极大的注意。但人家针对的是北欧、意大利的青铜扣针、短剑和容器，而我们要研究的是地下出土的陶鬲和陶罐。为此，他说他不得不学达摩，长年对着这些器物反复思索着，才有了认识上的飞跃。几年的成果，现在在北大用一节课就能说完——当然想吃透它也非易事。

到了90年代我才知道，1939年有件事情对于父亲的学术生涯起到了重要作用。适逢南京中央研究院史语所的几位学术要人也颠沛流离来到昆明（后来他们去了重庆），经王振铎引见，父亲和李济等比他年长的同仁见面，显然是一次学术心灵的沟通，也令父亲终生难忘。那次和李济会面后，又见了梁思永、董作宾、吴金鼎、石璋如等先生。这无疑有益于他们此后更好的书信来往，当然那时期的信件不会很多。

1941年，父亲的《陕西宝鸡县斗鸡台所得瓦鬲的研究》十万字初稿完成后，按照徐旭生文章里所说，考虑到这是父亲的第一部著作，唯恐有闪失，所以要求父亲把初稿邮寄给李济、梁思永、吴金鼎和石璋如等前辈把关。书稿经修改后，又经徐旭生1941年6月作序，父亲用挂号邮寄给了身在香港的商务印书馆总经理王云五。不料太平洋战争爆发，日军占领香港，书稿下落不明。早在抗战以前，父亲在北平就认识王云五先生。1945年回到北平后又再次相见，并谈到此事。王先生还送给父亲一本新出版的《王云五小辞典》，正好给我用上了。母亲曾嘱咐我：可别弄坏弄丢了，不然你爸爸会生气的。这让我一直保存它至今。

那时父亲常和母亲念叨他的"书稿丢失"及"太平洋战争"带来的损失等,直到返回北平后父亲有时还会说到这事。幼小的我,只知道父亲遇到了麻烦事,对他的打击较大,但不知我能为他做些什么。

长大后我才提出了一个问题:你那时怎么没有留下一份底稿呀?父亲说,那时纸张太稀缺了,送出的稿件里有大部分都是多次剪贴起来的。我这才回想起,在昆明,父亲有时会要母亲早饭时顺便熬制一点糨糊带去办公地,剪贴是他写作时的常事。他手里剩下的文字稿大体齐全,但图版照片已缺失许多且难以补救了。

那时,熬制糨糊是常事。糨糊用于做全家人的鞋底,父亲用来粘贴卡片和稿纸。母亲用来熬糨糊的工具,是她结婚时的一个针线盒。这个小铁盒,陪伴了母亲大半生,在由昆明返回北平时,用它装了少许的针线和一点儿药品,还藏入一个金戒指,以备万一之需。

《斗鸡台沟东区墓葬》一书的出版,历尽艰难,直到1948年初才正式付印。出版后,父亲先是送给徐旭生先生,其后就是邮寄给李济先生。1948年10月,父亲收到了李济先生对此书所做出的肯定性回信。

我由此理解,李济先生把他的重要著作《小屯地面下的先殷文化

王云五先生送我父亲的《王云五小辞典》

母亲的针线盒

层》手稿送给了父亲，应是很贵重的"礼物"。因为李先生的文稿成于1944年，而父亲在1948年的文章里提到，他很想亲自抚摸一下小屯的陶片，我推断，赠送的时间应在1944—1948年。李济的毛笔字清秀工整，被我父母珍存在樟木箱子的最底层，幸存至今。

昆明当时聚积了很多的优秀知识分子。有位从事植物生理研究的汤佩松先生，他的夫人和我母亲熟识并常有走动。那时在西南联大，每月有一次在大普集村（位于黑龙潭西南方向约五公里）的聚会，作为一种学术活动，有人曾将它与早期的英国皇家学会相比。每次参加活动的不过15人左右，都是而立之年的人，后来有不少成了"中央研究院"和中国科学院的院士。现在我们听到这个，难免为之神往或难以置信。父亲则说，他们和王厂长是两个不同的典型，他们像是在没有外人理会也没有干扰的安静的地窖里慢慢孕育发酵成了精品。

我还记得赵九章先生。他在西南联大的简陋教学办公桌旁的土墙壁上，挂了一幅未装裱的写有岳飞名言"还我山河"的水墨画，足见他对未来充满信心。父亲领着我在这张简陋的黄色画纸前观看了许久：江南水乡，穿着蓑衣的一个农民在稻田里赶着水牛，远处是茅草房和小山；还有一个如同我年纪的孩子双手捂着头往茅屋方向跑去，表明家是多么的重要。这幅简单的画，深深印刻在我幼年的脑海里。我也模糊地记得，赵伯伯他乐观，爱说笑，精神抖擞。我长大后得知，他勤奋地收集和阅读了所能得到的多种学科的专业资料，为他在抗日战争胜利后施展特有的才华（他一贯倡导多学科的协作，做了许多有远见的战略部署，如航天卫星、气象预报、建立地球物理所等）奠定了扎实而广阔的业务基础。建国后，他家和我家成了近邻，曾对我在南开大学物理专业的学习做过鼓励和指导。

物理学家钱临照教授，利用常常和徐旭生先生见面的机会，借阅了大量的古文献资料，发现了墨子对于光特性的叙述，还发现了古人对

北平研究院成员在昆明唯一的合影（前排左七严济慈，左八钱临照；第二排左四顾功叙。摄于黑龙潭，1944年）

于"地动"（地球不是静止而是在运动中）的认识。知道了这些发现，都早于国外。从而为他与英国科学技术史专家李约瑟（Joseph Terence Montgomery Needham）的国际合作，打下了基础。为了筹建光学实验室，身材不高的他常常围起蓝色围裙和玻璃工在研磨机旁一干就是一整天。我常和他的几个孩子一起玩耍，在我们这些孩子的眼里，知识分子的工作就该是如此的。

20世纪60年代，父亲和我们聊天时提到，春小麦不及冬小麦好吃。冬小麦要越冬，已经长好了的绿芽可能被冻坏，生长期很长，却坏事变成了好事。还有一次谈到知了（蝉），说它是世界上寿命最长的昆虫，可是它一生的大多数时间是在地下度过的，幼虫在地下待十多年以后才从地下钻出来，艰难地爬上树梢，蜕掉蝉衣，变成了有翅膀的蝉。

他又说，在一些食品制作（例如酿酒、酿酱）或精密设备制作工艺（例如手工计算尺所用木料的老化处理）中，时间也是一个重要的积极因素——净化、孕育、沉淀和升华。他以后还说到，人有时会遭遇逆境，甚至苦难、饥寒交迫，不过也确实就是有这样遭遇的伟大者，反而能拿出惊世绝伦的成绩或作品，例如司马迁。而过于顺利和富足的环境，也许反而会有负面作用。他说这些，必是有感而发吧。

至交校友俞德浚

在黑龙潭的南边，有个昆明植物园，它的前身曾是静生植物园和云南农林植物研究所。我最早看到这里的园长俞德浚先生，是在他的工作室。他中等身材，稍瘦，身穿西服，精力充沛，话语不多，整日埋头仔细查看数也数不清的植物标本。他的四周堆满了存放运输植物标本用的木箱子、盛放树叶标本的展柜，还有粗大树木的横切面，像个大菜墩。

他是父亲北平师范大学的老校友，生物专业，生于1908年，比父亲大一岁，毕业则比父亲早三年（1931年）。由于他的成绩很好，因此没有像多数人那样上两年预科，这在当时是少有的。母亲说在抗战爆发前，他已经做出了优异成果并担负了很重要的职务（时任云南农林植物研究所研究员、副所长，后又兼任云南大学农学院教授）。他采集了几万件标本，能记住上万种树木花草的名称，得到很多人包括外国学者的钦佩。

父亲和俞伯伯，所习专业不同，年级不同，家乡不同，却成了好朋友。他们的交往始于一起参加了抗日救国活动。交谈中，发现彼此有着共同的理想、追求，并都因为功课好受到老师的重视。抗战爆发后，大批爱国知识分子迁往大后方，我们两个家庭也建立了友谊，并延续了两代人之久。一次，我们两家孩子一起玩耍，俞伯伯给了我们桃子吃并说："桃子原来只是咱中国有，后来才传播到全世界的。我也要设法把一些外国的好植物品种引进到咱中国来。"

父亲和俞德浚（摄于1931年，俞伯伯毕业前夕）

我长大后，父亲给我讲了许多俞伯伯的故事。他家境贫寒，在大学期间因出色表现受到了当时植物学家胡先骕教授的好评，毕业后先是在胡先生手下工作，做出了明显成绩。他敢于冒险，在有土匪、有军阀混战、有瘴气等生命危险的崇山峻岭中，人背马驮，深入四川、云南境内原始森林，和当时还很落后的凉山彝族部落首领结识，掌握了西南地区的野生植物品种，采集了两万多件珍贵植物的标本（其中有322种为新发现的品种）。其中许多植物的叶、根、果实标本，至今还在北京和南京的植物标本馆展示，并和国外作为交换使用。

父亲曾带我到俞伯伯的工作室内，静静地看着他整理标本。后来我才懂得父亲是在有意从他那里仔细了解植物学里的分类方法。直到1983年还向他了解了植物学中关于植物区系分类的含义。俞伯伯在回信里说：

秉琦学兄惠鉴：

拜读（10月）26日大礼，饮同唔教。

嘱问区系一词，原文为 flora，指某一地区或某一时期的植物群，与动物区系 fauna 一词相对称。现代植物群可用，古代植物群当然可用。flora 一词另一译名为植物志，源于拉丁语。……

依我之见，父亲思索和提出的考古学文化的区系类型学说，一定是从植物分类学那里得到了有益的启示。

云南自费考古梦的破灭

父亲的工作，在我童年的记忆里是很单调的，就是埋头写东西，看材料。一同工作的其他人也是如此，有的时候他们也议论些什么，徐老伯常是主要的发言人，偶尔还会站起来，或者背着一只手在房子里边走边说。我儿时的印象里，这就叫史学。

父亲和徐旭生先生倒是能和庙里的老道士谈得来，我见到几次他们在院子里意味深长地细细叙谈，绝不是一般的寒暄聊天。我长大后才知道，这两位学历史的人还真懂一些佛学、道教伦理和禅学，能讲些哲语或故事。后来父亲还告诉我："那个道长（住持）很有学问，可不要小看人家，他曾回答我说：'你要想学习道，进而明白道，首先你的内心要净、要空——去除繁琐的杂念；心虚了，道自然就会在你心里生根，之后才能悟得大道真谛。'我那时正长期地苦思苦想，经他一说，我明白了，我得去除杂念静下心来，于是我要寻找的道理——类型学——自然就进入我心田了。"

俞伯伯有一间工作室，是座建在密林中的小房子，很像童话故事里的情景。他常在那儿一面看那些标本一面做笔记。父亲好像看得很入迷，对他说，我羡慕你，你有这么多财产。父亲也带我在静生植物园里，看俞伯伯的试验现场——花卉暖房，还有两间和蔡希陶先生亲自砌出的烤烟房，还有养殖洋狗的犬舍。有时两家串门时也聊起这些。原来俞先生和蔡先生，为了筹集到野外考察的经费，想了许多办法：引进并培育"大金圆"的优良烟叶品种，培育它适应云南的土壤气候环境；自己动手繁殖稀缺的花草，又在昆明市区开了个花卉商店出售；繁殖宠物狗和鹦鹉到市区去卖，等等。几项措施都得到了不错的经济成效。特别是第一项既得到了经费，也是工作的一个目的。近半个多世纪来，云南省烟草事业的蓬勃发展和他们这个时期的重要成果关系极为密切。

父亲对这些努力和经费收入很关切也很羡慕。他曾对俞伯伯说，可惜我没有你们这样的本事和条件，我挣不到钱呀。原来父亲的心思，是幻想也能运用什么办法筹集到一点费用，到云南偏远地区搞些少数民族原始生活环境的调查和那里近于原始的陶器制作工艺流程、土法炼铁的过程调查等。此前，他听了俞伯伯讲述的有些彝族地区还处于原始社会形态时很着迷。俞伯伯举例说，他想送给彝族头目一些礼物却遭到拒绝，因为头目说他无法将这个礼物均匀地分给他的手下人。

三伯父也从西安来过昆明几次，这时他已把家安置在西安了。父亲曾鼓励他，可否将全和工厂的昆明办事处转为西北地区（西安—成都—昆明）布匹类买卖的店铺。但因交通不便，常遇土匪，几年下来没有盈余。后来又曾试图做猪鬃出口东南亚生意，投资多次也多是亏本。接着，又被一个骗子以一大批布匹生意为名骗走了相当大的一笔款，伤了元气。这件事对于办事一向精明的三伯父是个很大的打击，他久久不能忘怀，成了精神和事业上的一个转折点。

父亲曾多次隐约设想过从家庭方面再次得到财力支持（提取他股份内的资金），用于云南地区小规模的"自费"野外考古调查。限于那时云南境内的社会环境，野外考察必须雇工并携有枪支，携带马匹、马夫，集体行动，这和我们现在的出差面貌相差很大。俞伯伯也一再告诫我父亲，去野外没有四五个人是绝对不行的，疾病、土匪、极度艰难危险的路途、和当地的头目结交，都需要财力、人力。而北平研究院昆明办事处,能按时发出薪水就是最核心的工作了,连办公用品的费用都极少。后来父亲告诉我,南京的史语所在抗战期间倒是有微量经费,能做些野外调查工作。

于是,他只能有机会时,多向老乡们询问。诸如山村里手工制陶的方法,泥制烧炭炉子的打制方法,手工打制银器、磨制玉器饰品的方法,农民家里留存的老式陶罐的形状特点等。他还很注意查看妇女衣服帽子上刺绣的图案花纹,那时蒜村的妇女衣服都是上身为蓝布,在袖口和下襟处有手绣的彩色图案——都是花朵类图案,帽子上也有些图案。我后来回想这些,起初以为父亲是为了三伯父织布图案的设计,后来才懂得他是在了解古代人对于花朵崇拜的渊源。

到了20世纪八九十年代,他得知云南那里发现了不少新器物,感慨道:可惜呀,我当年没得到机会去各地走走。

小家,大家,国家

1942年,我的弟弟出世。1943年我该上学时,父亲给我俩同时起了正式的名字:恺之和悌之。

直到50年代,我才问父母,这"恺"和"悌"两个字是啥意思。父亲回答说,恺悌就是和乐亲切的意思。弟爱兄谓之悌,希望你俩长大后亲密无间,就像父辈那样。在故宫太和殿,他曾指给我看,皇帝龙椅背后大屏风上的行文里就有恺、悌两个字,显示了雍容大度之风。

1943年,奶奶在北平病故。考虑到我还年幼,父母没有及时告诉我。大概过了两年吧,母亲才把这事说给了我。刚懂得一点事理、第一次遇到失却亲人的我,更有一种难以解脱的痛苦之感:我怎么就这样地再也看不到奶奶了。

母亲说,电报传来噩耗,是一个下午,父亲急忙回到了家里,见了母亲,泪流满面却没有出声,但那种伤心母亲是最了解的。母亲还告诉过我，这几乎是他唯一的一次潸然泪下，"满脸抽动，泪如雨，可吓坏了我"。

母亲叮嘱我不要再和父亲提起奶奶，免得让他再次难受。幼小的我朦胧地知道了我需要憋一点点事情在自己肚子里了。

直到50年代我上初中时，母亲又对我提及此事，说她逐渐懂得了，人的哭可以分成小哭、大哭、失声痛哭、号啕大哭。更大的哭还有吗？那就是无声的哭泣。那天父亲的泪水不止地流，吓得她都不知如何是好，她后悔当时没有劝父亲干脆大声哭出来，也许不至于把苦楚长期压抑在心底。

母亲说，父亲从北平别离母亲妻儿时其实心里很纠结，不知道此后形势的发展，也不知道何时才能再相聚。无论是他自己，还是大的家、小的家，都是吉凶难料。再有，奶奶如此少有的理解和支持自己，可他自己却从没有来得及说过一句感恩的话，也没有来得及好好尽孝。没料到，一切都来不及补救了。

母亲的话也让我理解了此后的一件小事。在我们回到北平后，父亲放大了奶奶的照片，于是在1948年到1952年间，每逢春节，父母都要把爷爷奶奶的相片拿出来供上，再放些水果和点心。这是他对于爷爷尤其是奶奶的深深怀念，也许还有歉疚。

50年代，有一次父亲向我说起北京四合院的特点和一些风俗，其中说到了院子大门的门板上用油漆书写的一副恒久性的对联。他说在奶奶和母亲来到北平时，大院大门上的对联原本是"生意兴隆达三江，财源茂盛通四海"。后来奶奶决心永居北平就把这院子买了下来，随即把大门粉刷一新，把对联改成了"读书传家久，诗书继世长"。我懂得，父亲是在不断地体会着奶奶盼望一家团聚并树立家风的良苦用心。

此后我又联想到，为什么出生在北平的我要从幼年开始，管母亲叫作娘，而不像我的弟弟妹妹那样叫妈。那是父母为了讨奶奶高兴，沿用了老家的习惯，让北平的新家里也充满老家般其乐融融的气息吧。

到了20世纪八九十年代，随着我对父亲理解的深入，我才进一步体味到父亲那次的"泪流如雨"，绝不单单是来自母子情深，而是在他的心底，已经把个人、小家、大家、国家的命运前途紧紧地联系在了一起。那是国难当头、民族危难的1943年啊！父亲是在为他的母亲哭，却绝不仅限于此，他深深感受到自己和国家的命运已密不可分了。

与一对农民夫妇的情谊

在我去上学的途中，总会路过一个孤零零的农户，里面只有一对老夫妻，没有孩子。父亲送我上学时和他们偶有简单的交谈，后来时间一长，我和这家熟悉了，遇到下雨就在这个简陋的茅草屋里避雨。房子低矮，里面很黑且潮湿，日用家具很少。老爷爷还很敬畏地叫我"小先生"，多次给我烤洋芋吃，是在草木灰烬里面慢慢烤出来的，我觉得特别的香，还特意告诉了父母。还有一次，他俩让我进屋子吃了一小碗红米饭，里面掺有鲜蚕豆，我觉得好吃，老奶奶又给我添了一勺。回家告诉了母亲，母亲说，弄不好你把人家的饭也吃进自己肚子里啦。第二天，母亲让我带给了他俩两个豆馅馒头。

1944年春的一天，老爷爷特意在门口远远等我放学，把我领到了家里说，他家也想买两头猪仔养育，可实在没有钱，想和你家老爷商量合作，具体办法是由我家出钱买来两头猪仔，由他家负责养大，一年后卖出，双方各分一半的钱。这种合作方法是他们这里的惯例。

我那时年幼听不太懂，回家告诉了父母。第二天父亲就和我去了他们家里，听明其意后说：这个老规矩可太不合理了，这样吧，我来出钱，你去买，但等你卖出成猪之后你就把原来的钱还给我就行了。

如诗如画黑龙潭

此后，我每每放学回家时，还常常饶有兴趣地看看这两头猪的成长，给它们带点菜叶子啥的。老爷爷还给了我一些刚刚出壳的幼蚕，教我学会养蚕。

不料，猪就在快出栏的时候，被人偷走了。那天，我在上学路上，远远看到了老爷爷站在家门口等我，他伤心地掉下了眼泪对我说："请告诉你爹爹，我们现在没钱，等到年底卖出谷子的时候，我们再把那买猪仔的钱还给老爷吧。"晚上，父亲听了我的讲述后也很为这个贫苦人家难受叹息，让我第二天早上告诉他们，我们决不能收那笔钱。又过了些天，父亲还是觉得不妥，又陪同我去他家，再次拿出了些钱给了老爷爷。老爷爷拿着钱和老奶奶一道，一边作揖一边连连大声地说，"这真是老天爷有眼啊，我们可是遇到了大恩人啦，你积了大德必能长寿……"那个时代，土匪和偷盗是很猖獗的。

父亲的这些表现，幼年的我丝毫不感意外。我曾多次随他到市里办事，路上每每遇到形状可怜的人，他常会掏出些钞票。当时我在想，你还没有给我买一点零食呢。

三十五年过去，父母和我都没有忘记他们。1979年，当我再次踏上这块土地时，这里已经有了巨大的变化，一路上的房屋和人家已很多了。我急切地往返走动，反复打听寻找这户人家，却无人知晓丝毫。我回北京之后告诉了父母，他们都很伤感。沉思中，父亲自语道：这两个人的姓氏咱们都没有问，就这么没了……

这个记忆让我开始逐渐感知父亲的内心。他"心眼软"，同情弱者，关注底层，也就懂得知足，懂得知恩和回报，更懂得自己的责任。这个潜意识，也表现在他一贯尊重基层工作人员，相信他们的创造力和潜力；也懂得尊重各行各业前来向他求教的人，无论他们的职位、工种。直到他晚年体衰之前，几乎对每封来信都认真回复，对每位来访客人都热情接待，无保留地告之自己的见解。他多次对我们说过："眼睛向下，这是做人的基本态度。"

胜利了！

1945年8月15日傍晚，从驻在龙头镇的军队传来消息："日本鬼子投降了！"人们奔走相告，一时间落索坡小村子里沸腾起来。"史学所徐旭生老先生不禁高声吟起杜甫的《闻官军收河南河北》中的名句：'剑外忽传收蓟北，初闻涕泪满衣裳。却看妻子愁何在，漫卷诗书喜欲狂……'这也正道出我们中国人此刻的心情！""史学所里彻夜欢声笑语不绝。过了一夜之后冷静下来，考虑如何作归计。凯旋回家，但如何处理这些伴我度过长夜多梦的破旧家什物？一旦闻西南联大的黄昆首先在街上摆地摊的消息，我何不学他？！于是全家出动，不数日，将不带的器物处理完毕。"①

在茨坝，再次拉响了防空警报，不过这次有些例外，是长长地一声（防空解除警报），此后就再也没它的声音了。

家里也和许多人家一样，挂起自己用竹子编扎的各种颜色的小灯笼。国家终于有了出头之日，可以开始新的一页了。父亲让我拿出珍存的"玻璃纸"（"西洋糖果"的包装纸），让我和母亲一起用剪刀剪成碎末。他用一根筷子绑上一点棉花，再蘸上现熬的糨糊，在一张黄色报纸上写了个大大的"胜"字，之后把碎玻璃纸撒在上面让它粘住，再挂到墙上——这成了家里唯一的装饰物。

几天后，月光之下，湖面宁静，空气清新。我家和俞伯伯家在清水龙潭南侧栏杆边的小茶馆欢聚谈天，直到很晚。俞伯母特意拿来了一"大"包炸排叉让这群孩子吃个够，这已属相当豪华的聚餐了。

俞伯母对我母亲说：咱们以前像是那个浑水龙潭里面的鱼，现在已经是这清水龙潭里面的鱼了，心里这么清爽透亮。我真想回到北平后煮上一大锅的小米稀饭（那时在昆明见不到小米），喝个够。要是再搭配

---

① 据钱临照的回忆录，《中国科大报》1996年6月第358期。

上臭豆腐、酱豆腐就更美了，我昨夜耳朵旁已经响起了胡同里吆喝"臭豆腐——酱豆腐"的声音了。母亲说：咳，你不如吃六必居的八宝酱菜。我倒要去六必居旁边的长安大戏院听场大戏。

父亲忽而问俞伯伯：那首《你怎能忘旧日朋友》（现译名是《友谊地久天长》）你能唱不？俞伯伯说，还可以吧。于是他们两个人唱了起来，歌声在寂静的湖面和山间回响。这是我唯一的一次听父亲放声高歌，俞伯母笑着对我母亲说："哈，到底是北师大毕业的啊，两个西洋式唱法的嗓音就是洪亮好听。"

在20世纪70年代末，父亲还曾回忆那天的情景："月光如水啊——胜利那天我有说不出来的轻松高兴。""那天黑龙潭的夜色真美啊，明月当空，湖水如镜，月光如水，如诗如画如歌，这些形容绝不过分"，"也让我自然想起'明月松间照，清泉石上流'的意境"，说那天是他感觉黑龙潭最美、全家最幸福的一天。

此后的几天里大家无一例外地放下了工作，在办公室里满面笑容，高谈阔论。我隐约还记得，徐旭生先生更是兴奋，"果不出我之所料"一类的河南话很是响亮。他在屋子里边走边说，一只手背在身后，另一只手半举起，用食指在空中比画着。

后来，徐老伯还设法弄来了两辆老卡车，把职工和家属统统拉到了大观楼，滇池湖面上洒满了白色的打鱼的帆船，很多很好看。大家坐船去了西山。母亲带着我的大妹妹只爬了一小段山路就到一个寺庙里休息，父亲则带着我和三岁的弟弟一直登到了最美的山路终点——前面空旷，背后是雕凿的山洞和一些佛像。我都不记得父亲是怎样连抱带拉扯地把弟弟弄上山的。在那里俯视宽敞清澈的湖水，仰望蓝天——那样的蓝啊，白云——那样的白啊，看着许多鸟儿在半空自由翱翔，我们仰望了许久，许久。

我清楚记得，当时我这个爱玩的儿童已经觉得停留时间足够了，他们却还在这里高声谈笑。长大后父亲告诉我，原来他们在谈这些石头山路和那些石头洞室里的佛像，都是由一个失恋的青年苦苦开凿了一生完成的，表明了一个人身上巨大的潜能。我想他们是在用这个方式抒发着也享受着自己内心从未有过的畅快，国家的命运和自己息息相关；也意味着他们心中都在盘算着如何把自己的能量投入国家的事业中。

现今我只要来到昆明，都要争取到西山山峰，静静地多待一会儿，揣测和体会着当年这些"文化人"无比清爽而纯真的心境：中华民族的出头之日终于到来了，自己报效祖国的日子来了。这时，他36岁了，是人生最宝贵的年华。

"月是家乡圆"

就在胜利后不久，父亲特意指着山坡上自然生长着的一丛丛秋海棠花，还摘下一片叶子对我说，我们的祖国就像是秋海棠花，她多美啊（那时，全国地图包含着现在的蒙古共和国，形状很像秋海棠的叶子）。后来，母亲又专门移植了一棵到屋外墙角下。

父亲打开了他手里的宝贝——《中国分省地图集》，这是一本由丁文江等三个人于1933年出版的大16开印刷良好的彩色地图，从1933年一直用到1966年丢失。当时，我是第一次看到中国版图（小学校里没有地图，老师上课时在黑板上画了个中国的形状）。他又把那段薛尔望的历史向我讲述，说做人就要有骨气、有气节。记住英烈，这才是中国人。

在这胜利欢悦的日子里，父亲处于很兴奋的状态，对母亲和我讲了许多话，那是一种情不自禁的诉说。虽然我只能朦胧地听懂一小点儿，他大概心里也清楚我的接受能力。他说，不要忘记国家受过的耻辱，要牢记这个"耻"字（当时的写法是左边为"耳"，右边为"心"）：心里要注意耳朵听到的外界声音。还说："有国才能有家。"

在父亲匆匆离开昆明赶回北平后，曾给母亲来信，让母亲买几张薛尔望祠堂里碑文的拓片。但这时卖拓片的老道疯了，没能买到。母

黑龙潭碑文拓片（拓于1946年）

亲只好和我一起，到了上观庙宇里，先由我把纸按在碑面上，再由母亲用铅笔来回滑动，勾勒出了字体的轮廓。

随着时代的变迁，人们对薛尔望的评价也在变化。我联想到下面的琐事，大概父亲也在改变原有的观念。直到50年代，父亲给我们讲述的历史故事，是苏武牧羊、鸿雁传书、岳母刺字、文天祥、花木兰、杨家将等。它们都是来自以汉族为主体、为核心的国家观念。这和他晚年说的绕出了思想束缚，提出多元一体学说的思想内涵相比，有所不同。

但他同时又说，一个民族，必须有民族的灵魂和气魄，一个人必须懂得自尊和气节。在他的观念里，一个民族和一个人的理想和精神追求，是要始终坚定不移的。到了20世纪60年代初期，他对我说，现今我们只看到了明朝皇宫里的堕落腐朽这不假，可是明代皇帝对外是硬骨头，怎能不给予肯定。人们的观念正在前进和改变，甚至有人会觉得薛尔望的想法和做法已无可取之处了。但是，毕竟要看重精神世界，苟且偷生类的活命哲学是绝对要摒弃的。

父亲的这种意识和准则，鲜明地贯穿着他的一生。他曾多次告诉我，他们那一代人，饱尝国家民族受辱的切肤之痛，很多人都表现出刚毅不屈的爱国精神。一次，说到了同事黄文弼先生，别看他身材瘦弱，脾气倔强，但斯文赫定回国后，在出版的《长征记》中，不得不称赞黄文弼是个"博大的学者"。

1984年秋天，我弟弟恺之从美国学习工作三年归来，在自家小院子里向父亲讲述了许多见闻，其中也提到了人家许多先进之处。父亲听罢，说人家的长处不假，可这不是全部；又站起身来望着天空说了一句

"月是家乡圆"啊。1989年我第一次出国前夕,父亲再次嘱咐我:(在外国人面前)只有尊重自己才可能受到尊重。

回北平:他的第三次抉择

抗战结束后,人们开始筹划自己未来的工作和安排。事后母亲告诉我,有三五位朋友好心地劝说父亲:我们都已过而立之年了,虽然已经胜利了,但满目疮痍的国家恢复尚待时日,不如趁这个时机先去国外几年再回来,这样的运筹最为合理,而且"你的业务酝酿这么多年了,现在最缺少的就是留洋了,你需要看看、学学外国的现代考古经验和理论,对己对国都至关重要"。

父亲却说:我和你们不一样。你们的种子已经发芽,已经有和人家交流谈话的实在的重要东西了,有很好的切入点,我也支持你们出去。可我舍不得呀!——倒不是舍不得我的家,而是我放心不下北平那里的资料。我在北平还有该我做的事情,我的种子在那里。我想尽快回去让种子发芽。一个学中国考古的中国人要拿出对中国文化史的研究成果,才好和外人对话,我再过十年出去也不为迟吧。

徐老伯也很支持父亲的决定,说:你我一起回北平做我们该做的几件大事情吧。

此后,那几位朋友都相继出国了。俞德浚于1947年赴英国皇家植物园进修,他在此期间曾多次从爱丁堡给我父亲寄来人类学、全球经济学方面的期刊,可以看出他对祖国前途的挂念和对我父亲学术的关怀。他于1949年回到昆明,1952年调到北京出任中国科学院植物研究所所长。还有一位比父亲小几岁的植物学家王伯伯,他曾送给我一个"大花脸"的玩具让我记住了他,也前往美国了,去学习"树皮综合开发利用",1952年回到北京,受到国家领导人的接见和鼓励。

1945年10月底,父亲突然接到研究院的通知,几天后就和钱临照先生不带家眷奔赴北平,而且乘坐的是部队的一架侦察小飞机,先去重庆,研究院好不容易给他们联系到的座位。回北平的目的是要尽快地把研究院被日伪侵占的资料、图书、仪器等收回,尤其是务必把房子收回——在中南海里的房子(怀仁堂西四所,系北平研究院的办公地)、东皇城根42号(物理所、化学所、镭学所的旧址)、西直门外三贝子花园(现在的北京动物园)大门西侧的部分房屋(植物所、动物所的旧址),将办公家具等固定资产收回,并在副院长李书华的领导下购置职工宿舍,为研究院的全面回迁做行政准备。

他听了这个安排后,当场就满口答应了,然后才回家告诉了母亲。后来听母亲说,她也当场同意了父亲的决定,尽管当时我的小妹才一个多月大。

以后的事实证明,如果他和钱伯伯再晚到北平些时日,上述资产就成为有权有势的国民党军队和军统等部门的囊中物了,想再索要回来是难上加难的。

父亲和钱伯伯的这两次共事,还有在昆明期间的多年接触,使两家人建立了深厚友谊。五十多年过去了,父亲去世时,钱伯伯在唁电里特别提到了他俩这段经历和友谊,让我深深感动,他写道:

哀思之际,与先生共处之往事历历又现。抗战期间,余同苏先生共赴国难,坚守滇南八年之久,艰难之际,余与先生同居一方,彼此相互抚慰,幸能苦中有甘。有待抗战胜利,又是先生与我一同领命,先期返赴北平,安排研究院归返。遥想当年世事,转瞬已成云烟,伤怀之思,苍然神黯。

时间紧迫。父亲急于整理他办公室里的资料,捆扎装箱。母亲给他收拾了一箱子衣物，连夜用烧炭炉子和铁熨斗给他烙平西服和白衬衣。

早上我醒来时，父亲不见了，我很伤心地哭了，问："为什么不带我们走？"母亲哄我说，父亲坐的是军队的小侦察飞机，孩子不能乘坐的。母亲还告诉我，父亲在我们四个孩子都熟睡时，摸了摸刚刚出生一个多月的小妹妹的圆脸蛋，毅然地提起箱子转身就走了。"你爸的心里也舍不得咱们，"母亲又哄我说，"过不了一个月等有了大飞机之后，咱们就能去找你爸爸了。"但此时，我记得，母亲落泪了。

后来我得知俞伯母曾和我母亲讲：以前大家动员他出国他不去，我以为他是舍不得这个家和刚出生的老四，现在看出来了，他心里装着那批陶片呢。

这是他第二次暂时离开了自己的妻子儿女，也违背了他1942年对母亲的郑重承诺："今后再也不会分开了。"

经过这动荡的几年，他做出了人生中的第三次抉择，时年36岁。

父亲回到离别整八年的北平后不久，给我和俞伯伯的大女儿，分别邮寄来了成捆的儿童读物，邮包走了两个月。我第一次看到了那么洁白的纸张，印刷得那么好看的彩色书本，高兴地把它抱在怀里入睡。我还常常问母亲，怎么还没有和父亲团聚的消息。

我们能回北平了

就在父亲离开昆明后几个月，住在薛尔望祠堂里负责经营小茶馆的神经质老道突然发疯了。据说是和道观里面的道长不和，道长说他私下得了不少收入。他四处扰人，非骂即打。有天下午他把正在院子里玩耍的三岁的弟弟悌之抱在了怀里，并蹿回自己的屋子，倒插上门，将自己的道袍给悌之穿上，抱到他床上念念有词地给悌之磕起头来。母亲急得到处请人来帮忙。终于他的徒弟赶来了，破门冲了进去把悌之抢了出来。

我们没有好的去处，也觉得为时不会很长了，就到黑龙潭南边约一公里的蒜村里，租了一大间房子住下。这一住，就是半年多。

在蒜村的生活更艰苦些。我的两个妹妹，经常被放在一个尺寸倒是合适的木箱子里，一边一个面对面地坐在小凳子上，中间放一个搓衣板当成她俩的桌面。吃饭时大人稍不注意，苍蝇就把白米饭遮住了（当地的习惯是，住房在二楼，底层是水牛和猪的圈养地）。有一天我们清早醒来时，个个的眼睛都睁不开了，连忙托人去龙头街买来硼酸洗眼。

有趣的是，1979年我回访这家房东时，得知在当年的土地改革中，他家是唯一被划定成富农的一户。周围邻居们都说，这家可是个好富农呢。这个村子里没有地主，也没有找到雇农和真正的长工，只有下中农、中农。当我把这个情况告诉父亲时，他说阶级斗争的理论是对的，可就怕教条化，生搬硬套，非要揪出个地主不可。做事情就要重实际，不能死按框框行事。又说这么个大国，各地自然环境不尽相同，生产力不同，生产关系也会有差异，用一个模子、一个比例来硬套肯定闹出别扭。

父亲走后半年，母亲有两次接到研究院的通知，都说快准备吧，不久就能飞往重庆了，而且有位中年男人和你们同往，一路负责照料你们。说得很真。当时从昆明去重庆的机票极难买到，母亲急着把可以送人的物件都处理掉了，可是回北平的事儿却没有了下文。

1946年7月底，我放暑假前夕，母亲第三次接到通知，说这回快了，请准备，但此时她却有点儿麻木了。不料几天后得知，就乘后天的飞机。母亲告诉我明天不要去上学了，不一会儿，俞伯母来了。母亲看着她一面笑一面流下了泪水，把眼镜都湿遍了，过了片刻才说出话来。两人连夜收拾好了一小行李箱子衣物，第二天又雇了辆马车把我们拉到了昆明飞机场,办理手续,再到旁边的小旅馆住下。

第二天清晨在飞机场,遇到了那位西服笔挺的中年人,但他没心思看我们一眼。

在飞机上,我望着白云,望着灿烂的朝霞烘托着初升的太阳,新奇感油然而生。九岁的我隐约知道,崭新的一切开始了。

中篇

再回北平

（1947—1954年）

金秋团聚北平

1946年10月末，历经了三个月的路途，母亲拉扯着我们四个孩子终于回到北平，我和母亲已离开这里整五年了。

在西苑机场，我们走下梯子时，等在停机坪边、身穿深色西服的父亲，向我们五个人急忙走来。还没到我们跟前，他先是止步深深地鞠了一躬，然后才快步走近我们，并把不到一岁的怡之立即抱了过来——我立刻联想到这和五年前抱起我的情景完全一样。一头浓密黑发的他，深深地鞠着躬的形象，牢牢地铸在我年幼的心底。

他又一个个地摸了摸另三个孩子的头。然后我们一起走到停机坪的一边，挤上了研究院的一辆黑色小轿车，进城了。

父亲抱着怡之坐在前面。我第一次坐上小卧车，跪在后椅座上朝后看，看着美丽宁静的古城很惊奇，灰色调的四合院被绿荫围绕着。父亲发现母亲的脸色不大好，问怎么回事。母亲说："今天老早就起来了，这个只坐十几个人的小飞机颠簸得太厉害了，我几次要吐，老四吐奶吐得厉害，只有甦之不但没事，还把别人的一份西餐也吃了，真馋嘴。"父亲说："我和钱临照从昆明去重庆时，那架军用侦察小飞机更是颠簸得厉害，我们也都呕吐了。"

亲人团聚，母亲才有时间也有心情详细说了五个人三个月里离奇的艰难经历，九岁多的我也在一旁插嘴补充了许多。

我们飞到重庆，那位说是来照顾我们的中年人立即没了踪影（父亲后来听说他自己到了北平之后就离职了）。我们先是居住在一个礼堂般大的大厅里，里面挤满了一二十个家庭，夜里虽有蚊帐，可还是被蚊虫叮咬得厉害，家家点燃驱蚊虫的艾草，烟雾很重也还是不成，声音嘈杂难以入睡。后来又租住到一间没有小门的地下室，和不认识的另一家人合住，下雨时地面灌满了雨水。半夜醒来，我们的鞋子、面盆早已漂出小门外。

母亲每日四处奔跑托人，有时是五口人一起坐着人力车或坐着抬杆去串门说情，多数情况下是我留在屋子里看护弟弟妹妹。此间母亲和父亲曾有多次电报来往，主要是如何买船票、买啥样的船票，父亲一再坚持让母亲买"民生号"那样的大船船票并且直接到南京，这样安全些。期间，母亲还去了徐老伯的两个女儿那里，她们俩当时在重庆读高中，一同协助母亲努力了近一个月后，终于买到了五等船票，即在甲板上睡觉的末等舱。

为了上船后能抢占到一个伸展凉席的地盘，母亲把一些物件和皮箱子全丢弃了，改成了一个能捆在我背后的不太大的布包，还演习了一遍。

清早，在朝天门码头上船时的场面果真很混乱，母亲背着一个凉席，一手抱着老四、一手牵着老二，我则是背着布包牵护着两岁多的老三，紧跟其后。我们差点被挤出踏板而掉到江水里，把我吓得不行。上船后需要尽快跑到甲板抢占地盘，但由于我们行动迟缓，只抢到了半张床大的地盘，七天的航程里五个人不能同时平躺下睡觉。第二天早上发现我们的洗脸盆被人拿走了，只能用一个装饼干的小铁桶接水，凑合着当作五个人的脸盆兼洗脚盆。

我望着三峡地区的高山峡谷和江水中大如磨盘的绿黑色漩涡，望着在险滩处由于触礁而搁浅的中小船只，心里有些莫名的恐惧。母亲说，过了这段险路,咱们去北平就已经走完一半了。

轮船是白天航行夜间停泊。在将要驶过三峡地区的一个夜晚,遇到了岸边明火执仗的土匪,双方边射击边喊话,子弹就在船顶上飞过。乘客慌作一团,我们都惊醒了。在甲板上的人都希望挤到房间里,可房间里的人关起门不让进。母亲赶紧伏在两个妹妹身上,并让我和弟弟趴着不要动。我侧卧着缩成一团,觉得很难熬。最后以轮船方划一个小船上岸交给了土匪一笔钱而了事。

一次最危险的经历,是在南京下轮船后要坐人力车去火车站。母亲带着两个妹妹坐前面一辆,我和弟弟坐后面一辆。走着走着,我和弟弟的车没跟上。到达车站后,车夫也有点蒙了,四处张望,我那时还没感到可怕。忽然,听到后面有母亲的喊声,"甦之,甦之",嗓子已经沙哑,可见已喊了多次了。母亲脸色苍白,见到我俩立即下车把怒气撒向车夫。我这才想到,万一我们失散了会是怎样的后果——我长大后,一想起便觉后怕。

我们在火车站没买到当天的票,在一个空地歇息熬过了一夜,次日才乘上火车。上车时很拥挤,那个车厢的位置在站台之外,下面就是石子,梯子又有残缺,母亲从梯子上被挤落下来,为了护住抱在怀里的老四,一条腿的膝盖重重跌在了路基的尖石子上,破了一个很深的大口子,用手帕包扎起来后仍在流血。

到了上海,好不容易才找到了借住地——严济慈先生创办的镭学研究所,看门人将我们五个人打量了好半天,才让我们进了大门站着。当时,研究所的大院里只有少数研究人员返回,四处都很冷清。又过了许久,才有位行政人员前来,打开了一间小仓库,说里面有两个老高的大实验台子可当床铺,转身就走了。

第二天,母亲的伤口化脓,没带我们出门,让我看管好弟妹,自己出去买来了退烧的西药片和当时常用的"红药膏"(用汞的氧化物掺在凡士林里面的外用药,现在已不用)来治疗她化脓的伤口,还给我们买来一个雪白的大面包当作一天的饭食。事后母亲才说，她那天正在发烧。

母亲想，我们五个人的样子确实像讨饭的。第三天连忙领我们上街，给我们换了全副新衣和皮鞋。我们每天上街去饭馆吃饭都要进出这个大门，弟妹们第一次穿皮鞋大概样子并不好看，我们四个孩子说着云南乡土话，依旧让人看不起。此后，我总被院子里几个同龄孩子欺负，只好常常待在房子里——又是难熬的近一个月。一位好心的邻居老婆婆告诉母亲，必须给那个行政人员多些报酬，给两个看护大门的人小费。母亲咨询她该给多少，一听才知道这下子身上几乎就没钱了，但想反正是最后一拼了，如果钱不够了也无须让父亲费周折再汇钱，于是把她的结婚金戒指拿到了一个铺子好歹卖掉，做最后的盘缠。又过了些天，那位行政人员总算是帮我们把飞机票买到了。

父亲听了我们的诉说，心中内疚，多次说：真没想到，竟是这样啊！……苦了你们了，以后再也不会有苦难了，不会了。母亲说："八年都过去了，胜利了，我总算把孩子们安全带回来了，这次我真的相信——再也不分开了。"

父亲为我们早早准备好了一个泥巴制作的大号"兔儿爷"，以欢度中秋，他没想到我们的路程那么漫长，中秋节早已过去了一两个月。他还高兴地对我说："你是爸爸的好孩子，长大了，懂得帮助妈妈做事情了，爸爸过几天要奖励你。"

果然过了几天，父亲要和几个人一起去万寿山，顺便带我去了。在一个大山石北面的大厅父亲告诉我，这里曾是皇帝处理事务的办公场所。可能是赶巧吧，我想解小手，就问："皇上在哪里屙尿呀？"这引起了大家的哄笑，有一个人说，这个孩子能提出很多大人不会想到的事。这个小插曲后来我本已忘却，倒是被父亲记住了，我工作后他曾以此为例提醒我，要学会发现和提出问题，找到问题的核心才是前进的突破口。

父亲给我的另一个奖励,是带回家好多巧克力,说以前在昆明没能给你买,现在有了。那时在华的美国大兵陆续回国,不少军用物资在市面流通,包括一种野外餐盒,是用蜡纸包裹的像个砖头般的牛皮纸盒子,每盒里面有压缩饼干、饮料冲剂和一块冰棍般大小的巧克力。

父亲特意请假两天,把我们带到隆福寺逛庙会。那时北平有五个庙会地点:隆福寺、护国寺、白塔寺、土地庙、东岳庙,按阴历每个地点轮两天。隆福寺市场上能看到一些东洋货,如蚊香、人丹、瓷器、工艺品、文具、花布等,很耀眼。父亲当时对我说,这些东洋货很能诱惑人,却把我们的国货压垮了。

父亲还带我们去了白云观,到吉祥戏院看了京戏。开场是"跳加官",幼年的我很喜欢看,记忆很深,但建国后似就不再上演了。我问过父亲为何不演,他回答说内容是升官发财的封建思想吧,但也不是完全糟粕的东西。

"跟着爸爸真美"——这是我那个时期最鲜明的感觉,那时九岁的我还不懂得用幸福二字表达。

我们刚住下没几天,德国友人傅吾康先生匆忙前来探望。一个傍晚,母亲正在安排我的弟弟妹妹入睡,突然有人敲门,我正巧在门口碰上他——好似外国人模样的高个子,说的中国话很流利又不像是外国人,和我握手时我感到他的手背毛茸茸的也不像中国人。父母很高兴,连忙请他坐下,但那时屋子里空荡荡的只有两个不像样的椅子,多少有些尴尬。后来我才得知,他是要去成都工作,临行前特意来探望一下,还拿来了一个他家里使用过的调料瓶支架留给我们安家用。我家一直使用着(现存陕西考古博物馆)。不久后,他家迁往成都前夕,他又把剩余的副食拿给了我家。

起初半年,我们家临时居住在东皇城根42号的大院子里。一进大门是北平研究院院部很洋气显眼的办公楼,它的南、北、东三面有好几个院落和古典式的四合院。现在这些小院子已经消失,变成了新大楼,只有原办公主楼仍在,成为文物了(现属科学出版社)。在这个三层大楼的南边几百米,是当时的中法大学,两者都和法国有关系。徐老伯和我父亲与中法大学、中法学会都有些交往。

我家和顾颉刚先生家为邻,同住在一个小院子里半年。顾大伯比我父亲大 16 岁,二人同是北平研究院的研究人员。抗战时他也曾去昆明,后又到四川、南京等多处任职。1948 年再入北平研究院历史组做负责人,也是学术委员会的成员(成员依次是:徐炳昶、陈垣、陈寅恪、顾颉刚、姚从吾、张政烺、董作宾、汤用彤、李俨)。不过不久他就去了南方,1954 年又回到北京后就永久固定下来了。

他的妻子在昆明时和我母亲相识,但不幸在胜利前去世了,孤身的他每日就是奋笔疾书。父母领我去他家串门,我看到房间里到处都是书,线装的和铅印的,大的小的。桌子上除了他写毛笔字的一个小地盘外,也全堆满了高高的几摞子书,地上也是书堆,听说是装了满满两个大马车从飞机场拉回来的。

父亲在北平研究院办公大楼东侧的四合院(右侧是顾颉刚先生的临时住房,左侧是我家的暂住地,摄于 1947 年)

父亲对我说，"你要记住，什么叫努力和用功？他就是你的榜样"，"这位伯伯了不起，在你这个岁数时已经读四书了。日本学者看不起中国学者，但碰到顾颉刚先生和陈垣先生这样的大学者时，不得不另眼相看"。过了几十年以后我才知道，顾大伯和徐老伯及我父亲的学术观点有所不一，即"疑古派"和"信古派"，但这绝没有影响他们之间的友谊和往来。

全家又去了奶奶的坟地，为她扫墓。她暂时安葬在嘉兴寺的墓地里，该地在建国后被拆除，位于现在护国寺街和东官房汽车站之间。

西直门大街 26 号：文人荟萃的家园

1947 年春，我家正式搬迁到位于新街口和西直门之间的西直门大街 26 号。此处原为贝勒府，是乾隆第十二子永璂（生于 1752 年）的居所，已有二百多年的历史了。大院子占地 80 米 × 70 米左右。灰色的大高墙外种有八棵粗大槐树，红色大门，高门槛，大门门框顶上有四个轴柱（又称"罩头"），据称当年柱面写有"高宗十二子"，其中的"十二"占据一个字的位置。两个汉白玉的石头狮子把门，该大门为垂花门，有三个台阶进入。在大马路边还有两个上马石，马路对面有大号的影壁，灰色大砖上有精细的雕花装饰，彰显着皇家气派。大红门的门槛是由一根很粗的长条木头制成的，进门后的两侧大红长条木凳子是看门人用的。

院内布局严谨，有似故宫。原为三轴线式样，后来把东边的一路长条割裂出去卖掉了。最北端为花园和竹林，西线的南端有太湖石堆积的假山和唱戏用的庭院，有两棵古树——槐树和枣树，直径约一米多。原为被保护古树，贴有铁标签，并用铁栏杆维护。后来因商业利益，铁栏杆被拆迁办给当作废铁卖掉了。

有 12 位著名科学家——历史学家徐旭生、王静如、冯家升，昆虫学家朱弘复、刘崇乐，地球物理学家赵九章，植物学家林镕、唐进、王云章、汪发赞，生物学家侯学煜，心理学家曹日昌——当时都住在这里。到了1953年，后花园又建成了两个小楼房，增加了更多的学者，如中国科学院副院长张稼夫，地质学家谷德振、丁国瑜等。大门自1950年后挂上了"中国科学院第二宿舍"的大牌子。在50年代初的几年里，院子内很幽静，充满了读书气氛，大家和睦相处，留下了美好的记忆。

这个大院子，按两个中轴线分隔成四五个相连的小院（该大院原本有东轴线，为用人杂役的住房、库房和停放车马地段等，到了民国初年时隔开另行出售了）。我家住在进入大门穿过前庭院后的第一个小院。按建筑行话说，是垂花门，内有木制屏风，绕过这个屏风算是二进院，是主人接待高贵客人的地方。按贝勒府的规矩，这个院子不能住人，而是专门用于接待皇上。父亲说实际上皇上从没来过。小院子西边和东边都是彩色绘画的走廊，和颐和园的长廊很相似，父亲说它的彩绘质量已高于万寿山了，因为万寿山的长廊在日本占领时期重新绘制了，其画工的水平已大不如前，而这里的绘画还是原有的，按行话说，是抄手游廊，东西各七间。

我家小院里仅有北房五大间，这个房间数是符合清朝的规矩的。走进中间的房子，两侧各有两间连通着的屋子，有木制雕花的通透月亮内隔墙。灰色墙砖经过人工磨制，是用黏米面和石灰的浆液砌起来的。大号的灰色地面方砖和大号的房顶瓦、红色的粗大柱子与屋梁、高大的地基，无不显示着皇家的居高气派。全大院的房子，在唐山地震时竟丝毫未损。

这个贝勒府，日本兵来了以后曾被占领为兵营要地，院子四周的高墙上布设着220伏特电压的铁丝网。抗战胜利后被北平研究院争取到，是副院长李书华、钱临照先生和我父亲在接收时特意下力气从几个要害部门夹缝里"夺"到的。50年代以后，院子里不断加盖房子，竟然住下了七十多家。可惜的是在新世纪初，仅仅为了地皮的经济利益而用推土机夷为平地了。

我家的小院有四棵树：海棠、迎春花、紫丁香、白丁香。地面是用大青砖修筑的主路，路两侧有用五颜六色的鹅卵石砌出的吉祥如意、年年有余的图案，现在我们只能在故宫等处看到这些了。

房屋高大，冬暖夏凉。屋檐下有两窝燕子。院子主路两边的空地能搭葡萄架，种花草和蔬菜。夏天在院子里乘凉听蝈蝈叫，秋天有蟋蟀的鸣声。按照傅吾康先生的说法，这真是一个"神气的四合院"[①]。

到这里住下没几天，全家就到北沟沿街（现名赵登禹路）东侧的石碑胡同21号我姑姑家去拜访。我这才知道，奶奶把我们的家具物件等全部保留了下来，锁在一间屋子里。那是在期待我们回来。

全家都在这间房子里停留许久。父母不由得把专为我购置和使用过的婴儿床的护栏摸了又摸，让我也摸了摸。然后让我姑姑指引到奶奶最后居住过的房屋，看了奶奶使用过的床铺、樟木衣箱和梳头镜子，还有那熬过劫难的收音机和留声机。

收音机拿到家里，我每天放学后都能听"孙敬修讲故事"了，妈妈说我着了迷了。

我家的这些老物件——钢丝铁床、大号书柜（父亲自己画图定做的，用菲律宾木头制成）、梳妆台、写字台、英文打字机、五个大樟木箱子（母亲的嫁妆）等，几天后一起运到了我家。父亲还特意向我姑姑要来了悬挂在奶奶房间里的那幅山水竹帘画，留做念想（现存牛河梁遗址博物馆）。

我家在西直门一住就是38年。虽然父母很留恋这里，但1985年还

---

① 关于这个建筑，可参见董宝光《学人荟萃的永瑹贝勒府》，《北京文史》2007年第2期。可惜作者只是20世纪60年代做的勘察，许多旧遗迹已经不知道了，例如，府门口的上马石，大个头的红门槛，门内侍卫坐的两个红色大长凳子，院内多处的鎏金彩绘，大号鱼缸，太湖的假山石，府对面的大号影壁等。房屋结构图可参见北京市档案馆，全宗号J205，目录号4，案卷号2215。

是转移到了西三环的昌运宫宿舍楼居住,迁移的主要原因是昌运宫有暖气过冬,没有在平房里烧煤球炉子的安全隐患了。

赞扬生命之一:花草和精神世界

母亲对这个院子很喜欢,安顿下来不久,她到护国寺庙会上采购日用品时,很有兴致地买来了许多菜苗,像茄子、西红柿、豆角等,用了一个假日全家人一起栽下,还撒了老玉米种子,让我们兄妹学会种植养护。还买来了一种叫"死不了"的花苗,在几个边角处栽下。父亲看到了很高兴,对我们说,它的生命力特强,你们要仔细观察。

我们确有收获。在滚圆的绿叶下,红、黄、紫、粉色的花儿很艳丽。清晨,把一个较大的花蕾连同一小段枝干掰下,插进土里,原本包裹得紧紧的花蕾,到了中午前后竟然一下子开放了。又把一小段枝干插在土里,多天后又有小的花蕾长了出来。

父亲说:我打小就喜欢上它,也种植过它。它花期长,从初夏直到秋末,连续开花。它在咱老家很多,学名叫太阳花,名字好听,而且也称得起这个好名字,雅俗共赏。在夏季炎炎的日光下,许多高贵的花朵都萎缩低头,只有它兴致勃勃迎接烈日。我们要学习它那种顽强的生命力。

一天父亲问我,你还记得黑龙潭岸边生长着的"节节草"吗?我说当然记得。那种草很绿,直径约几毫米,长约20厘米,由许多一厘米左右的节组成,节与节之间像毛笔的铜帽子那样互相串接着。用手一拔,节和节就脱离开了,再插上可以继续生长,抛去中间几节也没事,把一个节埋在土里也能成活。父亲说,你看它的求生力多么顽强,从不娇气。

我们长大后,父亲多次说到养殖花草。他说:人们大都稀罕那些难得的花草,把君子兰捧得那么高贵,这也是常理。但是对那些顽强生长着并给人以温暖的花草更不能蔑视。"你还记得在你去茨坝上学路上的

我家迁入新居后的一组照片,这是我的弟弟妹妹们第一次照相(上左:母亲;上右:两个妹妹,很像双胞胎;下:弟弟。摄于1951年)

那一大堆一大簇的野花吧(学名波斯菊),多美啊!她的'缺点'是很怕土壤里肥料多,也怕水分多,但也算不上什么缺点,她不要求过分宠爱啊。"

在这宿舍大院的西北角,住着研究西夏王朝历史和文字的冯家升先生,他和父亲常有往来。1951年,他的妻子张秀玲也搬来了。张秀玲女士原是学西洋画后又改学中国画的,师从齐白石先生。齐白石先生的家离这里不远,多次乘自家的人力车来她的家里做客和指导绘画。因为我和他家的女儿、儿子年龄相差一岁,所以常到他们家玩耍,也几次碰见齐白石先生在教她画虾米、鸽子。有一次还听到他讲过虾米的两个前

齐白石女弟子张秀玲1986年赠送我父母的两幅画

爪在前进时是前伸的,吃食时是左右张开的,虾米的须子必须有神采,要一口气画出来,等等。齐白石先生还特意在她画的虾米图右上角写了"今人画虾,秀玲最好"八个字。我回到家里把见闻告诉父亲,他听得很入神,说他对这种画风很欣赏,能做到雅俗共赏,久看不厌,画面充满生命气息,与百姓密切相关,这才是艺术的最高境界,很不简单。

俞德浚先生1951年回国后常来我家,自然说到院子里的花草,这启蒙了我的弟弟此后选学了生物专业。

到了80年代,我们才懂得,父亲对花草的钟情,不是单纯的个人兴趣,而是和他的一些深层次的思索(例如国人对花草的感情和精神世界的认识)相关联着。父亲和俞伯伯说,历史上,花字和华字是通用的,华山也就是花的山,繁体的"华"字,多像是长满层层挺拔树木的华山。他还告诉我,中华民族的华字,也许和这个华山有关联呢。

进入新世纪他又告诉我,古代彩陶上花的绘画多是玫瑰和菊花。也巧了，俞伯伯五六十年代在我家说过，玫瑰和菊花都是发源自中国，直到近代（两百年前）才传播到国外。玫瑰和菊花的原产地就在华山、华县一带。

北平城解放

父亲在怀仁堂上班，我也到这环境优雅的大地方玩耍过多次。那时中南海是半开放状态，怀仁堂里还常放映一些科技、人文类未经翻译的外国电影。还记得父亲告诉我说，五十年前八国联军攻打了北京，俄国兵占据了怀仁堂。以后还告诉我，南边的大门新华门是袁世凯登基时开通并命名的，且不说袁如何，打通这个大门的主意还是挺好的，取名新华更是很有寓意。

但在1948年秋冬，父亲多次往位于西郊的燕京大学（现北京大学）

父亲在怀仁堂西四所的办公室里（摄于1948年）

奔波，有三次还把全家带去，以作为全家的休假日。我进入校园时，才知道大学是那么宁静美丽而高雅。父亲到主楼（行政楼）后面的一个小楼里和一些人谈论。再有两次是进入北大西门对面的大院（家属宿舍院）里好像是一个体育老师家里，和几个人久久地攀谈近乎整天，我们就在近乎荒凉的院子各个角落玩耍，例如采摘"大赤包"在手里捏着玩。最后一次北平局势已经紧张了，回家路过现在的海淀黄庄，墙上写着许多"杀朱拔毛"一类刺眼的反动标语。父亲说：不要管它，你也许还不懂，越是这么猖狂，就越是快不行了。

有一次父亲回来，给了我几张钞票，是晋察冀边区人民币，纸张质量很差，印刷也不好。我问怎么这么土气啊，他说："它反而是势不可挡有前途的。"

记得大概是建国前他最后一次去学校吧。解放军已紧紧包围了北平，炮声不断，各家都把玻璃窗的玻璃贴以米字形纸条，以防止被震碎时伤人，有的家还在自己小院子里挖掘了防空洞以躲避炮弹。纸币迅速贬值，市民只得储存银元，街道上常见手托几个银元的人叫喊"买俩卖俩"。盗匪窃贼猖獗。国民党常来街道抓劳力去修筑工事。西直门城洞有卫兵对出入人员严加盘查。在一个寒冷的星期天清早，西边的隆隆炮声很吓人，雇个人力车出城都很困难了，给多少钱也不愿出城，尤其是去燕大，那里距离西山很近。母亲看此情景连忙劝他说，还是算了吧，怪危险的。父亲说：没什么，你听着觉得近，其实还挺远的呐，我去去就回来。这天他回来时已经很晚了。

这些情况我已经慢慢地近乎忘却了，更不知道他去的目的是什么。最近翻看父亲1994年口述的录音整理稿（由邵望平和高炜整理）才明白，那时他"经常同裴文中、向达、韩寿萱等见面。有时在城内沙滩的红楼，有时是聚在北大博物馆专修科，议论的话题是迎接解放，期盼考古工作在新政府领导下得到恢复、振兴。中国考古队伍那时总共只有

父亲和史学研究所人员在怀仁堂西四所院子里（上图左三徐旭生，下图右二王静如。摄于1947—1948年）

寥寥数十人，主要研究机构是中央研究院历史语言研究所考古组和北平研究院历史研究所考古组。临解放时有的人去了台湾，有的迫于生计而改行。面对这种状况，在建国初组建中国科学院时，我曾积极建议把原属不同单位的人员合在一起，集中力量办好一个所"。

对于父亲那时的积极心情，到了新世纪我又有了进一步的了解。我看到了王振铎的女儿王木南保存着的、我父亲1949年11月给王伯伯的两封信，那时南京刚解放半年多，说及北京这里酝酿成立考古研究所、建立博物馆等方面的事情（我家里也曾有此前王振铎的几封来信，可惜已丢失）。从这两封信件里能够看出，这两个志同道合的学友对于未来新局面的热忱和向往。

留在大陆：他的第四次抉择

1948年深秋，解放军临近西山一带了，城里充斥着紧张气息。宿舍的大院子被国民党部队占用，堆满了炮弹、火药等。

一个傍晚，宿舍大门口突然说有父亲的电报，是南京的一个同行老友发来的，内容是再次建议他考虑尽快行动，携全家来南京，然后再迁往台湾，到了南京后的手续他将从中斡旋，没有问题。父亲看完了这封电报随即就递给了母亲，示意母亲丢进她点燃煤球炉子用的纸篓里，并用带些深沉的口气轻声说："这怎么可能呢！我的事情（工作）离不开这块土地……况且资料、徐老都在这里……"母亲端详了许久，才肯把它丢掉，烧了。

我当时不知怎么回事，只知道有个大事情与父亲擦肩而过。后来母亲才告诉我事情的原委。自1948年秋开始，北平的局势已定，南京那边加大力度"抢救"——从北平拉人去台湾。父亲这个时期和王振铎先生也有信件提及这方面的事情，王伯伯也说，咱们还是"故土难离"吧。

这是他的第四次抉择，时年39岁。

此后到了70年代中期，将要迁往合肥任科技大学校长的钱临照先生从位于西四的家里来我家道别时，对父亲说：到台湾那边做工作没有前途，你和徐老决意留在大陆是对的。

知道这个事情的人很少，但它令我记忆深刻。我不知为何远方的南京，竟会有人惦记他，我想"总不是好事吧"。直到1984年左右，父亲才和家人说起，也使我进一步得知，父亲和南京同行们早有丝丝不断的情感联系。比如我家里的那二十多张安阳考古现场发掘老照片，以及关于洛阳铲的照片和顶头写有"南京博物院"的资料卡片等，都是父亲工作后不久，南京那儿的什么人给他寄来做参考的。还在他刚刚参加了斗鸡台考古工作不久，南京那边的要人李济、傅斯年就已经关注他了，虽未曾谋面却已有信件往来。李济和傅斯年手下的王振铎在30年代中期，即到了南京后曾极力主张把我父亲"挖"过去，但傅斯年觉得北平那边历史研究的力量强而考古方面力量弱，挖苏于心不忍，也对不住好友徐旭生。那时，徐先生和南京几位要人有着很诚挚的学术情谊，尽管他们的专长与风格特色不同，即现代人写历史时称谓的"南派"和"北派"，但父亲曾说，双方的关系一直很好。

这也让我回忆起，父亲和王振铎先生在20世纪80年代初期聊天时（大约是李济先生1979年去世后不久），曾援引了宋代杨万里的诗，父亲有些得意地说自己是"小荷才露尖尖角，早有蜻蜓飞上头"，还说当年南京那里"爱才如命……，可惜现在我们这里却远没能做到，还损伤了许多能者，这种浪费太大了"。

1948年底，当围城的解放军已经打到海淀镇直至白石桥时，不知父亲从哪里弄到了一本《新民主主义论》和一本《论联合政府》，放在了床头。

1948年11月，解放军和傅作义部队的代表就和平解放北平进行了谈判。1949年1月22日，解放军主要部队开始从西直门、东直门和安定门进城了。我们全家到西直门大街上，和自发从家里走出来的群众，还有些大学生，一起观看和欢呼口号。父亲用双手按着我的肩膀笑着。解放军大多坐在卡车上，或骑着战马，车后拉着大炮。偶尔，有文艺宣传队打着腰鼓，耍霸王鞭，或扭秧歌行进。2月3日，为了将这一具有历史意义的事件更好地记录下来，解放军再次由永定门开进城区，队列在稍宽的马路排列得更雄壮，以前门牌楼和它南面的街道为重点，组织了附近的单位、学校的大批群众夹道热烈欢迎。父亲和邻居们说，解放军从安定门、永定门进入，意味深长啊——国家从此永远安定了。

1949年春季的一天，天色已黑，父亲却还没回来，母亲焦急，让我到门卫处用公用电话问问怎么回事，我打了好几次，都是回答"接不通"（那时是人工接线）。母亲很心急，就直奔徐老伯家，谁知他家也一样。两家都很纳闷。直等到天黑了许久，他俩笑呵呵地饿着肚子回来了。原来那天下午父亲单位的院子里突然来了许多手持步枪的解放军，在各个房门口都站上了岗，不许屋里人走动，也不能打电话。解释说，怀仁堂里要开个重要会议。等到允许他们出门时估计会议已结束了。

两人乘车回家的路上，徐老伯估计，他们的办公室大概该迁走了。果然不久后，研究院奉命搬出中南海，父亲的办公室临时迁到北京动物园大门口西侧的一个小院子里（陆莫克堂对面）。后来新成立的植物研究所将陆莫克堂作为暂时工作地，父亲又和俞伯伯常见面了，我们两家的孩子又常一起在动物园玩耍，直到50年代后期。

建国前后，老家有时来人有时来信，谈过一些家乡的变化等情况，老家里的人"出身不好"（父亲这边是资本家，母亲那边是富农），厂子归公了，处境困难，对于一些事情有不解之处，也有些抵触情绪。但父亲还是尽量劝说他们想开些，总能过得去，"国家好了，百姓都会好起来的"。老家的人带些责怪的口气说："就是四叔心宽，装得下这么大的事情。"

1949年初，当歌剧《白毛女》在西单牌楼的长安戏院公演时，父亲带着全家去看。出来后又沿西长安街漫步，从六部口走到了西单石碑胡同，才掉头回家，却很少说话。

1949年中华人民共和国成立，他正好是不惑之年。

1950年，有一天他进家门后急忙对我母亲说：真没想到啊，翦伯赞兄是位共产党员啊，早在1937年他就在南京秘密加入党组织了。母亲也备感吃惊，说咱们一点也没感觉到他的思想有什么很激进、很特别之处啊。父亲虽然和他没有深交，但还算是很熟悉的同行，尤其是在建国前后的几年里来往较多。

父亲给我的第一个差事：买报纸

1950年2月17日，父亲下班后兴冲冲地回到家里，急忙对我说：今天你来帮我做件事，快到邮电局买2月16日天津的《进步日报》（原为《大公报》），争取买上十份吧。他还要在家赶紧写几封信。我先到新街口邮电局，没有；又坐上有轨电车去西四牌楼和西单牌楼的邮电局，还是没有；最后辗转到了东单牌楼的邮电局，总算买到了仅余的六份，还是不够，但也没办法了。他把写好的许多短信和报纸分成六份，各用白纸连同信纸、报纸一起卷成圆纸筒，再写上地址（这是当年邮寄印刷品的做法）寄出。好像多是寄到南京的，也有一件寄到西安。他嘱咐母亲明天一早，务必到新街口邮局寄。

这是他第一次委派我做的大人的事情。

这个报纸上刊登了父亲写的一篇短文，题为《如何使考古工作成为人民的事业》。13岁的我那时就隐隐觉得，写出一篇小文章登报何必那么高兴，还要邮寄给外地友人，甚至空前地把我和母亲都动员起来。这个印象持续了三十多年。而到了80年代，当他和客人提起这个事情，仍旧很得意，说那时的认识现在看来也还不算过时。我这才明白，早在北平解放前夕，他就已经开始憧憬着新时代的考古事业应是"人民的事业"，热情洋溢、苦思良久了。后来我还了解到，近年中国公众考古活动得到长足发展，父亲的这篇文章被一些学者当成是中国早期开展考古大众化工作的经典之作，有开创之功[①]。

在父亲邮寄出他的文章后不久，接到从南京邮寄回来的一大卷报纸，

[①] 高蒙河、麻赛萍：《苏秉琦考古公众化思想的形成与发展》，《中国历史文物》2010年第1期。

里面大篇幅介绍"中央博物院"的馆藏品，还夹有信件或文章。我那时已开始集邮，那个邮包的邮票很好看，所以我一直记得。其中有一份报纸是说博物院已经更名为南京博物院了（几年后，王振铎先生来我家时，还带来了一个特别的纪念章，用古文字和符号写出，某年某月光荣地顺利地接收）。我还隐约记得，父亲向母亲讲到，这个博物院里的一个负责人是位女性，是"中国第一位女考古家、女才人"，很尽职能干，让人佩服。

1952年初秋的一个星期日，父亲带着两个妹妹去天坛公园玩，赶巧遇上了郭沫若先生，带着他的女儿，后面还有个卫兵。因为他刚刚主持召开了"亚洲及太平洋区域和平会议"，他的发言在电台多次播送，群众对他很熟悉了，所以在他后面有二三十个游客尾随。他和父亲叙谈起来，大概两个人都本想多说一些，可四周的游客已积聚很多了。郭院长说："好，咱们的两个部队就分头行进、各自东西吧。"游客们听到这句话，自然地分成了两拨跟随。父亲穿着整齐的中山装倒也像个首长模样，走了一小段路赶紧回过头笑着向大家说：我可不是名人，我就是个最最普通的人，你们看我除了女儿，没有警卫和秘书啊。这些游客就逐渐散去了。

我对这件小事很在意并记忆清晰，是因为1949年11月1日的晚上，我独自一人碰见过郭沫若。那天上午，在文津街1号有"中国科学院成立大会"，由郭院长主持并讲话，父亲高兴地参加了。晚上还有文艺演出，主要是职工的表演，我和另一位同龄人表演双簧，最后的压轴节目是常宝堃（艺名"小蘑菇"）说的相声《炸台湾》，演出前由郭沫若先讲话。他挺早就来到后台做准备，背着手来回走，似在想什么。而我的节目是头一个，到处乱看乱跑，在后台相遇了。可能我的化妆奇怪些，把头发扎理成向上的辫子，红嘴唇白脸蛋。他随口问我演什么节目，十几岁了，姓什么，住哪里。当他听到"姓苏""住在西直门"时，很敏感地立即说道：哦，你的父亲个子比较高对吧？他也来了吧。

回家后说起这事，父亲说，你看到了吗？他有个大脑门，进而又讲了几个关于郭院长机敏过人、会应对各种意外的故事,例如他在今天的全院成立大会上发言说"梁思永——的——哥哥——梁思成"如何如何,原来在说了前三个字时自感说错了,却能立即做出最恰当的反应,转弯很快,圆满地纠正过来了。而咱们没那个本事,也学不会。

在中国科学院成立前后,历史界的学者们每年春节都会三五成群或单独到位于西四南大街大院胡同9号的郭院长家拜年欢聚,这个传统持续了多年。

1953年,《毛泽东选集》(第三卷)出版。发行的第一天,父亲利用午休时间,从美术馆走到王府井大街的新华书店排队许久,终于买到了,带回家放在他的书桌左侧。他还陆续购买了不少马克思、恩格斯、列宁、斯大林著作中有关私有制、生产关系、国家起源、民族问题和婚姻家庭等方面内容的翻译单行本,他在这方面的思考一直没有休止。

莫逆之交王天木

王振铎(1911—1992),字天木,河北保定人。1936年秋任北平研究院史学研究会特邀编辑,和父亲谈话很投机,自此成了朋友。1937年7月受中央博物院筹备处委托研制古代科技模型,后又留聘于上海中央研究院工程研究所。1938年受聘于昆明中央研究院历史语言研究所。1939年2月,单身颠沛流离数千里到了昆明,很快和我父亲相见。晚上两人同盖一床被子,"谈起沦陷的北平,两个人彻夜未眠"[①]。也就是在这个时期,由他出面为父亲引见了李济先生等来自南京的同仁们。

王先生在昆明时,也常和木工一起做活,练有一手好手艺。父亲后来告诉我,他脑子好,手也巧,见闻广,令人羡慕。1939年秋到重庆

---

① 李强整理:《王振铎流滇日记》1939年2月5日,《中国科学技术史》1996年第2期。

任国立中央博物院专门设计委员，1940年获国立中央研究院人文科学奖杨铨（杏佛）奖金。在西南地区工作期间，全心思考着司南、罗盘、指南针、地动仪、指南车、记里鼓车、水运仪象台的复原。在日记里，他多次写到和我父亲的书信交往。

在1949年末，父亲和王大伯有多次通信。现摘录两段：

天木吾兄：

接到您的十月廿一、廿二两函，并弟接曾公原函，今日同时另发致曾公一信。

这里的事汇报如下：

文物局的人事还在安排中，裴（文中）公在原则上已暂允可任博物馆处处长，副处长一职，郑（振铎）公属吾兄，裴（文中）公当然赞成。郑（振铎）公又想把古物处请夏作铭来担任……我认为要考虑的是：（一）大家的生活问题，因政府人员的待遇是低的；（二）今后考古事业的着落问题，对此我们都不愿随便撒手不管，交给妄人。

科学院的组织轮廓还一无所知，这几日严慕光正同几位正副院长找总办公处的处址。严将任办公厅主任，虽以事务为主，但承上启下，其重要性不在副院长之下。旭（指徐旭生）老是完全被关在门外了，任何消息也一概不知，史所的将来，如华大四部，中研院史语所，北平研究院史学所，几个单位要归并是想当然的。中研、平研的几位现有研究员中，我看没有能够出来做领导者的。如果不出在华大，或正副院长兼，恐怕非也另找人不可。所以此所未来变化尚多，尚难臆料。考古部到底是归科学院抑或文化部，从理论上说二说一，一样的有理。从趋势上看也难说究竟。我所对此问题都负有责任，不到水落石出，是不放的。所以我还是希望考古部门能成为独立单位，而与文化部的文物处人事上打通，如此，不论在科学院或文化部，就均易与博物馆事业打成一片了。余容绪陈。

弟琦启

1949年11月1日

天木兄：

廿二示意。陶孟老廿五日曾到史所来。作为就任副院长后第一次视察，了解情况。弟问他，见到夏作铭了吗？孟老支吾答复，对老夏大概有些不满。西谛先生没来找我，我也没去看他。向公也多日没有见晤。听裴公说，向答应暂时兼文物局工作。科学院的轮廓，上次信中提到一些。看来"兹事体大"，而在文教委员会内，以科学院问题最多，不似教育部之有华北政府旧底，文化部之新起炉灶，由科学院的组成来看，旧的势力还很大，新的生机尚待培植。依唯物辩证法的法则，离发展阶段还远。"所"的正式组织是否能在年内成立，看不透。现在只是就旧机构来计划明年工作。平研史所的明年计划，是要旭老的主张，组成两个调查队，一个发掘队。调查队去山、陕和甘、宁，由弟与静如兄去山、陕。旭老、冯伯平去甘、宁。孙文青、何乐夫去斗鸡台。由弟看来，这计划批准的可能性极小，旭老"白日做梦"而已。计划中又说拟聘韩儒林来所云云……这事不提，静观待变也。

文物局内的三处是图书、博物、文物。"古物"是原拟的名称，周总理说："古太多了，不要净管古的。"所以改为"文物"。"考古"一词大概从未采用过。你所提到的几个小问题，就我所知，和裴公的了解，答复如下：（一）穿制服的多半是公家发给的，供给制的（人）不屑说了，我看旧西服还是把它穿完再说吧。（二）文物局现在团城挤着，正进行着收回大高殿。（三）眷属或个人住处是绝对负责照顾的。不过眼下由于房荒严重，满意的解决，恐怕短期间还做不到。听说，文化部和文物局都在进行买房作宿舍。局长级大概由部负责。处长级大概由局负责。兄的问题，恐怕只可由郑公先为你找一个临时住处，慢慢解决。（四）薪给问题，听到的是，专门人才照专家待遇，不受"官级"限制，换言之，即教授仍然是教授待遇，而在事业部门中，如裴公的自然科学博物馆中，用人更可不受部之限制，如技术人员。（五）文化部的局、处长待遇我还不清楚，科学院的办公厅主任，听说是 1000 斤大米，处长级为 800 斤。教授级为 800—1300 斤，平均 1000—1100 斤，但教授薪在整个政府中是最高的，将来怕有降低之可能。弟薪为 1000 斤整。

匆上。敬候安好。详情可待郑公南来时洽谈。

弟琦启

1949 年 11 月 28 日

1950 年夏，王振铎先生受命从南京调来北京，任文化部文物局博物馆处处长。按父亲事前的建议，他早几天来北京，且先在我家住几

王振铎先生从南京邮给父亲的著作，他们总是在第一时间把自己的著作送给对方（寄于 1948 年 10 月 2 日）

天,再到文化部报到。

父母很高兴,为他的起居提前做了精心准备。在长时间的交谈中,王伯伯说了许多南京那边史语所和博物院等在建国前后的往事,父亲介绍了自己对北京学术界和一些学术领袖的见闻和感想。我还记得王伯伯说过,有人曾建议让裴公(文中)和父亲一起来抓文物工作,父亲说我还是固守我的老摊子不必挪窝。王伯伯自己则很想进入北京的研究所工作,他在南京绘制了好多图件都是关于古代仪器发明的,还从行李箱子里拿出了几张给我们看。我记得图片画得很精巧,是用铅笔画在半透明的硫酸纸上面的。父亲最后很郑重地说:"这些(设计和图纸)就是你的,更是国家的宝贝啊。这个大方向极好,你许多方面的条件比我好(指有重要行政职务),你肯定能比我做得好,放心大胆做就是了。"此后,俞德浚先生回国,父亲对他也说过这样的话。

王伯伯很敏感地注意到了贝勒府的文物价值。第二天,就让父亲带他在整个大院查看了一遭。他说,院落布局很讲究,里面定有许多故事,该建成一个小博物馆,至少目前可以作为文物单位的办公地保护起来,让你们来住太可惜了。他粗略丈量了我家的房子,说,屋檐向外延伸的比例很科学啊(他告诉我:在春分时阳光开始不再照到大玻璃窗户,秋分时开始照到屋内,冬至时阳光能斜射到屋内的北墙)。他还多次提到这里的结构和故宫、保定直隶总督府的院落的联系和区别,又反复地说,固然你们很幸福,但还是该物尽其用啊。

父亲还向他讲了自己的一个小调查。沿着西直门大街,至少曾有五个皇室要人的住所"像糖葫芦那样串接在这里",致使这一带居住的旗人较多。这个大院西墙外的胡同,名叫"高井胡同",是有来历的。从前在胡同路边一个空地处有个公用的水井,水质好,却地面低洼,为了防止地面雨水流入,就在井四周砌出了个宽约一丈、高一尺半的方形高台,胡同的名字也就改称"高井胡同"了。后来为了建成长方块形状的贝勒府,就把这块有井台的地皮划走了,该井位于大院子的西侧靠北

（到60年代还可以提水）。王伯伯睁大眼睛惊讶地问："你怎么知道的呀？"父亲说："问呗，这邻近的不少老旗人知道很多有趣的典故呢。"

王伯伯那时期精力充沛，也常来我家，说"大嫂包的饺子就是好吃"。父亲还多次向他讲述过有关北京的一些小典故。我记得其中一个：父亲听说他要去西四牌楼的地质博物馆，就说，考考你吧，在西面的那个牌楼的西侧，高高的地方，多了一件小东西，你找找吧。过了些日子王伯伯再来时兴冲冲地说：哈，我发现了，在斗拱里面塞进了一个大号的菜刀呀。怎么回子事？我问了周围的人，他们竟然没察觉或是虽察觉却不知其来历。父亲说：它是为了不准从西面过来的阴间小鬼进城骚扰，所以由皇帝亲手用朱砂毛笔在菜刀（木头制成的）上面涂抹了一大块红色呢。我是从一个老旗人那里听来的（父亲也顺带对我说：你有空也找个同学去看看吧，学会观察）。

为弘扬中国古代灿烂文化，国家要求博物馆复原一批代表古代文明的器物，作为陈列和宣传之用。王振铎先生接到的任务中，有四大发明中的张衡地动仪和司南。

王先生用了一年多的时间，首先否定了自己1936年的设计，根据《后汉书》中"中有都柱"的记载并借鉴日本地震学家荻原尊礼的直立杆模型，于1951年设计并复原出1∶10的木制"张衡地动仪"模型。父亲很赏识他勇于推翻自己过去方案的"大将风度"。此后，听说王先生复原了17件有重要意义的古代仪器，如果把小型的器物也计算在内则有70多件，我知道最小的一件是现在市面上常见的"走马灯"。现在大家都知道它的结构了，也都会制作；但在王振铎先生复原之前已经销声匿迹许久了。父亲对他的这些工作极为赞许，认为这项工作有多方面的实际意义。

1951年，苏联要举办中国文化艺术展览。那时国内没有这方面的经验，把王先生请去一同做方案。起初人们只想到拿出和现代的革命胜利有关的题材和内容，王先生却坚持把古代的文化成就也联系进来，并请我父亲拿出一个古代文化精品的方案。其中的出土文物精品由我父亲负责策划。王先生又提出把齐白石的作品列为展品。展览之后的效果表明，他的意见十分正确。此后大约是50年代后期，钓鱼台国宾馆建成，而房间里的文化艺术作品的装饰成了问题，还是请王先生这个能够掌握政治与艺术分寸的人，做了恰当完美的处理。

事后他对我父亲说，当今的文化艺术作品过于单调，不能维系和造就出伟大的、受世人尊重的民族精神，树立新中国的良好形象。还说，我们只有了解了对方，才能在国际交往中得到最好的收效。为此举了宋美龄的例子。宋美龄在40年代曾到美国的国会做了一次演讲并获得热烈掌声，从而为蒋介石得到了经济资助。她是在美国生活过的，了解人家是怎样思维的，她讲话中最精彩也是最能说服对方的一句是："你们是帮助了我们，但我们也是在帮助你们。"既不卑也不亢，多好。

大概到了1952年，王先生多次向我父亲说到许多关于北京建设方面的建议和意见，甚至带有些善意的牢骚和俏皮话，但两人内心都很舒畅。例如，劳动人民文化宫里，为了适应游人很多的情况，把柏树林子的地面都抹上了水泥，让柏树根部长期处于氧气不足的状态，"这岂不是在给它穿小鞋吗？征求了林学专家的意见了吗？"又如，"地安门门楼子毁于火灾了，我们又把天安门广场东西两侧的两个三座门（它是仅存的没有木头的古建筑）也拆除了，太可惜了，那里曾演出过很多很重要历史事件啊，可以做历史教育、爱国主义教育，也包括阶级斗争教育的基地啊。难道就没有两全其美的方案吗？""听说，梁思成为东西三座门的事情动容地哭了，却引起许多人的嘲笑。其实像这样的爱国者、爱学术者也太少了点。还有位领导反过来专门做梁的思想工作，这也太那个了"。又说，"把西四、东四的牌楼迁移到陶然亭去，固然比拆除掉它们强了百倍，可这个做法把这些牌楼在原地造成的古典美的气息和老北京的韵味全盘丢掉了，却没有补救措施"。这些议论，还有此后遇到的许多类似的事件，或许和父亲1964年后正式提出的"大遗址"观念有着直接的联系。

父亲还向他说起考古所副所长梁思永身体渐衰还在坚持工作的感人情节，介绍了梁先生家里的情况，谈到了梁先生以前出野外工作期间，忙里忙外，肺部感染依旧操劳，落下了病根很是可惜，强调说国家太缺少这样的勇士了。

他俩多次提到傅斯年。说他有些可惜，像王云五一样掺和到政局而跌了跟头（父亲事后特意告诉我，在20世纪三四十年代，国内曾出现过"学者从政""专家治国"之风，国民政府里科学家和技术人员几乎占了一成。但最后大多没有好结果）。又说大陆就缺少傅斯年般的学者。于是两个人都鼓励对方：你就朝着小傅斯年努力吧。这一类的带有"指点江山"味道的互勉的话语不少。我事后对父亲说，那个跑到台湾的人肯定不好，干吗你们总念叨他呀。父亲说，你们年幼还不懂事理，许多事情可不是那么简单。毛主席还接见过他呢，还送给他一首诗呢。等你长大了也许知道的事多了，或许才会懂得许多。

他俩多次说到了李济，但他俩用的称谓是"济之"，口气中我能听出"济之"是位很有能力的高人，但说的具体内容我全不懂，也不记得了。

英中友好协会主席李约瑟，在1952年夏天访问中国时，通过钱临照会见并结识了王振铎先生（以后我又得知，先是徐旭生先生把钱临照先生介绍给李约瑟的）。大概已经入秋了的一个晚上，王伯伯来我家，两个人坐在院子里喝茶乘凉。谈及他对外事活动的感想，具体细节我不懂，但只记得父亲对他说，"你就死死咬住它就好"。这里的它，可能还是指王伯伯继续研究中国古代科技史和复原古代发明的课题吧。

这一年俞德浚先生也接待了英国的植物学家，谈了些感触。父亲再次对他说：多好啊，你们就是能比我做得好。

1954年，王伯伯来到了我家更是急匆匆地说，公主坟为了道路建设被挖掘和全盘拆除了，墓室、墓道的结构和砖石图案等都毁成瓦砾，多可惜啊。光是把珠宝文物装载走，藏在仓库里了，不是应有的保护文物的态度啊。"怎么我们有人思想境界如此狭窄到了极点，以为光是那些玉器和其他器物是文物，而墓室布局、那些砖瓦和四周环境就是废物了呢"，"考古不是挖宝，挖宝至多是考古工作的极小部分、次要部分啊，这是大问题呀，你我必须要在适当场合反映这个意见"。这样的有共鸣的言语一直延续到 70 年代。记得父亲对他说，五棵松，现只剩下地名了，那五棵松树多挺拔高大呀，难有的美，也被枪毙了。这点我们远远比不上苏联专家啊。当年苏联专家视察苏联展览馆（现名北京展览馆）工地的施工现场时，我们的工程师说，大厅门外西侧的这棵碍事的树马上就会被铲除掉，请放心。可苏联专家说，那太可惜啦，该留下它啊。

  1954 年，父亲和宿白先生等人在北大筹划开设博物馆课程，他俩邀请了国内许多最适合的名家前来授课。其中就请王先生来讲述他的专长——博物馆的展品陈设。

  王先生的一项重大贡献，是 1959 年负责筹建中国历史博物馆，对此他倾注了大量的心血。紧张而繁忙中，也曾和我父亲论及了许多。父亲也参加了其中一部分展品的陈列方案设计等。两人合作得相当愉快。记得到了 80 年代，两个人共同回忆那段经历，依然很是怀念。

  "时间，时间能考验一切。"王伯伯兴高采烈地说。原来在为国庆节献礼的紧张工程中，博物馆和人民大会堂的屋顶方案总是确定不下来。只得采纳了一个建议：先不盖屋顶，以后再议。可后来，大家已经完全接受了没有屋顶的绝佳方案了。

  到了 1953 年 12 月，邮政部门发行了"伟大的发明"特种邮票，其中特 7.4-1 是司南、特 7.4-2 是张衡地动仪、特 7.4-3 是记里鼓车、特 7.4-4 是浑天仪。王先生很高兴地特意给我父亲拿来了一套作为纪念。

  父亲很欣赏他细微的观察力，别人注意不到的地方他很快就能注意到。他曾对父亲讲，他发现在北海公园前门西侧的团城大门右边，有几个砖头被人刺刻了一个手掌大的图案，似为德国式建筑的小房顶，旁边

王振铎先生和父亲的第一次合影（左为俞伟超，右为王振铎。摄于1979年）

还刻写了 A-M 等字样。他说着就站立了起来比画着，说根据画面的高度和刺刻的条纹特征分析，应是身材中等偏高的士兵用步枪的刺刀刻的，那就意味着是他们侵略此地时站岗的士兵所为。我在一旁听得很入神，觉得他简直就像福尔摩斯。此后我去看过多次，但随着时间的风化和多次粉刷，这个图案已模糊许多了，到了 2012 年夏天的大型装修后已经被全部湮没了。

倍加推崇裴文中

1954 年初，我才知道，六年多以前就认识的、家里的常客、和我聊过天、面孔熟悉、非常平易近人没有架子的裴伯伯，原来竟是报纸书本上常写到的、令我尊敬的大科学家裴文中先生。

父亲说，在日本占领时期，日本为了得到北京猿人头盖骨，对老裴以官衔拉拢，他不应，后来还把他关进了监狱，吃了很多苦，后来只好到德胜门外的晓市摆地摊做小买卖，艰难度日。这点很令我敬佩。"八一五"日本政府宣布投降的消息传来时，他正在这个晓市摆地摊，高兴得连忙收了摊跑回家。我很想也必须到那里去亲眼看看，体会一下他当时一身正气却为了养家糊口而沦为旧货小贩的艰辛处境。

这个集市最早称作"鬼市",那些来路不明的赃物乘着天色未明就拿到这里低价出手,点着油灯销赃,故称鬼市。后来改称为雅名"晓市",建国后又称"小市"至今。

此前裴文中先生曾告诉父亲,那里有几个旗人,出售家里老祖宗的遗物,所以父亲刚回到北平后不久就请他带路一起去了。他俩和一个遗老聊天许久。这人祖上原是东四牌楼北边大宅院什锦花园的主人,却好吃懒做,家境迅速败落,于是卖掉宅院分了家,后来又换成小庭院。现在他只有一间大瓦房了,依靠出卖旧存家当为生,父亲也就买了两件古董。一件是一对大号的官印,原件很规整,尺寸为55毫米×55毫米×115毫米,后来被我们兄妹当"画猴"(在地面、墙上写字画画的画石)用坏了一个。另一件是十多个"补子"——清代官服的前面和后面缝着的表征官位级别的方块或圆形的刺绣图案,如大海、太阳、云彩、仙鹤、狮子、麒麟、老虎等,母亲觉得它实在没用,就当成装饰物缝在了椅垫上,慢慢磨损掉了。后来我三伯父说,这是很稀有的半织半绣工艺啊,消耗掉也太可惜了,父亲只是点头。

见证裴文中先生和父亲友谊的清代官印
(现存牛河梁遗址博物馆)

1947年我家迁到西直门大街时，父亲从他随身携带的杂物箱子里拿出了这两件古董，母亲很不解：这是做啥用的、买它干什么？父亲说花了很少一点钱买来的，没什么用。可到了"文革"时，"这个官印是你家什么人的？"给父亲带来过麻烦。

1951年，天津的一个生产合作社刚刚生产出我国第一批收音机，售价2000斤小米，相当于父亲两个月的工资。机关号召大家支持，购买登记后，分期从工资里扣除货款。父亲就订购了一台。大概过了大半年之后吧，一台新收音机到家了，父亲便赶紧把家里原有的那台用自行车给裴伯伯送去了。因为他家里孩子多，老家也需要照料，一直无力买收音机。

大约是一年之后，裴伯伯笑嘻嘻地骑车来我家，又把老收音机送回来了，说他也买了一台。父亲带有些不满地说：嗨，我的本意是送给你的啊，你现在家里不宽裕，改善你的伙食多好，干吗要把钱花在新收音机上。

1954年初，不记得我们家里人在说及什么事情的时候，又提到裴伯伯被日军关进牢房的事情，这时我才把这位我熟悉的、摆过地摊的人，和大名鼎鼎的科学家裴文中画上等号。父亲说：我在抗战前就认识他了，但从胜利后，我更加敬佩他，他真是个好汉子，我们俩变得很亲近，无话不谈，只是我从没有正面问他受过怎样的牢狱之苦，他也从没说过。

60年代初期，裴伯伯曾为学术研究中的一些焦点问题困扰，与同仁的看法也不尽一致，一时找不到突破的途径，睡觉都不踏实了。父亲说：这也巧了，我也正如此呢，我的解脱方法就是到北大校园的湖边去钓鱼，你也适当的去钓钓鱼吧。姑且把眼前的难题苦难放下，把心静下来。我们也该抽时间把眼下杂事撇到一边，把思维梳理下，多想想更深、更远的问题。后来听父亲说，问题的症结就是如何吸收国外的理论和经验，甚至是创建我国自己的东西，总之照搬硬套就会硌脚甚至跌跤。后来他终于写出了文章：一位外国人说的关于一些动物退化灭亡过程中骨骼的变化规律有错误，盲目跟随那些认识带来了许多麻烦。父亲听得很入神，连连点头说"创建自己的东西"。

父亲还对他说：钓鱼时我才联想到，现在的鱼儿变得多机灵了啊，可人类最初用骨头制成的鱼钩该是多粗糙啊（在半坡遗址中出土了大量骨制的箭头、渔叉和鱼钩，说明远古时代我们先民已经打猎捕鱼了），却也能对付犯傻的鱼。人类和自然生存环境都在变，在慢慢地变。

1963年夏，我的小妹妹怡之考上了北京地质学院地质专业。父亲说他对地质专业的特点说不准确，还是找裴伯伯给些启发吧，就带着她去裴伯伯家拜访。回来的路上，父亲对怡之说："记住他说的'做地质工作最重要的是必须喜欢它'，你还要学习他的善于思考，领会他高瞻远瞩的境界——他眼睛里的地质学。"

大概是1963年初，裴伯伯来家做客后，我送他出了宿舍大门回到家里，无意中说，裴伯伯可真的很幸运，一下子发现了个大宝贝（意思是挖到了北京猿人头盖骨，碰上了好运气）。却没料到，父亲的脸色立刻阴沉了下来，明显地生了气，片刻之后才很严肃地说了如下一连串的话：

"那时，如果他到了现场不去主动学习专业知识，只满足于完成指派给他的行政任务，会有后来的成果？对那个发掘现场，多少人都觉得没戏了、撤退了，才把这'不看好'的'鸡肋'交给了他。如果他也认为这场发掘没希望，草草了事，也许此后再也不会被发现。直到那关键的一天，多少人觉得天色已经又黑又冷，该下工了，只有他心里觉得还有可能，这才坚持再亲自试挖了那里一次。如果没有他的努力，或许那个头盖骨永远不为人所看到。

"要注意，许多重要现场的发现都是被那些认为可能会有的人获得的。如果你心里不认为那里有，那发现它的人就不会是你。

"在自然科学的实验室里，你应该发现而没有发现，也许只是时间的滞后，不久后会被别人发现的。但是在我们的野外发掘工作中，本该发现的你却没发现，作了否定，这损失就大了，即文物的不可复制性与唯一性。所以，对于裴先生的贡献无论怎么评价都不过分。

"你以为是很容易的，那些重大的发现，都像是碰给了某某人，是恩赐，是偶然。其实是某某人比别人更勤奋、更主动、更有准备，带有其必然性。你不了解这点，对于你的成长进步就是个大害，很危险，而且你这样讲对于人家也极不公平。"

父亲说这些话时，明显有些激动且带有不悦。他的这一番话，我一直铭记也常常回味，随着年龄的增长才理解得更加深刻。

20世纪70年代末，裴文中先生和我父亲的谈话内容涉及了石器和细石器等。父亲一直细心保存着裴伯伯给他的一封回信：

苏公：

关于所谓细石器问题，从这封信上看不出问题来，可以肯定的是：（1）这是一个新发现，很重要，代表新中国的考古工作跳出了安特生时代的圈子，是向前进展的具体例证。（2）这种石器发现在沙丘地区，与仰韶遗址不同。

今后应注意者：（1）细石器的制法，不是形式的问题，如此方能决定它们与北方者的关系；（2）没有陶器不等于真没有，如果在沟中或洼地，遗址处在沙中时可保存下来。地面的很容易风化消失了。（3）共生的化石，是哪一类的动物很重要，将来我可以尽义务代看。

这封信，也请我们杨老（杨钟健）看一看。

弟文中

4月25日

裴伯伯于1982年不幸去世。父亲和他有关细石器的探讨也就终止了。父亲曾很遗憾地说过，裴老在许多方面的工作都具有卓越的开创性意义（包括中国的细石器文化研究）。

还有一次父亲跟我说,裴先生,还有贾兰坡、杨钟健先生写过许多科普性的文章,让广大群众都来了解古人类研究概况,懂得人类进化史,做得很出色,我得向他们学习。

到了20世纪80年代末,随着对上百万年前的文化史的思考,父亲和贾兰坡、杨钟健先生的业务联系多了起来。

人常说"君子之交形异而心同,小人之交形同而心异",即高尚的人对事物的认识不一定一致,但目的都是为了把事情做好。我相信这句话。但我对于"文人相轻"一说总觉得不是普遍规律。北平的史学所和南京的史语所,工作特色、特长都不同,却能相互尊重。好像在新世纪有文章总结我国现代考古学历史,把南京那里写为史语所流派,北平这里是另一流派,这样称呼不为过。但我的感觉,南北之间是很和谐的。我父亲没有说过哪位同仁的坏话,反而是常说他周围人的好话,内心很敬佩他的长辈、同仁,也喜欢他的学生们,一再地让我们好好向他们学习。

德国友人傅吾康

傅吾康是父亲一生中几乎唯一很亲近的外国学术友人。他也一直把父亲作为在华最亲近的友人,当然在改革开放后,他的中国友人太多了。

他是德国汉学界泰斗福兰阁之子,在家庭里自幼受到中国气息的熏陶,向往来中国。他的夫人胡隽吟是位中国女性,所以傅吾康的一生与中国结下了割舍不断的情缘,自1937年来北平,共居住了13年。

胡隽吟是经她父亲的友人介绍到中德学会工作的,因而和傅吾康结识,并渐渐走近。但那时德国处于特殊年代,日耳曼民族不能和外种族尤其是黄种人通婚,否则将丢失工作。所以,他们直到1945年初才得以成婚,住在西城区的碾儿胡同,距离我家不是很远。

傅吾康夫妇

    我父亲在 1937 年日本占领北平前几个月，为了学习德语，和一位北师大毕业的体育老师来到中德学会，认识了傅吾康先生。而傅先生也是刚来北平几个月，很愿意教授德语并结识这里的年轻学者。父亲和另外几个人每周去他那里一次，直到 1938 年末。父亲还向他介绍了中国近代的考古工作，搜集了英文和德文的考古文献，似有意推荐他学习中国考古。

    1946 年末，他受聘于成都的学校。1948 年初夏起，又受聘于北京大学，任德语教授，于是从成都迁回北平，又能和我家常有走动了。

    我们全家去过他家两次，看到了他幼小的女儿。还记得母亲和他夫人做了中西合餐，我很爱吃，母亲挺不好意思地说，我这大儿子是个橡皮肚子，见了好吃的、巧克力啥的没命地吃。女主人说，德国人不过于约束孩子。

    母亲和他的夫人聊厨艺、聊京剧很合拍，对当时上演的京剧《桃花扇》很着迷，并常有议论。女主人说等我的孩子大些了，咱们俩可以常去戏院。母亲对她竟然上了大学很羡慕，说自己当年高中毕业已经很难得了。胡隽吟说她共有七个姐妹，没有兄弟，她是老大，能上大学也是靠自己的意愿和努力争取到的。

他的屋内有很大很阔气的书柜，整齐地摆满了好多书籍，尤其中国的线装书很多，让我十分惊讶。

两个人的经常会见，都是靠骑自行车完成的。有两件小事曾让我对他稍有不快，又有一件事情让我对他有了亲近感。后来父亲给我讲，这完全是因为东西方文化的差异而造成的。

1948年，他第一次拜访了我家在西直门大街的住所之后，就向我父母提出了一个我不喜欢的建议。我家住有五间贯通着的北房，中间房子是客厅，有出入的大门，东西两侧各有小门进入东边和西边的屋子。他认为四个孩子每晚都会干扰父亲的读书、工作，也不利于儿童独立能力的成长，故而建议西边的两间房子让四个孩子住宿，兼厨房。父母两个人住在东边两间，兼书房。可是我小妹才三岁，试行了大概一两个星期后，全家人都觉得太别扭，就又改回去了。

第二件让我不喜欢的事是，他曾经拿来了一大包线装书让我父亲帮助他比较一下，哪些值得他购买。父亲把它们分成了两类，其中一类是可以买的（那个时期，在琉璃厂买书的一种特殊方式，是你告诉书商你的要求，他找到之后给你送家来，你选出所要的，他再来你家讨价还价）。好像那天父亲要出差了，让母亲在家等他。他来了以后把两捆书籍往他的自行车后架子上捆扎，母亲和我在一边看着准备送客。这时他用力扎紧绳子，并示意我伸手将绳子的扣襻按紧，我这才伸出手。大概我的反应慢些，动作笨拙，过了些日子他和我父亲见面时（我不在场）竟告了我的状。事后父亲向母亲说，咱们家孩子眼里没有活儿，今后要注意了。11岁的我自感委屈。

倒有件事又拉近了我与他的距离。大概是1948年初秋吧，我听一个高年级的同学讲，他自己跑到北平广播电台去，找见了孙敬修老伯伯了。大家都很羡慕。也不知那时我怎么想的，过了几天，约了一个要好的同学，下课后背上书包，拿着吃早点攒下的两毛钱，坐上有轨电车去了西单牌楼，找到了当时在长安大戏院、六必居菜园对面的北平广播电台（现在西单新华书店的西侧），经过几个关卡进入了播音室的外屋。通过大玻璃窗户，看到里屋的孙敬修正在讲故事。他看到我们后轻轻点头示意，我俩呆呆地看着他站了许久，终于他结束了节目出来了，握手，问我们哪个学校的，给了我俩各一个书签，上面有他的照片和励志的话"少时不努力，老大徒伤悲"。分手后才发现天早黑了，急忙回家。得知母亲早就去学校没有找到我，正犯愁生气呢，狠狠骂了我一顿。此后父亲竟把这事情告诉了傅吾康先生。一次他让我把这经历讲述了一遍，说："哈，你很勇敢，敢于去见大人物，要奖励你！我在你这么大的时候，就曾对来访的大人物说，我爸的这些书我都要看，都会归我！我爸不但不生气，还很高兴呢。"

还有件小事，傅吾康先生记忆很深，1999年写进了他追思父亲的文章里。我不记得这事，问了母亲才知原委，母亲对此事记忆很深。1948年底，解放军包围北平时，物价疯涨，市区里的粮食供应紧张，粮店每天清早天色尚漆黑时就排了长长的队伍，有时几天无粮，有粮时一会儿就卖完了，秩序混乱，常需警察前来维持。一次，母亲决心冒着寒风起个大早去排队，父亲按估计开门营业的时间骑上自行车去把整袋面驮回来。可这次商店开门较晚，人群极度混乱，还有为排队事动手打架的，形势很急，父亲怕母亲个头矮受不住，就赶紧挤了进去，等找到母亲时更拥挤不堪，此时警察拿着粉笔在每个排队人的棉袄肩膀处写上一个号码，凭号只买一袋。混乱中，父亲和母亲两个人的上衣处都写有号码，就一下子买回来了两袋面粉。想到傅先生家里一定也很困难，父亲立即骑上自行车给他家驮去了一袋，傅在文章里说这比他"在银行里迅速贬值的存款都珍贵"。

到了1950年，他在北大的工作结束，回国路过广州时，海关暂时地把他携带的大量中国古书籍扣留了，让他补办一些证明。他在香港赶紧给几个友人写信请求协助,其中也给我父亲写了信:让我父亲去找郭沫若院长,请他出个函件。父亲觉得这个办法不妥,就赶紧给他回了信,建议还是该由他的工作单位——北京大学给他出公文函件。不久这事情解决了。但这个事引起了父亲对这问题的多年思索,即国家独立后如何制定界限,禁止稀有古典书籍的外流。

傅吾康先生回国后,任汉堡大学中国语言文化研究所所长、教授,逐渐成为德国汉学三大学派之一的汉堡学派的创立者,直至1977年退休,一生积极推动中德文化交流,他主张德国所有大学都应设立汉语教学和研究机构。傅先生的研究重点是明清史,旁及中国近现代史,其代表作《明代史籍汇考》收集了大量中文文献和西文资料,是西方公认的研究明代史的重要著作。

在1950年至1978年间,两个人偶有信件来往,都是关于中国历史问题和古书籍方面的问题,也涉及学术研究中的思想观念问题。他像是要筹建一个私人的中国书籍小图书馆。一次,我见到父亲正在认真地看他的来信,还把里面几段重要的话作了记号。我注意到如下的字句:"我的友人很想得到你的这个著作(指《斗鸡台沟东区墓葬》一书),但我们无法把书的款汇给你,是否让他给你购买价值相当的德文书籍邮寄给你。"我归纳了他的一些言行后,觉得他账目算得十分精细,像是位斤斤计较的、很抠门的人。父亲回答说,你要懂得这是东西方的文化差异,他斤斤计较,反而是来自互相尊重。等你和外国朋友交往多了,自然就慢慢体会到了。

1961年春节前夕,家里突然接到一个从西德邮来的小包裹,里面是1公斤半黄油,是傅吾康的太太胡隽吟女士邮来的。在那个饥寒之际,还是很有分量的,母亲做饭时慢慢用掉了它。而到了"文化大革命"时,父亲的交代材料里,又多了关于这个包裹来龙去脉的几大张纸。甚至,绵延多年后,单位里个别人把我父亲学习过德语、是中德学会成员、与德国人常年有来往、接收邮寄包裹等事串接起来,挥出了他是

"德国特务、有法西斯观念"的棍棒，很吓人！甚至到了90年代，个别学术期刊的学术论文里还说父亲有法西斯的狭隘民族观念。后来母亲回忆起这些事时，还感慨地说："'文革'时，好像就你父亲一个人认识这个外国人，那么孤独无援没光彩。可是到了80年代，已有好多的人都是他的老朋友了。"

1962年夏，胡隽吟女士前来北京探望她年迈的双亲，来到我家见小院子竟然把长廊拆掉建成平房，又挤进了五家人，她很惊讶。

这次她带来了一包巧克力，对我说：我记得你妈妈说过，你很馋这个，我就把它买来了，可我见到了你才想起你已是大人了。这次，25岁的我和她有了较长时间的谈话，我们突然发现，原来我和她还是南开大学的校友呢。父亲笑了，说这事怪他，怎么以前光是聊他们大人的事情了。她还对我母亲说，他们在香港居住过一些日子，却不习惯那里的人情交往，常常要请客送礼，必须记住某某人给予的礼物和宴请，需要回报谁等。而咱们两家诚挚的来往那么多，却很少有也不需要物件的往来，实属一种难得的朴实友情。按傅吾康先生后来总结的话说，是"纯真的友情"。

1978年，德国派出了第一个政府代表团访问中国，中国问题顾问就是傅吾康教授。他到了北京急切地联系了政府部门，说希望利用在京的闲暇时间，访问考古研究所的老朋友苏秉琦，想见上一面，却没能如愿。到了1979年再次因工作来华时，国家政策已经放宽，终于来到我父母在西直门大街的宿舍。我的父母喜出望外难以形容，恨不得将积存在心中二十余年的思念话语，一下子倾诉给对方。他则很惊讶：怎么家具杂物堆积成山，家内的厕所也被撤掉了，得去公共厕所了。

我父母的家在1985年8月迁到西三环的昌运宫后，和傅吾康先生在北京的新居（双榆树）很近，来往很方便。自此，只要他来北京（大概是一年多一次吧），定会来家拜访。

两个人逐渐进入老年，说话也逐渐变慢，但少有间息，似乎要说的都很多。我总结出，他俩谈及政治和国家大事的话和谈及自己家庭生活的话较少，养生与健康的话语也很有限，最多的是大谈自己学术研究的心得体会。由于他们两个人的研究范畴不同，所以我每每听起来像是些抽象概念的醒悟和体验，或说是升华与沉淀，作为外行的我是很难理解的。

父亲告诉我，傅吾康先生一直强调，纵观中国的历史，无论是古代的、近代的、现代的，尽管有反复曲折，但毕竟有很敦厚的连续性和继承性，且资料极为丰富，这在其他国家和民族中是没有的。中国的古文字和现代文字也是一脉相承的，而别的文明古国的古文字早已逝去。从世界的角度看中国，对于父亲有关中国考古学的思考对他可能会很有启发，而且很有可能融合到了他的学术思想里。

父亲多次说，德国学者的一个值得学习之处就在于严谨：无论研究什么，首先是努力掌握与这个题目有关的文献资料，无论是本国的还是外国的，社会科学则要包括古代的和近代的。并且同世界各国的同行尽可能取得联系，对全世界研究动态，基本上都要掌握。对研究范围内的各种学说学派，都要了解。为此而大量搜集资料，只要能搜集到的都搜集。之后，才努力分析它们，做出恰如其分的分析，因而论述严密、结论可靠性高。我想，父亲也会从这里吸取一些经验吧，例如他在各个地方都是多看、多问、多想，还有多用手触摸、多记录（包括绘图）。

我偶然阅读到季羡林教授于1986年为胡隽吟女士的一本外国文化研究译文集写的序言，里面叙述的情况和我父母说给我的情形一样："傅吾康教授的治学态度和治学方法，我是一向钦佩的。……傅先生正在进行东南亚华侨问题的研究。为了调查华侨的历史情况和当前情况，曾跑遍了印度尼西亚、新加坡、马来西亚等国的城市与乡村，市场与学校，古庙与墓地，只要有有关华侨的资料，不管是匾额还是碑铭，不管是活的资料还是死的资料，傅先生无不广为搜罗，而且把这些东西都拍成照片，分门别类，储存备用。他利用所有的交通工具，从最近代化的飞机、火车,一直到比较原始的骡车、小船。有时候也难免遇到一些惊险,吃苦耐劳那就更不必说了。然而傅先生却是锲而不舍,决不后退,甚至一件不太重要的资料,也决不放过。数十年如一日,勤勤恳恳地工作着。我谈的'德国的彻底性',在傅吾康先生身上表现得难道不是很具体、很充分吗?"

我父亲曾告诉我,傅吾康先生是要追寻华人中究竟是何人、何时首次来到了这些地方。常常是他自己一个人骑自行车奔波追寻。

1996年,我父亲身体不好住进了医院,恰逢傅吾康先生来京,傅先生特意去医院探望了父亲。父亲出院后,9月22日,傅先生又在妻子和外甥女的陪伴下来我家探望。临别时,父亲在自己的一个小本子上写下"公元1996,9,22,苏秉琦北京昌运宫,傅吾康教授来访纪念",并请傅吾康先生在下面签名。傅吾康先用德文、再用中文签了名字,接着写下在马来西亚吉隆坡的住址和电话。或许父亲已有预感(再相会已难了),才会有这个少有的要求。这是他俩的最后一次见面。

父亲去世后,我给傅先生写信通报了这个噩耗,他写来了一封长

父亲和傅吾康先生在昌运宫家中的合影(苏恺之摄)

信以资怀念①。十年后的 2007 年 10 月，傅吾康先生的女儿，傅复生（Renata Fu-sheng Franke）女士，邮寄给我家一封打印信件，说傅先生已于 9 月 6 日在柏林溘然长逝，享年 95 岁。她说："我父亲漫长的一生，精彩充实，富有尊严而令人敬佩，留给我们宁静祥和的最后回忆。"

不学俄语和学术自由

我在 1949 年 9 月进入初中，就有了俄语课程。大约是在 1951 年秋，父亲也买来了一样的教科书，让我晚上读俄语时和他一起学。这样的学习大约持续了近两年。他有学过英语和德语的底子，所以俄语学得很轻松，学得比我还好。

但是 1953 年夏的一天，他很和气地说："我也就不再学俄语了吧。"这个决定让我感到突然和不解，他是一向反对半途而废的，但我没好直接问他。大概是 1954 年吧，在俞伯伯来家里做客时，他俩的谈话让我听到了一点皮毛，似乎明白了缘故：大约从 1952 年起，我国学术界发生了一场长达八年之久的米丘林遗传学和摩尔根遗传学的激烈论争，那时我国"一边倒"，生物界必须大力推行"绝对正确"的米丘林学说，而它的对立面必定是唯心的、反动的、资产阶级的，绝对要抛弃。当时植物研究所的一位有造诣的学者，对米丘林学说有不同意见，于是惊动了上级，直至中国科学院院长亲自和他谈话让他转变，这给植物所的科研人员以不小的震动。似乎就是在这个环境气氛下，父亲决意不学俄语了。

于是我感觉到，他不学俄语似乎来自对北面国家有反感，尤其是有一次他和客人介绍过，徐先生曾慷慨激昂地说："我们思想和政治上需要一边倒，而国家一边倒会带来很多问题。"可见父亲也不同意学术上

---

① 参见宿白主编：《苏秉琦先生纪念集》，科学出版社，2000 年，第 54 页。

全盘照搬苏联，强调学术不同于政治。记得在50年代末，父亲和俞伯伯再次谈起学术一面倒必须学习米丘林学说时，说道："（学术上）两个对立面毕竟各有各的合理成分吧，行政手段不能替代学术活动呀！"但是以后的两件事情是，他很积极地把清华大学1953年翻译出来的苏联阿尔茨霍夫斯基写的《考古学通论》一书作为重要参考资料，常常摆放在桌面上，对北大请来的苏联学者的工作也是肯定有加的。

和这些谈话或许有些联系的是父亲和王振铎先生在50年代中期关于傅斯年、陈寅恪的一些谈话。我的印象是，傅斯年毕竟是位优秀学者，且爱（人）才如命，也笼络到了一批有真才实学的人，确有可贵之处。而他的好友陈寅恪却是另一种自持孤傲、也很有才气的人。他们两个人还说过陈寅恪和郭沫若的政治生涯如何如何。1953年科学院准备成立古代史研究所，郭院长写信请陈寅恪来京任所长，陈却提出了不以马列主义做指导的办所条件。由于陈和这个新时代相距太远，所以他们分道扬镳了。但当时我没有听懂。

此后我才慢慢懂得，他们这些谈话，直接来自当时学术界对学术研究自由的理解和困惑，即如何理解、执行"用马列主义的立场、观点和方法指导研究工作"。直到1956年春，"百花齐放，百家争鸣"的方针提出以后，上下各级的思想认识才逐步清晰了些。这时父亲又对王伯伯说："我觉得马列学说的核心，我你需要注意到的只是唯物史学观和辩证法，用在我们工作上有益无害，我能接受。牢牢地运用辩证法，就是初步运用了马列主义了。""恩格斯说过，辩证法是来自佛教，其实我还从黑龙潭的道人那里知道，在道教里，核心思想也是辩证法，有何不能接受呢。"王伯伯提到，顾颉刚先生曾在50年代初期非常苦恼的问题，也是行政干预了他的研究观点。

到了90年代初，我弟弟曾对父亲谈起：五六十年代米丘林学说没有对遗传学的发展产生很好的促进作用，反而限制了遗传学乃至生物科学的发展，大力推行米丘林学说的李森科主义在国际上变得臭名昭著，其根源就是政治粗暴干预科学研究。不想父亲眯着眼睛听完之后说:"这可能是很特殊的例子吧,多数情况下,对立面总归有其合理成分,要善于向对立面学习,要学会吸收营养。""你看这个硬木家具椅子的手把,在拐直角的地方是两块木头结合起来的,榫卯结构是'你中有我,我中有你'。"还说:"傅吾康的学派,仅仅是德国的三大汉学学派之一,激烈的争论不伤害学术研究还有促进作用,也更少有人身攻击。我国距离这个境界、尤其是后者(少些人身攻击),还真有不小的距离。"

出版著作和野外发掘都开始了

我家在西直门大街安顿之后,父亲常去琉璃厂,多次和几个卖宣纸的商人——但也是行家——接触。后来知道他是想用宣纸来印刷陶器物件的照片,因为进口的亮光纸(称为"道光纸")显示出的器物立体质感不好。最后挑选出一种合适的宣纸,和日本的一种宣纸接近,是在纸浆里掺进了一些棉花纤维,而且是长的棉纤维。他用这样的纸试印了一本样书。他拿着这本样书曾和母亲一起反复端详揣摩,很高兴满意。

1948年夏季,《斗鸡台沟东区墓葬》一书,终于由北京大学出版部承印问世。父亲告诉母亲,共印了四百本。年幼的我听了都觉得这份数太少了。父亲却说:"这不是科普读物,所以很少。考古类书籍不在于多,在于质量","只要各大图书馆有就可以了,这个你还不懂"。父亲还把书里面的两行字指给母亲和我看:这本书虽然为作者所写,但它是很多人的共同努力所完成的。

1950年底到1951年春,考古所建立,原北平研究院的人员只有六名,如徐旭生、黄文弼、王静如、冯家升等。随即开始做第一次野外发掘,直奔河南安阳。那时的工作部署还有旧的传统,即业务人员来张罗杂事,让父亲作为考古所河南辉县发掘团的秘书,协助正副团长工作,当然他也有自己的发掘任务。这很像十多年前他在徐先生手下时的工作模式。

父亲用特殊的宣纸印制的古物图册样书（现存陕西考古博物馆）

考古所建立时的主要成员（左起：苏秉琦、徐旭生、黄文弼、夏鼐、许道龄、陈梦家、饶惠元）

父亲在辉县琉璃阁固围村大墓坑口旁边（摄于1950年）

这是新中国成立以来的第一次正式发掘。全所像是办喜事，上下都"欢天喜地"。到了当地，为稳妥起见，父亲征得了当地解放军部队的支持，派出士兵来护卫考古人员和出土文物的安全。我想这也是父亲在效仿徐先生在斗鸡台工作时的做法：要取得当地政府官员和部队的支援。

家里保存着父亲在发掘现场写给所长郑振铎的信（该信或未发出，或为底稿）。信里直呼其名"西谛先生"，可知那时同事关系密切，却没把所长职位当成事，人事关系和谐。

以下便是他1950年12月6日写给郑振铎所长的第一封汇报信其中的一段：

西谛先生：

12月1日的信收到了，谢谢您时时刻刻都在关切着我们的工作和一再地给我们的鼓励。

这次的发掘，原本就不十分顺利，出发就迟了，又下了十多天的雨，因而大大缩紧了我们的工作日程，这次的发掘计划，原本是依据十几年前在此工作结束时的了解所制定的。那时候，琉璃阁区的战国墓就够引人的了，而"三代墓"是刚刚发现。哪知道这十几年来，尤其是后几年间，盗墓差不多完全就集中在这一墓区（三代坑），每个"老手"的记录都是惊人的，还津津乐道，一个人所破坏的，就够我们一个季度的发掘了。他们的这批成绩，可能就是近年古董市场所报出"安阳坑"东西的一大来源。

　　琉璃阁区的埋藏，既然已是残余了，固围村的三大墓这才吸引了我们的注意。"自古无墓不盗"，何况像中山陵明孝陵这样的规模，除非在一代王朝的政治力量保卫下，如何能保全于两千年之后？被"大盗""小盗"，已经不知若干次了。

　　像这样规模的大墓，过去谁也没做过（当然指的是我们这一团），因而也就缺乏了这项工作所必需的一些工程常识与经验，所以在开工时的一切设计、估计，都不切实际。偏偏遇上了经费被冻结。在这期间，虽然工作是在勉强持续着，谁也不敢相信这季节究竟能否做完，至少其中的一个，所以有些日子我们的情绪，真和今日在北朝鲜苦战的美国兵差不多。

　　现在，十一月的发掘费早到了，十月被冻结的款也汇到了，经费算有了十分的把握。同时，在工程方面，我们也摸到了一些门径，因而，先生等所一再提过的，希望我们把工作坚持下去，并且最好年内能把它们做完，大概能做到。三大墓的计划日程和经费预计进度，大致如下：（以下略）

　　存放在西安的斗鸡台标本，能运回北京的，再整理一下然后再成组交给博物馆是好的。去一次也很麻烦，是否看明年如有再去陕西工作的计划时，再一起运回，比较省事？

　　存在西郊（指北京西郊，动物园内）陈列的斗鸡台标本，如需要时可向沈锦春要钥匙，写个手续就行了。

　　我们这些同事一切都好，希望常给我们些指导和鼓励。谨致崇高的敬礼。

后学　苏秉琦
1950 年 12 月 6 日

出差回家时，父亲背回来了满满一袋（装面粉用的大白布袋）的柿饼。他不顾劳累，立刻和母亲一起做柿饼山楂甜粥，说是傅吾康先生教给他的，在缺乏水果的冬季吃最适宜。具体的做法是把柿饼和家里自制的糖水山楂切成小丁，用适量水稍稍煮沸即可。

第二天，母亲发现，父亲心爱的欧米茄手表丢失了。那时社会还很混乱，夜间有人把窗户纸捅破，将放在窗台上的瑞士手表顺走了。母亲心疼这几个月工资丢掉了，父亲笑着说这算啥啊，我再买个便宜的戴就是了。

1951年和1953年，父亲又和石兴邦、王伯洪、白万玉等人去了西安附近做调查。他在给郑振铎所长的信里说，这里发生了翻天覆地的巨变，土地平整，很多遗迹都看不清楚了。

在这些调查中，父亲和石兴邦先生共事，协作得很好，曾向母亲赞许过石先生。2014年，我拜会了九十多岁的石老。他很高兴地说：苏先生绝对是位很精明的能者，头脑清晰，知道怎么抓要害，永远是我的老师，他同时还是一位很可靠的老实人，旧知识分子嘛，绝没有一点虚伪耍花招；他还有个特点是待人诚恳，平易近人，和大家谈得来，没架子唬人；再有就是他的勤奋，因为心里明白，没出过国的人该更加默默努力。又说他也很怀念那段共事的日月。他还告诉我：你父亲对照相很在行，不单是景深、感光度等理论，而且在取景时也很考究呢。

从这两次工作开始后的十多年里，壮年的父亲，似乎是自感爽快的时期，偶尔会哼哼个小歌曲，也常对母亲唠叨许多野外发掘和去北京大学的大小事情。心情愉快的另一个旁证是，父母二人几乎把首都剧场上演的名家话剧没有遗漏地看了个遍，如曹禺、老舍、郭沫若的剧目等。他俩还特别赞赏焦菊隐，说名家的剧本有深度，焦导演导出的话剧必定有滋味。因父亲上班距离剧场很近，所以常能买到第三四排的好座位。还有两次赶巧遇到了周恩来也来观看，他的票常是第三排中部，只带了一个随从,在剧场休息时还高兴地和周围观众谈论剧情和演技。母亲回家高兴地和我说,没想到国家领导人那么轻松、平易近人啊。

母亲自立梦的破灭

父亲高兴的同时,母亲有了她自己的心思。在父亲1951年出发去陕西之前,她对父亲说:你走了,我只需伺候四个孩子了,怡之也已经上学了,我借机去上个会计补习学校吧,那是两个月的速成班。父亲同意了,于是她每天上午都要去护国寺那里的补习学校。毕业后,母亲就四处联系工作,可没有很近的单位,最近的也是在缸瓦市的一个缝纫社,似乎给的工资很低。母亲却不在乎,说好了过些天就上班去。

可就在父亲出差回来,上了几天班后,突然得了阑尾炎,住进了白塔寺东面的人民医院,母亲便每个中午去那里照顾父亲。一个中午,母亲骑车刚到医院门口,被迎面逆行来的一辆自行车撞倒了,门牙掉了一颗,直流血,带去的一饭盒热馄饨全撒掉了。母亲狼狈地进入病房见到父亲时,流着泪很伤心。父亲说:"你看,光是每天给我送饭也很累啊,你过几天出门工作的事还是算了吧。"

母亲想不出好的办法。她曾很羡慕傅吾康的妻子生活工作双丰收,但另有几件事,对她的思考也起了影响。

第一件事。大约是1954年的一天,父亲回家后急忙告诉母亲,准备星期天宴请黄文弼夫妻来家里吃中午饭,让母亲展示她的拿手菜——红烧鲤鱼。母亲认真做了准备。到了那天,黄伯伯夫妻先去了徐老伯家,徐老伯又陪送他俩来到我家共进午餐。期间又有冯家升先生和王静如先生来我家坐了片刻。

这些都显得这次接待非比平常,以前黄伯伯带着夫人也来过我家,却没有这么讲究。但那时的我不理会这些。后来我才从母亲那里得知,黄先生全力投入了他的工作,把家庭放到了一边,家人很不理解,也不支持，黄先生难免苦恼。徐先生很关注这事，就向父亲建议，让他的妻子出来多走走，串串门，目的是做些黄伯伯妻子的工作，让她看看这些同仁的家庭，都是妻子做了牺牲和贡献，支持了丈夫，才成就了事业。

事后父亲还告诉我，黄伯伯是我国第一个入疆考察的考古学家，他考察了高昌等古代遗址，还穿过和绕行浩瀚的沙海——塔克拉玛干大沙漠，发表了《吐鲁番考古记》《罗布淖尔考古记》等专著，收获巨大。

父亲又说，你别看人家身材不佳，我却十分敬佩他。他曾出生入死去过青海、新疆的无人区，是第一个考察了楼兰古城、抢救了很多重要文物资料的人，身体消耗过多。尤其是在1927年与外国人联合组成考察团、与斯文赫定相处的日子里，他懂得维护一个国家的尊严。在1930年去楼兰遗迹考察时，斯文赫定竟将瑞典的国旗插在沙丘上，黄文弼当场提出："这是中国的领土，不许插外国的国旗！"他一边说着一边拔掉瑞典国旗，插上了中国国旗。他令我尊敬，可惜他的家人对此没当回事。

几年之后父亲告诉母亲，黄先生家里的情况似没大的好转，加上他身体渐衰，心里本想多做的事情自然是大打折扣了。父亲还让母亲找了个借口，去黄伯母家串门多聊些时候，再次多劝黄伯母几句，但母亲回来后对父亲说，她也有一肚子苦水呢，很难说和。

第二件事。女篆刻家刘淑度的经历，也让母亲记忆深刻。这位刘伯母比我父亲大十岁，都是北师大校友，可并不相识。由于她后来进入了北平研究院，给郑振铎和顾颉刚当过多年助手，受到了他们的多方赞许，这才和父亲相识。那时许多文化人都知道她的名字，知道她是自幼学习篆刻技术的第一位女篆刻家。1947年，她去了南京，之后就和父亲失去了联系。她先是在史语所做图书馆管理员，后又到中学教学。

她1958年退休后，由南京返回了北京老家，在自己的一个小四合院定居。60年代初曾来过我家一次，还带来了一大包小核桃，那时这种南方人很喜欢的小食品还是很稀缺的。记得她问我们四个孩子的学习和写字情况，似乎是愿意帮助一下写字吧。父亲说，我家的孩子是放羊式的管理，分数还算可以，写的字很丑，无法让你看的。临走时又对她说，你的腿不很好，来一趟不易，今后还是我们去拜访你吧。此后还没有再来往，"文革"风暴就来了。

父母告诉我，她自幼是位才女，读了很多古书，后由她的同学郑振铎的妻子推荐给郑振铎做助手而进入史学研究所的。因郑振铎家经常有文化界名流鲁迅、巴金、俞平伯、谢冰心、容庚、顾颉刚、郭绍虞、容肇祖、许地山、朱自清等人来访，所以刘淑度跟这些人也很熟，并且为他们刻印了图章。她的刻印技术是从十几岁开始向名家学习来的。我父亲也请她刻了仿汉砖隶体"丙奇"印章。一次，郑振铎要去上海前夕，请她给住在上海的鲁迅赶刻了两枚图章（至今保存在鲁迅纪念馆里）。父亲说，她也是那个时代中的思想激进者，"是新文化运动哺育下的新一代女性"，自立自强，一心扑在事业上，终身未嫁。

直到1977年，她第二次来我家做客。父母和她说了许多如烟的往事、家常，她很羡慕母亲能有四个孩子相随，说："别人有一男一女就算有'一枝花'了，你能有两男两女围在你膝下，算是一大枝花了，多温存、多有福气呀。"母亲听了不以为然，说："我的命苦啊，要是老天允许，咱们俩换个过几再活一次，互相体会一下该多好啊。"

十年浩劫后我家才得知，她受到的冲击很大。父亲气愤地说："竟然连这个孤寡老人都不放过，太没人性了。很多印章和古书是她的心血，多散失掉了，但她不愿和人吐露内心之痛。她是位给别人、给社会温暖的人，从不图回报。她没有什么亲人，孤独生活，挺让人揪心的。"

1982年，北京图书馆领导和下属的金石组，决定把她存留下来的刻印出版，书名为《刘淑度刻石残存集》，由启功题写了书名，再找到我父亲希望为它写个序后，父亲满口答应了。这书出版后，图书馆专门给父亲送来了两本。那时，她的身体已每况愈下了。父亲抽空去看望了她，却也成了永诀。

父亲反复看这本书，觉得他写的后序前松后紧了，后面对她的成绩写得不够充实，对她的功力水平的赞扬有些保守，却来不及补正了。

刘淑度制"丙奇"印章

在1967年压缩住房后，突然发现由刘淑度刻的那颗珍贵的"丙奇"印章不知保存到哪里了，全家都很焦急，四处翻找就是没有。父亲去世后多年，我们在整理书柜资料时，才在一个卡片盒子的角落处发现了它，失而复得。

第三件事。中国第一位女考古学家曾昭燏，是南京博物院前身国立中央博物院筹备处专门设计委员，王振铎的同仁和领导。王先生对她比较了解，50年代中期曾和我父母多次说起过她，在口头上和信件里都称她为"曾工"。她与傅斯年很熟悉，是曾国藩弟弟的后代。父亲曾邀请她来北大讲课，并邀请她和王先生一同来我家吃晚饭。1963年，父亲去南京博物院做报告期间，也应邀去过她家。

她和刘淑度都是在20世纪20年代新潮流的带动下，涌现出的一批新女性的代表。她以博物院为自己的婆家，把前来参观的儿童当成自己的孩子，把身心、精力全盘贡献社会了，奋力拼搏，事事苛求完美，好事做了很多，成绩斐然，口碑极好。但她没有成家，个人生活并不圆满，可能是现实和理想差距太大，1964年结束了宝贵的生命，一颗灿烂之星就这样陨落了。母亲很感慨地说："（这两个才女）孤独清白地来，又孤独清白地走了，倒也还给世人一些良好印记。"

第四件事。抗战胜利后，徐老伯全家也团聚了，住在西直门宿舍的西院，我们两家常有走动。那时学生们填写履历时都要把自己每个时期的见证人写出或签字，求职时必须有保证人（担保人）签字盖章，于是徐老伯的五个孩子的担保人就是我父亲，我的担保人自然也是徐老伯。爱说笑的徐伯母和我母亲成了好姐妹，家里家外无话不谈。母亲这才知道她很有文学天赋，却没能在社会上显露。她也有同感：可不，我不也是这样，只是养活了一群孩子奉献给国家了呗。他们把你我都拖累了，咱想出去做啥工作都做不成了。

大概就是经历了上述事情，母亲上学时得来的摆脱家庭、女性独立自由等思想也就逐步消退了，她曾对父亲说："论来论去，我算是明白了，甘蔗没有两头甜——以前我最讨厌'相夫教子'四个字了，可它们偏偏牢牢地拴住我了。"这或许是母亲此生最大的遗憾。父亲则半开玩笑地说，我每月都把工资全盘交给你了，你不也像是有了工作吗。

父亲30年代的日记里曾有几处写到，他和徐老伯多次探讨过中国封建社会的种种弊端和女性解放的话题，估计他俩都有过种种很好的设想吧。可是在现实环境里，这个远景大部分都实现不了了。

妙手灵心白万玉

白万玉先生是父亲在宝鸡工作期间日夜相伴结成的亲密好友，也常来我家做客。他说话爽快，头脑灵活，也能和孩童时的我聊天，很有亲近感。1951年初，父亲和石兴邦、白万玉等人，去陕西长安县做了两个月的试掘。回京之后的一天，白先生来我家做客，谈及一些业务上的事情。

我在送他出门回来之后，问父亲说，这位白先生好像是位技术人员吧？父亲说，他的确没有上过多少学，但是他在实践里懂得了许多大学生们不知道的东西，是位难得的发掘能手。我刚参加野外工作就是跟他学的，懂得了许多，你可不能小看了他。如果有人看不起学历低的人，那我首先也就不欣赏他。

父亲告诉我，早在1915年至1916年，十五六岁的白万玉就被安特生看中，随之参加了现场调查和发掘工作。到了20年代，徐旭生先生以平等的身份和斯文赫定去西北地区考察时，白先生就参加了，已是个

白万玉（摄于兰州，1923年）

老手，他积累的很多经验都是书本里没有的。父亲还特别给我讲述了有关洛阳铲的故事。原来，洛阳是多年古都，四郊全是坟墓，盗墓贼很多，因而发明了一种盗墓的工具。20世纪20年代末，南京的考古学家（后来我得知是卫聚贤教授）在河南敏锐地发现，洛阳盗墓者使用的这种工具很有用途，就引用到安阳考古发掘中，并且写信告知了徐旭生先生。徐先生把这事告诉了白万玉先生，白先生去洛阳买来并在宝鸡发掘中开始使用。父亲在宝鸡看了白先生的操作，也跟着学会了。后来父亲在与南京同仁的信件来往中提到了此事，南京那边给父亲的一组在安阳野外工作照片里还专门有两张使用这个"探杆"的照片。

为了迎接1953年开始的大建设并配合抢救保护在大建设中发现的文物，1952年文化部决定与中国科学院考古研究所、北京大学联合举办第一届全国考古工作人员训练班，由全国各省市自治区抽调人员参加学习。在举办该届考古人员训练班时，"探杆"开始被写入教材，并被命名为"洛阳铲"。

关于洛阳铲，我父亲对我说过：老乡称之为瓦铲，考古者称之为探铲，都很有其道理。似乎是白万玉先生最先称之为洛阳铲的。到了考古训练班写讲义时，就写成了洛阳铲，现在全国上下都称它洛阳铲。谁在讲义上最先写的洛阳铲？我不知道，但我觉得这三个字似乎和白万玉先生的口头讲述有关。此外，我父亲手里的安阳使用洛阳铲的照片是谁邮寄来的，也是个谜。

此后大约从80年代起，我在安装地震仪器的工作里也使用了洛阳铲，和父亲有了新的共同语言。我也告诉他我的体会：它有不少的科学道理，例如我们请机械加工厂按图纸制作出来的洛阳铲虽然显得好看，却在向上提取时，带出来的土少，远比不上人家用手工敲打出来的黑色粗糙的铲子。

父亲很尊重有实践经验的人，厌恶那种唯学历论思想。1985年，父亲见到徐老伯的女儿王忱，聊天时又提到了白万玉先生。父亲说，白先生就是国宝，创造了巨大财富，在中国考古史进程中功不可没。例如在定陵的发掘中，是他找到了开启的通路——金刚门，既没有损坏文物，又节约了很大成本。

父亲曾在20世纪80年代末说，他的同事佟柱臣先生，是60年代初经裴文中先生推荐来到所里的，是位自学成才者。他待人厚道，能吃苦，积累的野外经验和资料很多，也逐渐有了关于中国古代史的新认识、新见解，却也坐过冷板凳，但并无怨气，自己认可自己，

20世纪30年代在安阳工地使用的探杆（洛阳铲）。在没有看到这张照片之前，不少学习过考古知识的人，还不知道早在30年代就可以用它钻探到地面四米之下

坚守阵地很不容易。于是我父亲和他较亲近,两个人还曾一同去延庆查看春秋时期墓地的发掘现场。到 80 年代末,佟先生在新石器文化、东北考古方面的才干和丰硕成果,终于得到了学术界的肯定。

父亲一再告诫我们,不管你是干哪一行的,都必须眼睛向下。由此我理解了,父亲无论走到哪里都愿意真心放下架子,留下了不少佳话。

到了 20 世纪 90 年代,父亲又说,现在青年人容易轻视实践,"高分低能",这很不好。又说,英国哲学家培根的"知识就是力量"很好,但也许有人理解"知识"为死记硬背的死知识。其实更重要十倍的,是活生生的知识。我国的教育体系还有很多值得"含痛深思"之处,当然也包括考古专业。

抗战情结之二:韩振江回来了

1951 年初夏的一天,父亲下班后回来很高兴地说,韩振江有了消息啦。原来,父亲那天在考古所上班时,接到了韩振江的电话,并请他星期日下午来我家。母亲高兴地问,他在什么单位呢,是个什么大干部了?父亲答,没来得及多问,到了周日不就全知道了。父母的心情难以平静,议论许久,期待着相隔十四年的见面。

那时我也懂得一些事情了,当然也很高兴。我还想,父亲把一个好青年送到了革命根据地,多光荣啊,父亲也可以跟着光彩了吧。

那天,我早早地跑到宿舍大门口等候。终于,一辆很显眼的军车(新的吉普车)在门口停了下来,先下来一个战士(护卫),手持步枪跑步来到宿舍大门口,直挺挺地站住。另一名战士随即持枪下了车,打开后门,陪同一位首长穿过大院,走进我家的小院子,然后敏捷地在我家门口站立。我来不及也不知道该如何称呼这位首长,紧跟其后进了小院子,他也没顾及后面的我。这时父母也闻声出门迎接了。进了屋子,他和父亲都分外激动,拥抱着并拍击对方肩膀许久。我这才知道,他就是韩振江。母亲急切地指着我说，这就是甦之啊，你还记得不，你离开北平之前，在协和医院里激动地说话，让医院的护士都来制止了。韩叔叔这才回头看了看我，点了点头。但我隐约地感觉到，他没有我也没有父亲预想的那样热情。过了一会儿，父亲示意我们四个孩子，后来连同母亲，都回避到里屋去了。

大概一个多小时后，他就要走了，父亲招呼我们送客。母亲奇怪，说我原来准备请你在家里吃晚饭呢。

我们一起送他上车。我还隐约记得，他从车窗向外望我们最后一眼的呆滞神情。回到屋里，父亲对母亲说，在他们两人的谈话里，韩振江只是叙述了如何辗转去的延安，却没有说及他到达延安后的工作内容、生活情况，以及他现在的地址单位。谈吐很严谨，已和十四年前的激昂慷慨判若两人。临走时还特别严肃地说，由于他的工作性质（特殊），今后不便再来往了。这实在让母亲和我惊讶万分。母亲事后也曾对我很感慨地说，变了，完全是另一个人了。

此后他就没了音讯。我们在阅读报纸时都会留意，是否突然有一天能出现他的名字，结果当然是否定的。当我上高中时长了个子，穿上他留下的西服和短大衣还算合身，使得我一再地回忆这件奇事。

父亲在此时还听到一个让人心痛的消息，当年他们学校里一个积极投入抗日救国运动的很优秀的同学（国文系的谷万川），在沦陷期间被日本军队抓进了牢房多年，日本人投降后他从监狱里出来时已痴呆不语，50年代初就默默离世了。

和这个事情相对应的，还有件令人不快的小事。1950年，父亲的办公室突然来了一个客人，经过寒暄得知，他竟是大学的同学（父亲告诉了母亲和我，但我忘记他的名字了），于是就请他坐下来叙旧。可是父亲问他分手十七年来都做了些什么，现在哪里住等，都回答得很含混。最后说他现在没有找到工作，生活窘迫，也就是想得到经济资助。父亲感到不对头，就把手头的一点钱给了他，想就此了事，他却说以后再来拜访。过了几天，父亲上班时听门卫说，有位穿深蓝色长褂的客人刚才又来了，问了你家的住址就走了。父亲回家后，觉得此事需慎重考虑。

此时父亲想起我以前告诉他的一个信息，我在第三中学上学时，教代数兼班主任的曹老师看过我的履历表，告诉我他和父亲竟是大学同学，专业不同却相识。他一直在北京教书没动窝。于是父亲想到了他，写了一封短信让我带去。曹老师看过，立刻就对我说，那个人可是个败类，日本时期甘心情愿当走狗，后来连日本人也看不起他、不用他了。我把回信给了父亲。过了几天，那个人果然来了，我从外表上看，他长得还很清秀白净，举止也算文雅。这次父母早有准备，把他堵在了家门口。父亲大声地说了一串话：你没有脸面，你对得起千千万万同胞吗？他们为国浴血奋战，你却苟且偷生，良心何在。你更对不起列祖列宗。回去请政府好好改造你吧，我不想再见到你了。

这是我所见到的父亲唯一的一次当面对人发怒，而与此有些联系的是二十多年后一次，他对某些人窃取博物馆财物咬牙切齿地愤愤不满。

真正的分家

1946年，父亲曾经和三伯父一起，到北平的十八集团军办事处，联系如何恢复仝和工厂的事情，受到热情接待。他们肯定仝和工厂是民族资本，鼓励三伯父恢复生产。但后来内战爆发，生产计划破灭。

1950年前后，三伯父打算把工厂的事情全盘结束，将剩余的有限资金由四个兄弟均分。我父亲没有支持，说民族工业还是有前途的，你搜集并试验成功的皮革柔顺新工艺（在鸽子粪中加入中草药做成皮革柔顺剂）也许能有新的作为，还是在西安和北京之间往返再做小规模的试探吧。于是，他们两个人又前去拜访时任铁道部副部长的吕正操，听听他对于民族工业的看法和对于继续从事工业生产的建议。告别吕正操后两个人都很兴奋，特意到西单六部口吃了东来顺涮羊肉。

1951年春，父亲和母亲一道，将奶奶的遗体从北京嘉兴寺迁回到了老家安葬，和所有苏家的亲戚见面交谈许多，亲自看到了家乡的变化进步，思想认识有了新的转变，说土地改革是正确和成功的，也就对国家的未来更加充满了信心。他和母亲回到了结婚时居住的小院子，看到了自己种植的那棵槐树，感慨不已。大伯父、二伯父和村里的干部都问，要不要给他留出几间房子备用。他说不必留了，偶尔使用却长期闲置也是个浪费。

在老家，老乡们对于苏家都很友好，说苏家人是好人、口碑好。父母很受感动，于是又把回京的日子后延了一天，请村里很多乡亲吃了一顿丰盛的晚饭。在筹办这个晚宴时，父亲问那位承办人需要多少钱。那人说：老兄，不会亏待你的，事后再说吧。后来在结算时果然要的钱较低，两人还互相推让了一番。这是父亲结婚后第二次回到家乡，却也是此生最后一次。

回到北京不久，他又和母亲一道去了天津，在我大舅家住了两天，参观了"华北地区城乡物产交流大会"。回京后，给我三伯父写信，建议他快去天津看看。

1954年末，三伯父再次确信他已经没有闯荡的条件了，操办个像样的皮革厂困难大、前景难料，而且注意到全国的社会主义所有制改造已开始，国家着力扩大公有制的资产比例，再来开办自己的工厂已不合时宜。所以打算在西安找个小工厂当个技术员就行了。于是他从西安来到北京，说已经把工厂留存下来的周转资金分给了家中的每个人，每份四五千元。这在当时算是个不小的数字了（相当于父亲两三年的工资，此时在东城区一带买一套标准四合院的价格要远小于这个数字），但和家里1925年分家时候的资产相比又是很微小的了。

这次见面，两个人都很伤感。三伯父愤愤地唠叨说：还是怪我没有经营好这个家啊，我怎么那么轻易上了那个人的当，就没有多留个心眼啊。两个人再次地总结着昆明—西安被骗的教训，却无奈至极。

这次会面时，三伯父还特意给父亲拿来了一个1935年手工打制的锡质长圆罐罐，盖如饭锅大小。侧面有题字，表示是云南的某个商业界头头赠给西安的西南商会一头头的告别礼物（现存陕西考古博物馆）。这本是两地商业界友好往来的见证，却不想成了坏人的诈骗道具。三伯父将它作为警钟赠给我父亲。父亲把它放在箱底，却不愿向我们细说，大概不愿让我们头脑里也塞入三伯父那段无法释怀的心酸经历吧。

　　三伯父说："咱们的这个家现在才是真正分了家啊。"父亲说："你为了这个大家，出来挣扎了近十七年，十七年啊。"三伯父说："你也毕业二十年了啊。"二人说话不多，比较慢，屋子里空气凝重。

　　父亲深知，三伯父自己分得的钱肯定是低于4000元，建议并要求从新分割一下，说："少给我一些吧。"三伯父说："不必了，就这么定了。我的孩子多但是都成家了，我老两口没负担了，可你的孩子还都小，仍有培养前途，也都该培养成大学生，用钱之处还很多。"

　　几年后他们再次见面时，三伯父已经在一个小厂子当技术员挣工资了，又说：我也怪，有时又觉得我还有力气，却使不上劲了，怎么我成了六神无主的人了呢，我能在西安或者北京再干上一场呢。几年后父亲对母亲说，他和荣毅仁联系上了，荣写信鼓励三伯父坚定信心，说在西北地区能有大作为的。父亲说："只是回信晚了几年——不，晚了十几年。"

　　事后我曾问过母亲，为什么三伯父不再回老家做事情了呢。母亲说：无颜见父老乡亲们了。想当年在老家时，他是条多么英武能干的汉子，拿得起放得下，抗战之后就再也没立起来。回老家过后半生，那会更伤心的。

考古界的"黄埔军校"

　　建国前夕，有一个叫韩寿萱的人开始筹备博物馆，为此张罗了一个"图博考古组"。他在沙滩的北大红楼上班，常找来向达、裴文中，以及我父亲，一起讨论今后的图书、博物馆和考古工作这三个摊子怎么开展。建国后，有了郑振铎、梁思永的加入，似乎就如何开展考古研究有了如下方案：在文物系统，在科学院，在北大，或是三者都做。父亲的意见是分开来做热度不够，犹如三个煤球不要放到三个炉子里，还是集中力量办一个为好，于是很快成立了考古研究所。

那个时候，有一个很突出的问题，就是随着全国基本建设的迅速开展，各地急需考古专业人才。为了解决这一问题，1952年由我父亲等人主张，把考古所、北大和文物图书三部分力量集中起来，办一个考古培训班。这事情由郑振铎出面，又找了梁思永支持（还有后来出差回来的夏鼐），并请郭沫若牵头。于是，培训班很快由北大作为主办单位（负责颁发聘书和毕业证书）办起来了。暑期后开学，为期三个月。

20世纪90年代，父亲常和他的学生们说起当年创办培训班的情景。那时，没有现成的教材和教师，父亲就拿着聘书邀请各路行家前来讲课。请郭沫若讲奴隶社会史，尹达讲原始社会史，翦伯赞讲封建社会史，裴文中讲旧石器考古学，白万玉讲授如何修复古物等，都是些大家。后来，讲稿成了讲义的初稿。我当时在想，父亲一定也有课程。可到了90年代初，我看到过一个纪念建所四十周年的蓝皮册子，里面写到"我所的某某某等参加了培训班讲课"，上面没有父亲的名字。我问父亲，他答，这不是有个"等"字吗。后来我较起真儿来寻找证据，在一些学员的回忆录里，终于见到了父亲讲课的证据。例如河南的安金槐在一篇文章中说他听过父亲的课[1]，浙江的牟永抗在记者采访时也说自己听过苏秉琦的考古学课程。

培训班还曾在研究所的院子里临时放了四五个大长条桌子，摆出仓库里的藏品，各个教师当场对着实物一一讲述，学生们拿着笔记本随听

---

[1] 安金槐：《苏秉琦先生对河南考古工作的关怀与指导》，《华夏考古》1989年第3期。

随记或提问,很像逛庙会。那天也赶巧,我去东安市场后,顺带去所里找父亲,就随着学员们听了讲解,能听懂一些。至今还记得一点:在一个大口的陶罐子里盛着水,里面浸泡着一堆竹简。老师说,这是在河南的一个大墓里发掘出来的,用眼看不出简上有字,但照理说上面应该有字,怎么办呢?现在还不知道。

学员毕业,回到地方立刻派上用场,学以致用。他们在工作中遇到问题也可以向北京写信求教,效果不错。政府官员说,以前一旦有点事情就得到北京、到南京请专家来,现在不用请了。由于办班前的一些顾虑(担心短期培训没有实效)消除了,所以这个培训班接连办了三期:1952年为第一期,1953年为第二期,1954年为第三期。当时,粗略的、基本的教材已经有了。

这是在特殊情况下采取的非常做法,父亲说这是考古界的黄埔军校,办黄埔式的考古培训班,他很积极。起初一些人的担心,都在后来

参加过培训班的学员在考古学年会会议期间的合影(摄于北大勺园,1985年3月4日)

的实效中消除了。

20世纪80年代举办的考古领队培训班，据说也参考了50年代短训班的成功经验。到了80年代编写中国大百科全书时，最后还是决定把这个培训班作为一个史实写了进去。父亲满意地对我说，时间能检验出好坏。

到北大教书

随着培训班的顺利开展，北京大学开设考古专业的事提上了日程。北大历史系主任郑天挺出面，找到我父亲和王振铎先生一起商量。按我父亲的说法是"可能看我办培训班表现得还可以，就自然地让我来做教研室的主任。并聘请郑振铎、裴文中、夏鼐、林耀华、郭宝钧为兼任教授，得到考古所的赞同"。1952年秋，在文化部和中国科学院的积极支持下，北京大学历史系考古专业正式成立。

按规定，父亲每周去北大两天。但我们注意到，父亲对这个兼职（自1952年到1983年）很上心。我曾问：你去北大工作，是水到渠成，还是渠成水到。他笑了笑说，应该是两者皆有吧。此后我多次侧面追问，却没有得到更明确的答案。

和这个问题相连的一个疑惑是：你当年选择大学时，为什么没有选择北大？是北大的门槛高吗？他也没有正面回答，说：我现在不是已经去了北大了吗？又说：不在北大读书的人反而去北大教书，挺好，而总是"近亲繁殖"的做法并不好。还有一次和母亲说：我和北大就是有缘啊，我的第一本书不就是在北大出的吗。

他自从在北大有了工作之后，对北大产生了很深切的情结，北大成了他的主要目的地。母亲多次提醒他：不是说让你少一半的时间去北大，大一半的时间去所里吗，可你倒是反过来了。父亲听而不答。

那时，他和向达、宿白等先生，一起筹划如何从无到有地着手培养新一代的考古人。裴文中先生很积极，把他在法国得来的一些旧石器标本、教材等都送给了考古专业，这些资料成了开创这个专业的"镇馆之宝"。

他们还从苏联的教学大纲里得到了重要启发：人家在四年学习期间安排三次野外实地的实习（刚入学：认识实习，懂得什么是田野考古；学习中途：生产实习，可以做一点生产研究了；做毕业论文：老师手把手教，就像带研究生），足见对实际操作技能的重视。父亲说由此他们几个教师立即明确了：我们要培养田野考古人才。

我父亲对实习很重视，凡自己能去时一定去。泉护村实习，他去过两次，直接和张忠培、杨建芳一起做了一盒子的文字资料与照片的卡片（现存陕西考古博物馆）。在现场，他更是反复强调要亲手摸陶片，这给学生们留下了深刻印象。在他的实践活动中，用手摸陶片已成了一种习惯或爱好。一开始有的学生很不理解，觉得这不是成了培养临时工了？后来多数人体会到了亲手摸的意义。他的不少学生曾回忆道："他在考古学上的这些建树最初是从研究陶器开始的。他摩挲了一生的陶器，对陶器和陶片非常着迷，看陶片的功力达到出神入化的程度，这些正是苏秉琦留给大家的深刻印象。这个嗜好伴随了他一生，也终于在纷繁琐碎的陶片中揣摩出了自成体系的考古学理论。"[1]

到了二十年之后父亲还对客人说，他从人家的教学大纲和一些教材里逐渐体悟到了这样几点：一是人家又讲社会发展史（理论的东西），又讲历史（真实的实际），即两者不是一码子事，前者不能代替后者，可我们常常把前者作为一切了；二是人家讲考古学史，里面却贯穿着考古理论，史和论是不分家的，莫斯科大学教学计划的精神就是要讲基础理论，其中包含着考古学理论；三是和请来讲课的吉谢列夫教授讨论了

---

[1] 朱延平：《苏秉琦》，见钱伟长主编《20世纪中国知名科学家学术成就概览》考古卷（一），中国社会科学出版社，2014年。

在田间地头休息时，父亲也在痴迷于摸陶片（右为吴汝祚。摄于河姆渡遗址，1977年）

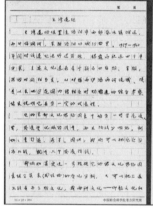

父亲在王湾、泉护村遗址指导实习后写的基本材料（第1页），该内容后来收录于《大百科全书》

文化的传播和交融，得到了一个重要的启示，即北方文化的南下，来自贝加尔湖南边，和贝加尔湖以北没关系，因为那里没有我们的仰韶文化发达。父亲跟我讲，现今的民众总误以为贝加尔湖距离我们很远，其实距离我们的内蒙古挺近的呢。

1953年初的寒假里，父亲和母亲商量，这星期六一早要去北大，要商量的急切事情太多，就住在那里两天，下周一早上再直接去所里。母亲说，孩子们都放假了，你怎么能这周日全盘不在家啊。最后商量的结果是，周日由母亲带我们四个孩子一同去北大玩一天。那天我们五个人以北大健斋207做据点，自由地在附近玩，我还到湖面上滑了冰。快到午饭时分，宿白老师和刘惠达老师陪着父亲来了。宿叔叔笑着说，苏公在我们小会议结束后，才告诉我你们都来了。要是早点告诉我们，我们会提前一会儿结束的，现在也只能委屈你们到楼下西侧的食堂打饭吃了。

后来父亲还告诉我说，宿白先生讲课有条理，受到学生们的好评。而父亲讲课比较随便，也就是自由度大、任凭飞翔，但还比不上裴老的风度。裴老一向是站立讲课，讲述时还会边走边说。

1950年，根据政务院的决定，全国高校做院系调整，在刚建立不久的中央民族学院下设了研究部，研究中国民族问题，即民族历史和民族现状。随即把北大、清华的一些研究人员，以及中国科学院考古研究所部分民族语文和民族历史的研究人员，调进了中央民族学院的民族语文系。其中就有宿舍大院里的冯家升先生和王静如先生。由此，冯伯母和王伯母开始私下议论起了这一调动的优缺点，也引起了冯伯母对我父亲调动到北大教书的思考。徐老伯的学术思想里，一直强调考古与历史研究的结合，所以他的身边有黄文弼、冯家升、王静如等。后两个人的调离毕竟对于徐老伯的学术研究有可惜之处。

冯伯母1950年住到这个大院后，对我母亲常有倾诉，说出生于天津的她喜欢对炒菜花样翻新，而她从山西农村老家头次出门来到北京的婆婆，只希望在面食上多换花样，两个人都觉得特不适应。于是，她和母亲逐渐熟悉了。一次，她拉着王伯母来找母亲，大意是，她越想越觉得对我父亲的工作安排"有些不对劲"：我们是全身调动干脆利落，倒也不妨，而且我们的两位先生是研究西夏历史和突厥文字的，这个调动也算合理。可苏兄是半个身子被借走，一仆二主，算怎么回子事情。为什么偏偏把他支开？过不了几年，"人走茶凉"，在考古学术界落了伍，也少有成果，难免虚度了目前的黄金年华，把自己磨炼成皮球。

母亲把这些话转达给了父亲，他回答说，事在人为，单位的调动可以把人的棱角全部磨掉，变成皮球，浮在水面任风吹拂，却也可以把棱角磨炼得更鲜明有用。顾颉刚先生也曾换了多少地方工作,只要自己肚子里有货,到哪里都行。"北大是个坑,而且还是个'火坑'呢,可那里有热量,我情愿往这个火坑里跳","北大,多好的地方啊!我到了那里舒服"。

1953年,从清华大学那里搞来了苏联的考古学教学资料后,北大考古专业就急忙开始实施教学计划了。其中,有一门课程是摄影学,先是找到了校内物理系,没有合适人选,因为没有摄影经验丰富的教师。后来在社会上一个老字号照相馆找到了一位摄影及暗室经验较多的技师,他有不少成功作品,对来北大讲课也非常感兴趣。当父亲让他先写出教材和讲课大纲时才发现,他的理论知识不够全面或不够深刻,更缺乏野外艰苦条件下的摄影经验。于是不得不几次把他请到了家里,接连在每天晚上把几个重要问题,例如野外摄影基本技能、多张照片接续、自上向下鸟瞰式的拍摄技法等,进行一一讲述和讨论。我母亲在一旁也为这位没进过大学门槛的人着急。他也很努力,最后,总算完成了考古专业的第一次摄影课教材编写和授课。

到了1956年,开始大范围的核定科学人员的级别和工资级别。父亲被定为研究员,工资级别为研究员四级,每月207元(直到改革开放)。冯伯母再次和母亲念叨这事:在这个大院的研究人员里特别是在昆明曾在一起的研究人员里,老苏的工资级别是"最多的"(反话,指级别最低)。母亲把这话告诉了俞伯母,俞伯母说:全怪他,抗战胜利时大家都劝他出去几年,他就是不听,为本单位抢回一些资料和几个大院子算什么功劳,现在该体会到苦头了。那时如果他出国,有高学位回来了,现在也必然有大的学术成果了,级别还会是四级?

1957年,考古专业第一次邀请了一位外国专家来讲课,他叫埃米尔,是埃及的一名著名考古教授,经周恩来批准出面请来的,并指派了一位全程翻译。不想在他的观念里总认为这个翻译应该和仆人相近,什么琐事都招呼翻译去做,还嫌这翻译做得不好,于是动不动就给周总理发电报告状。而翻译也从没有外事经验，觉得很难再忍受下去，要求换人。北大校领导接到总理办公室来的电话之后，指示历史系必须赶快解决好这个问题。

此时恰逢五一临近，于是父亲就邀请了这位专家夫妻带上翻译来家里做客吃饭，席间有意以自己的家庭为例，说在中国，夫妻必须互相尊重，不可向妻子发脾气，同事之间更是彼此平等，需要相互尊重，没有贵贱之分，对司机也应如此，请他入乡随俗。此后那位埃及教授和翻译的关系，果然好了许多。对此，我曾心中暗赞，父亲协调能力很强，真有些管理才能。

这次接待的前一天，父亲对我说既然你恰好放假回来了，就也参加吧，训练你一次。共餐后，有一小插曲。埃米尔教授客套地和我攀谈，问我在哪个大学，学习什么。当他得知我是物理系的，就顺口问我想学习什么专业，我说再过几个月就确定了，打算学习原子核物理。他立即问："制造原子弹？"我说："不是，我们国家要和平利用原子能，造福社会。"他又说："学习核子物理，必定会和政治、社会密切结合，不像我和苏教授做的历史研究和考古研究，我们都是同远古的死人打交道，和当今政治没关系。我们是坐在象牙之塔里。"

我注意到，客人说完后，父亲没吭声。大约过了一天吧，父亲对我说：中国现代考古学的诞生，就是五四运动的产物，从没脱离过政治，当然这里说的是大政治，也就是"大历史观"，即考古研究是要为社会历史的发展大趋势服务的，要为"大政治"服务。"象牙之塔？纯属自欺欺人"。但当时我对这些话理解得不是很好。

到60年代初，父亲又提到这位学者说：我和他聊天，他不可避免地提到英国，说英国如何如何。我仔细看了他的讲义，也听过几次他的讲课，觉得他讲述王公贵族的矛盾讲得很多，而对于社会结构和状态、生产关系等关注不足，和我们的历史课程有区别。有时我都觉得他不是埃及人，却像个英国人，他是在英国读的博士学位啊。他自称是超脱者,但我从不相信。这一点,可能和父亲以后不断考虑中国考古学任务问题有直接的关联。

父亲还告诉我,他在和埃及学者交流时注意到,埃及建金字塔时,死者的坟墓里酒具多,女人化妆品也多,女性尸骨所占比例也高,说明那里自然环境很好,生活富裕。酒,在他们那里就是消遣,而在中国远古时代,固然平民也喝,但主要用于礼仪和"通天"。这个酒字,去了三点水,就是尖底的瓶子了,它可不是生活用具,而是祭祀时装酒的器物。父亲的这些话里,渗透着他常思考的一个课题:我国和外国历史发展特征或规律总归有诸多区别。他说,生活环境的优越促生了灿烂无比的埃及古文明,但它是否也成了古文明消逝的"助催剂"?贪婪的欲望导致向外扩张,引来了外力入侵、自己国力的消退,文明也随之流逝了。

父亲在北大的教学经验,曾坦率地讲给了在吉林大学和郑州大学兴办考古专业的张忠培和匡瑜。他说,必须走近代考古学的发展道路。为此,一是抓好田野教学实习,它是综合性训练,既不能按以往金石学的路子走,也不能只会发掘而不注意整理和研究能力的培养,指导老师必须亲临第一线。二是教学和科研要紧密结合。三是结合本地区的考古学特点,培养适合自己地区的人才。①其中,张忠培创办的吉林大学考古专业,践行田野考古是近代考古学基础的认识,坚持走父亲和宿白先生等人办北京大学考古专业摸索出来的道路。在林沄等的协助下,创造性地走考古科研、教学和人才培养的新路,从新办的众多大学考古专业中脱颖而出。使吉林大学考古教育后来和北京大学一起,成为两个全国性的重点考古教研基地。

20世纪后期,台湾有一位从事佛教教育的星云大师,说过这样的话(大意):人不要只是考虑自己的成就,也要注重对别人的教导,发

---

① 匡瑜:《为我国考古学教育事业的发展而倾注心血——祝贺苏秉琦教授八十寿辰》,《华夏考古》1989年第3期。

掘他们的才干。父亲看了这段话很满意,说这位佛学大师确有涵养,"成就了学生,就是成就了自己"。

1954年4月的一天,父亲急急忙忙从北大赶回家,原来他得知梁思永先生病逝了,年仅50岁。父亲说他是新中国考古的重要奠基人,实践了地层学的研究方法。他是为了不辜负他父亲和师兄们的嘱托和期望,在日夜关切和组织野外工作与室内研究工作中,拼命干而累死的。和他哥哥梁思成的治学态度一样,求真务实,是个好人,很值得尊重。父亲连夜认真地写了祭文供追悼会上使用,并让我仔细阅读了一遍(父亲的悼词曾在内部刊物上登出,现难以找到)。在我的印象里,父亲和王振铎先生都对梁思永先生十分尊重,梁先生对于父亲的一些学术见解好像也很支持。那时对父亲的伤感,年少的我都能明显地感受到。

求真不易

在50年代,看小人书是很流行的,我也买了不少,以后又传给弟弟妹妹看。其中有一本《飞贼陈纳德》的漫画书,内容是:这个人在美国不怎么样,浪荡公子,混不下去了就跑到了中国混,他到云南吃喝玩乐,一次开飞机去印度,把一个中国老乡家的小男孩带去了十多天,孩子回来后被晒得黑黑的了。抗战胜利后,竟又和一个比他小三十多岁的女记者(陈香梅)勾搭鬼混了,两个人死心塌地帮助蒋介石搞空运、打共产党,最后实在没办法了,只好狼狈地跑回美国了。

大概是1954年,父亲在偶然间看到了这本书,仔细看后对我说:"这本小人书画得太不符合真实(事)。这个人领导的飞虎队,打日本飞机很棒(厉害),(这些事)是昆明老百姓亲身体验、有目共睹的,你那时候也懂得一点事情了,有你的亲身体会了,他的队伍纪律挺好的呀,为什么我们要这样贬低他。除了帮助蒋介石空运物资,全篇也没揪出多少错误来,而对他的功劳却有意抹杀了,抗日原本是最大的政治。这种做法很不好。你把它丢掉吧。"

父亲的这番话使我清楚了许多，也让我明白了他并未对广播里、报纸里和书本里的文字绝对相信地紧跟，而是很注重事实。自此，我懂得了他一贯对我们的教导：学会冷静全面分析，不随波逐流。几十年后他又说，做宣传的、搞历史的，更要正直、老实、对后人负责。

到了二十年后的1995年，我到昆明出差时偶然得知在市郊区建成了"驼峰飞行队烈士纪念塔"。我专门去参观，回来后向父亲叙说，他点头表示满意，说做历史研究就要学司马迁，可这"一个真字，难啊！"我能感受到，他还有更多的话要讲却不便讲了。

进入新世纪后，一次我整理父亲的书柜时，在一大摞剪报里（他一直有剪报的习惯，搜集了许多认为有用的文章材料），有一篇关于梁漱溟敢于坚持讲真话的文章，大概"三军可夺帅也，匹夫不可夺志"一类的话和他有所共鸣吧。

1984年初，恺之要去美国学习，临走前，全家一起聊天，讲到了许多求真的话题。父亲说："对美国，怎么观察它、评价它，的确存在太多的问题。当然要明确的是，美国的外交就是它的利益最大化。但光说这一句话就可以一言以蔽之了吗？美国，多重矛盾的有机结合体，表现出多重的性格特征。可我们的宣传存在诸多的片面性，更造成了民众对于它理解的片面，这迟早是个严重的问题。在昆明的陈纳德组织的飞虎队，以十几架飞机的代价消灭了日军二百多架飞机，怎么不该称赞。其实在打日本侵略者的事情上，国民党军队也打仗了啊。"

又说："美国从庚子赔款中拿出一部分返回到中国建学校、图书馆、医院。你所看到的北京大学、协和医院，门窗的木头是菲律宾木头，耐湿、耐温差、不变形，是百年大计啊，现在还在良好使用之中。在初始设计里，人家很注重在老北京城市里与环境风格的协调，人家是尊重中国的传统文化，别的国家却没有。你又该说什么？人家就是这么坏的聪明！"

父亲还说，自然科学主要是求真，社会科学主要是求善，文化艺术主要是求美。我们搞考古，则要求真求善。过了十多年，我才领会到这些谈话里暗含着的一个潜台词：历史学家，在写上百万、几万、几千年来的历史，写几百年来的历史，可又该如何书写几十年来、直至身边发生过的真实历史给后人呢？

忍辱负重

从1952年开始，初三快毕业的我，必须面对我的家庭出身问题了。学校让学生们填写履历表格，在家庭出身一栏，我问父母，他们说就像你上初一时那样，写"职员"即可。但后来老师说不行，反复了两次，最后填写为"旧知识分子"了事，理由是父亲是建国前旧大学培养出来的人，当然是旧的了。

1952年秋，我申请入团，介绍人来我家玩，他突然发现我父亲桌子的玻璃板下面有张他和外国人（即傅吾康）的合影，风华正茂的两个高个子青年站在四合院中间，一个穿西服，一个穿长袍，却很般配，两人笑容可掬。大概是我父亲很得意的照片，所以特意把它放大后压在了玻璃板下面。介绍人问我这是怎么回事，我连忙解释了。过了几天一个青年团领导又来盘问了我好半天，让我在材料后面的夹页里写上：父亲有国外朋友某某某，如何认识交往的，他对新中国的态度认识等，并强调最后一定要写上"现已无联系"。

我还郑重地动员母亲："您劝劝父亲吧，把这个肇事的照片撤掉吧。"果然，此后再也没这个照片了，就连一张放在相册里的傅吾康夫妇结婚的合照也没有了。这也是我此后一直很内疚的一件事。

1955年初，我临近高中毕业，学校正在筛选一些学生学习俄语再赴苏联留学。前面几次面试和体检等考核我都通过了，出身问题和正确认识德国人问题都交代清楚了。最后，要我再问问家里，是不是还有别的海外关系。我回家后问及父母，父亲说你有个堂哥在西安机场当地面后勤技术员，建国后没有音信了，不知道是不是随着航空系统到台湾去了。我第二天向学校汇报之后，我的名字就从赴苏的名单里删去了。

几件事下来，让我闷闷不乐：父亲家庭出身不好，让我们子女多有不顺，常被说为资产阶级家庭出身，或是资产阶级知识分子出身，而且他的大家庭有那么多的人，他的历史"怎么那么复杂，有那么多事情啊"。我觉得，我有先天不如别人的地方。

我也慢慢察觉到，似乎历次运动里，他都会有些不顺，虽然他从不和我们说及。有时我甚至想，父亲以前那么积极进步，怎么就没有申请加入共产党呢。他要是个党员，就像他周围许多人那样，虽认识交往过外国人，但也都没啥事了，我们岂不也跟着好过多了。再有，他要是有个职务、头衔什么的，那日子也会好过多了。可他偏偏啥也没有，落了个并不好听的"无党派人士"一个。

我困惑的是，他的同事们的家庭出身也并不怎么好啊，怎么人家可以有职务、有光环呢？我还问过母亲，母亲也觉得他和翦伯赞先生一起工作过、活动过，没啥大区别啊。还说"你爸那时也挺进步的啊"。

有几次，父亲有针对性地对我们说：你们将来的路子还很长，要学会沉着，要学会忍辱负重，要懂得如何迎接逆境。他说："顾颉刚先生，一边受到了鲁迅先生的一再责骂，和郭沫若先生也有笔墨交锋，一边又受到了胡适的同情与赞扬。建国后在历史所的处境一直不好，有的挚友后来还成了右派，这些要是放在你们的头上会怎样？还活不活？可人家照样写他的东西，坚信他的国学研究和历史文化研究有意义，手上的毛笔一天也没有搁置，仿佛总是在向将来的人诉说什么。这是一种精神，执着于业务的精神，可贵可敬的精神。反正我永远佩服他，尊重他……"

但我没听进去，而且内心很烦躁，也很反感。在那时期的批判俞平伯、揪出"胡风反革命集团"等一个个运动浪潮中,我"懂得了":要和徐老伯的孩子们一样,绝不子承父业,一定学理工科,跟文科拉开距离。

当个做学问的人

（1955—1965 年）

认真做学问的人

1955 年夏，高中毕业的我报考了物理专业，被南开大学录取。

或许父亲没有遵照长辈们的意愿自行选择了自己的专业，并自感得意的缘故吧，他对四个孩子从不做专业选择的引导，全凭兴趣意愿。他说："喜欢做什么就去做什么吧。我很喜欢一个哲人的话——使事业成为喜悦，使喜悦成为事业。青年时期正是豁达向上的时期，应该利用这个时期养成自己豁达的性格，有兴趣地去投入一个行当。"

我们四个儿女全都选择理工科了。在我们的潜意识里，总觉得文科和政治有着千丝万缕的联系，学好很难，更何况家庭出身不好，还是靠技术立身吧。

在父亲晚年时，有人问他，为什么没让你的孩子们（哪怕是孙子辈）学习考古呢？他笑而不答。但他在家里说："我早说过嘛，'近亲繁殖'不一定好，把好的位子留给更热爱考古的学生岂不更好。我已经是考古教师了，你们近水楼台，就一定优于我的这些学生？"还有一次闲聊中，他调侃道："一个幼儿园的老师带领十个孩子，可能会教出七个好孩子。可是如果这十个孩子里面有一个是自己的孩子，那么很可能只能培育出三四个好孩子，而且其中必定没有自己的孩子。"

全家第一次到照相馆拍摄的合影（摄于1955年10月1日）

在我拿到了录取通知书后，父亲提议全家到照相馆照个正规的全家福。之后，还找我进行了较细致的谈话，我感觉他是做了些准备的。

他说："在现今你有了很大的自由度，有很多选择，心情也好，这与我报考大学时有天壤之别，要珍惜它。你一生将与物理为伴，这很好，因为你在昆明时已经接触到了我国最优秀的顶尖的物理学家，他们该是你的榜样，你永远牢牢记住、常常想到他们就好。咱们在昆明期间，我从他们那里知道了许多国外大学里做研究工作的种种情况，很受启发。"

那时，住在北平研究院小院子（位于现今植物园对面）里的，有物理学家严济慈先生和钱临照先生，还有地球物理学家顾功叙先生。我幼年的感觉，他们都是很平和慈祥的，又很普通的人。

严济慈伯伯是北平研究院物理研究所的所长，比我父亲大好几岁呢。他从国外回来不久，西服革履，抽着烟斗，有风度且威望高，常见他和别人很正经地谈话，或是到研磨玻璃透镜的平房里检查两个工匠的磨制工作，反复拿起透镜看来看去，或是自己在桌子上写和画。一次，他可能有点空闲吧，把一个凸透镜演示给我看，在阳光下把纸张点燃了，我特惊讶，梦想将来我如果有个这玩意儿该多美——这或许就种下了我此生愿意选择物理为伴的种子吧。

另外一间平房里还有几个工人，用炭火加热小烙铁再焊接线圈什么的。我觉得，他们的行当比父亲的工作好玩多了，又画图又能摆弄东西。一次，严伯母消化不好，常吐酸水，母亲带我去她家告诉她将馒头片放在炭火上烤得快焦了再吃，以中和胃酸。严伯母给了我一大块黑色的糖，我把它放到嘴里后很惊讶。回家问父亲，你怎么没有给我买过这个好吃的，父亲说那是很贵的国外的巧克力，在昆明市可买不到啊。

此后，我在南开大学物理系和当时已退休的胡刚复老先生聊天时才意外得知，他和严济慈先生都是我国第一批去法国留学的人，常和居里夫妇见面。此后又得知严先生是我国著名半导体物理科学家黄昆的老师，后来任中国科技大学校长、中国科学院副院长、中国科协副主席及名誉主席等职。

我对钱临照先生有很多记忆。他的办公室里放着好几个光学仪器，都是他亲手制作的，我很惊奇，也很敬佩。我还常看到，个头不高的他也常和两个磨玻璃透镜的工人一起干活，穿着蓝色的围裙，精力很充沛。他也常和徐旭生先生来往借书。家里孩子蛮多，全部交给了钱伯母操劳。隐约记得钱伯母和我母亲说过，咱们两家的主人，连酱油瓶子放在哪里都不知晓呢。

父亲说，他们三位都是"认真做学问的人"，我牢牢地记住了这句话，却只是大致明白。到了50年代后期，我开始注意到，严先生和钱先生都逐渐有了很多业务头衔和社会活动头衔，还频频接见外宾，名字常常见报，广播电台也常有报道，这些都和默默无闻的父亲形成了极大反差，全然和在昆明时期大不相同了。而父亲的口气里，似乎对于他们俩在昆明时的种种敬业表现更为赞赏敬佩。

父亲还提到了在昆明相识，现在又住在我家后面院子主房内的好邻居赵九章先生，说赵伯伯真是个"上知天文，下知地理"的人，他的底子主要是物理学，却能涉及广泛领域。那年夏天北京出奇的热，赶巧父亲和赵伯伯在一天早上出宿舍大门时相遇，寒暄后赵伯伯说，大概今晚该会有点降雨吧。果真那天晚上就下了场小雨。父亲说，他的经验已经超过了老北京的谚语"早看东南，晚看西北"，"他早上就预见到晚上了，真有功夫，是位能做学问又贴近实际的人，这才是真正的能者"。"在你去天津之前该去拜见他一次，听听他对物理专业的认识，等你学习几年之后，不妨再去找他交谈一两次，定有收获"。父亲很重视隔代人之间的思想交流。

大约几年后父亲又告诉我，严先生出来当官是经郭沫若先生一再动员才下了决心的，因为他心里明白，一个物理学研究者一旦脱离了实验就失去了业务生命力，但为了培养更多人才只能如此，"他是做了自我牺牲的"。

父亲"要认真做学问"的思想并非只是教导我，而是贯穿、渗透在他的生命里。大概从20世纪50年代中期开始，他心里已逐渐对自己、一直连带到孩子们，有冷静明确的定位了。1960年秋，我的一个大学同学（也是老乡）分配来北京后，常来串门，相互较熟悉了。这位同学对于干部级别、工资待遇和报纸上的头面人物等都很熟悉，能讲得很细致。父亲对他说：你真的适合做干部，而我家恺之没这个脑子，恺之就不是个当干部的材料，我要求他认真读书一辈子。后来我父亲又对我说："在工作中在人事关系上不必多计较，宁可傻点，哪怕有人称你书呆子也不可怕，你现在距离书呆子还差得远着哩。"又说："有人能赶车也喜欢赶车，你不行，你就要甘心情愿地学着一辈子拉好车吧。"

此后他还说，有的人能飞翔，有的人能奔跑，有的人则只能爬行。也许你我就是和多数人一样，只能安于、善于爬行，爬行也有爬行之乐、之美，它的优点就是踏踏实实，能够负重，照样能做出有益于社会的事。又有一次他开玩笑地说，中医里讲鹿角（鹿茸）得阳气（阳光）最好，所以能补阳，鹿的心跳快而寿命短。龟接地气最多，故能补阴，心跳缓而长寿。

到了 60 年代中期，在工业学大庆的号召下，各个行业都掀起了学习大庆的热潮，各研究所和大学都听取各种报告并大力讨论。父亲让我注意：大庆人懂得处理好"油、石头和人这三者的关系"，又说：咱们作为读书人，就要学会处理好"业务、社会环境和自己的关系"，但他没有细说。现在看来，那时他也正在苦苦思索着这个困惑他多年未得答案的问题。

80 年代初，父亲从小报上得知严济慈先生说过一些经典的话，赶紧介绍给我看。严先生说："一个科学家成为杂志、报纸上的新闻人物并不难，但要成为一个书本人物，至少是几十年，书本上都要提到他的研究成果，这就很不容易。……对于这些对科学做出重大贡献的历史人物，愈浅显的教科书愈是提到他们的名字。"父亲补充说："正是从这个意义上，我认为做学问的人不能满足于做新闻人物，而要扎扎实实做研究工作，对科学的发展做出成绩来，争取做一个书本人物。"

随着时间的推移，我逐渐感觉到，也许源于学习历史学的专业特点，父亲审视各种事物时，更注意和习惯于用长远的时间尺度来观察思考，用群体的状况来看待个体，也由此来安排处理自己，而不太着重当前的一时一事和自己个人的得失。

他在晚年时又对我说：什么叫成功？你的成功不在于你的名字或你的工作是否为领导认可表彰，而在于对社会实际的贡献，要用这个来要求自己、衡量自己。又说："归根结底，要懂得如何做人。自己认可了自己，就是最大的成功。"

"香且醇"才是最好：父亲对工作的指标要求

我大伯父的一个儿子苏建之，比我大七八岁，50 年代初从天津学习了酿造专业技术后，分配到北京酿造厂生产酱油和醋，常来我家串门。一次，他和我父亲说起，山西人买醋和买酱油的比例，比北京人大很多，而且对于醋的品味要求明显高于北京人，所以他很注意山西人的制醋工艺和品尝技术。山西人告诉他，他们对醋的标准是：香且醇。父亲听了很高兴，说这三个字真好，很有深度。事后我问父亲为什么。他说：香，这多是指食物刚刚进入嘴里时的感觉，属第一印象。而吃到嗓子眼和咽下之后更长一点时间里，你回味的感觉是醇——深厚纯正持久，印象更深远更美味也更重要，也更难实现。对一个事物给出了两条标准即两个层次：基本的和再高级一些的，不简单。

到了1958年秋，建之哥哥再来我家时，感慨地说，现在一味地追求一斤粮食能造出多少两醋，只要醋酸比例达到多少就算合格了，于是香这个指标都没达到，醇这个指标就更别提了，没有人理会了。父亲听了说，这显然是大倒退了啊。过了一会儿又继续说：社会总会再向前走的，以前的鉴赏标准和工艺技术总归会被人重新认识到，终究不会被遗弃。国家级的宴会不还是在使用名牌的好酒和你们厂子高质量的酱油、醋吗？所以你要沉住气，不要随波逐流，紧紧跟着潮流跑不一定是好事情，这才是成熟的技术人员。

以后我和父亲聊天提到事物的指标要求时，他让我注意到，任何工作绝不能只有一个指标，只强调一个方面肯定容易出偏差。1958年光抓钢铁产量一个指标，那怎么成。在北大，学生们提出很多强烈的意见，年轻人精神可嘉有可取之处，但常常顾及了一个方面而忽视另一方面。父亲说："香且醇是两个层次性的指标，即最基本的和更好些的。你的工作要注意香这个首位要求，更是要求那个醇字。经得起时间考验的，才可能是好成果。"

1965年，三伯父从西安来，说起大雁塔和小雁塔，冷清清的。父亲说："在这里的地下，埋藏了多少故事情节啊，我常想起在西安的日子，挺想再去走一圈的。"三伯父走后，父亲和我们讲，玄奘把真经从西天取回来，"功德圆满"，西安全城轰动，这是"香"。其实玄奘此时心里很明白，他只完成了夙愿的一半。以后他又用了二十年的时间（超过了取经用的十六年），以更强的毅力和严谨的科学态度做完了翻译工作，才算真正意义上的完满，却是默默无闻的，这是"醇"。醇的意义和作用更大更重要，但不少人看不到这一点。你或许以后才能体会。

这期间，父亲和建之哥哥还有过几次聊天，说及酿酒和酿醋的工艺。父亲说他和徐旭生先生聊天，曾谈到有的工作做得不好，就取笑说"把酿酒的差事酿成了醋了"，这个比喻合适不？建之哥哥说，这个比喻不合适，带有贬低酿醋工艺的意思。两者都是用粮食制作，都要经过两道发酵工序，但工艺细节很不同（温度和它接触空气的状况），都得靠精湛工艺。确实，如果酿酒的工艺出现偏差，那么出来的酒不像酒，但也绝对不是好吃的醋，这废品不好利用呢。

"可是，酒的价钱和醋的价钱差了老大啊！"母亲插嘴说。建之哥哥说："就是这样，酒厂利润很可观，我们厂子不赚钱，技术人员兢兢业业于每道工序，福利待遇却远不如酒厂。"又说，酿酱油，酿醋，做好了并不易，精湛工艺带来的效果也不很明显，而酿酒却可以有很大的上升幅度。老百姓每顿饭都离不开的调味品卖不出好价钱，助兴取乐的酒却是高档品被人推崇数倍。父亲感叹地说：客观世界就是如此，古今中外，酒文化成就了多少名人的雅事和故事，但你既然进了酿醋的地窖，那就自得其乐、埋头酿一辈子醋吧，为百姓做些实在事，心里踏实。"世界就是这样，扯不清也就不想那么多吧。"

过了些日子，母亲从俞伯母家串门回来，对父亲说：你看人家（指俞德浚先生）又出了两本书呢，人家总在写，你怎么不写呢，你总在空看（指《光明日报》和书籍）、空想（指北大学生的文字和他的讲课稿子），这不就像是建之在酿醋吗？别人不干的事就是你爱干，又能有什么大出息呢。我听了心中一惊：这是我听到的母亲说给父亲最厉害的话，也是唯一的一次。但父亲没生气，只是淡淡地说：不是那么回事，别人的想法随它去，我不这么看。翁独健，没写书，不是干得很好吗？

母亲的那几句硬话,一直没有被我忘却。不仅如此,我还渐渐地发现,所有从昆明出来的人(父亲那时说他们个个都像下山的猛虎),不但如虎,而且个个都是添翼之虎——要么有了学术或行政职务而可以"发号施令",要么有了委员或代表的光环和地位而令人仰慕。唯独父亲,啥也没有。我暗暗寻思:离开昆明后,"他越来越落伍了",宿舍大院里他几乎是最后一名副研究员——直到1956年。

"我的腰板是直的":接待日本考古学者

1957年春,我国第一次接待来自日本的考古学访问团,参与外事接待的人员名单里有我的父亲,身份是北京大学考古教研室主任。这对父亲来说是件大事,他很上心。母亲说他认真做了准备,写好了发言稿,也准备了图片资料等。母亲问他,那么可恨的日本人又来了,干吗这么上赶子当回事。父亲说:不是"七七事变"前后的情景了啊。

接待活动有好几天,他兴致挺浓,出门前衣着整齐,对母亲说:抗战胜利、国家独立了真好,感觉大不一样了,现在是挺直腰板和他们平起平坐了,轻松舒畅。

事后父亲还对我们说,说实话,他们介绍的一些工作情况有我们可学习之处,例如他们看资料图片时,特别细致上心,提问很多,每个人都认真做笔记,讨论时想得周密严谨。又如,他们现在来访问是春天,说是到了年末,就能把访问的报告编辑成书公开出版。年底时,果然往北京邮寄来了,没料到人家的工期那么快。还说,日本人对于自己的摄影技术很自豪,竟然说愿意协助我们把发掘现场的摄影技术提高一大步,"只有他们说的这句话,让我心里不怎么高兴,总念叨着,当然后来看到他们拍的文物照片,确实是质量好"。

但是自此之后,各种外事活动就再也没有父亲了。仅有的一次例外,

1957年5月6日上午,在北大临湖轩接待日本代表团
(前排右起:日本京都大学人文科学研究所水野清一、翦伯赞、日本学士院原田淑人、日本东京国立博物馆杉村勇造、日本东京大学文学部驹井和爱、日本每日新闻社安保久武;中排右起:邓广铭、日本明治大学文学部杉原庄介、日本东京大学东洋文化研究所关野雄、苏秉琦、日本京都大学人文科学研究所冈崎敬、日本京都大学文学部樋口隆康;后排右二张政烺、右四周一良、右五日本每日新闻社杉本要吉、右六宿白)

是1963年在所里接待过朝鲜代表团,仅因对方人员里有我父亲的学生。

在20世纪80年代,我听了一则小故事。70年代有个外国代表团来到单位访问,提出希望见苏秉琦先生一面。我方人员答道:他身体不好在家休息呢。实际上,他当时就在不远处的房间里。事后有人向他说起,他一笑了之。

1984年我偶然看到一位日本考古学者写的《中国考古学进展》一文,他先写到随日本考察团于1957年来华访问,离开北京时的送别场景让人感动,其中还写到了苏秉琦先生。并说在此事之后就再也没有了苏的名字。似乎他已经在中国考古舞台上消失了。我还在90年代初看到另一个境外人的文字里说,他以前还真不知道北大(以及北大的苏氏)也在从事考古研究呢。

从1957年算起,三十三年过后,他才第二次正式会见了外国学者,即1990年来访的"日本中国东北考古学研究者访中团"团长秋山进午先生。

"腰板是直的",贯穿了他的一生。1989年我第一次以客座教授身份出国访问,临行前与父亲告别时,我主动说了一句:"我明白,我一定会不卑不亢。"父亲笑了,说:就是这样。一个人,一个行当,一个国家,懂得自重才会赢得别人尊重。千万不要以为国家政权独立就是一切独立了,远远不是。要去掉旧时代对于我们潜意识的多方影响,心灵建设任重道远,要几代人的努力呢。而学科建设要想真正独立起来、有自己的思想体系和相对稳定的人员结构,适合国家和大众的发展需要,更是几代人的接力过程。

此后父亲和我说起考古学是政治的产物时,又提到1957年的这次接待,说不少人觉得这些外事活动是纯学术交流:"那纯是傻话,人家可没这么无目的地就高规格前来中国。日本研究历史,总是摆脱不了中国,中国的影响太大太深了。他们总在寻找自己的特点和不同于中国之处,探寻自己的发展之路,这难道不是政治?"他们积极地来看我们的新资料和我们的动态,有自己的算盘,连日本的《读卖新闻》报纸都道破了天机:"从日本人的眼睛里,必定发现许多中国人尚未注意到的地方,所以(我们的)访问团要把(他们的)报告中记载了的和博物馆里陈列的遗物,以及和它们一起出土的遗物,共同详细研究。也许在他们的墙角里放置的资料中,有对日本来说想不到很重要的东西。"①

---

① 参见《读卖新闻》1957年4月11日,"每日新闻"专栏。

他在 20 世纪 90 年代初期又说到,我们全社会在许多与外界有关的活动里,要防止"媚外潜意识"(迎合外人的旧意识),看着人家的脸色说话。

问心无愧,自有良知

在 1957 年春季开始的"大鸣大放"和接下来的整风运动(在许多单位普遍称作"向党交心"和"给党委提意见"活动)之后不久,母亲突然第一个察觉出,父亲在家里沉闷少语了。问怎么回事,他说:"我没有亏心事,我能有什么事,问心无愧!""我在想我自己的事情,我怎么觉得我不理解世上的一些事情了,你就别瞎操心了。"

1957 年 7 月中旬,我照例放暑假回家,母亲急着告诉我上述情况:"你父亲星期日也睡懒觉了,准是搞运动有心事了。"

我也闹不清怎么回事,隐隐觉得该劝他不要沉闷,却不知该说些什么做些什么。正好看到《北京晚报》的一则演出广告,有个印度的文艺团体正在北京首都剧场上演影子戏《佛的一生》,就买了两张票和父亲一起去了。它是讲述佛的出生和创立佛教的苦难历程,由二十多个男演员在一张白布屏幕的后面演,观众看到的是灯光透射到幕布上的彩色背景和演员动作的黑影子,配有动听的音乐和歌曲,艺术效果挺好。在观看中途的休息时刻,他对剧情说明书最前面的几行字很注意,指给我念道:任何文艺的出现、形式和内容都会受到社会思潮和意识观念的影响(大意)。我不解其意,他也没有再说下去。此后直到坐公共汽车回家,都没再说些什么。

暑假之后我回到学校。在 6 月 8 日《人民日报》发表的《这是为什么》的社论的指引下,全国轰轰烈烈地发起了反右派的运动。南开大学历史系著名教授雷海宗成为很刺眼的右派。我内心隐隐地对父亲更加担心。我往家里寄了封简短的信,想侧面询问情况。我知道多数情况下邮递员送信是在上午,那时父亲肯定不在家。果然是母亲一人看了我的信之后立即回了信,说一切是暑假时期的样子。可我还是有点担心。几天后,我突然接到了父亲少有的来信,文字不多却很简练。我能记得它的大意:

恺之,你好。

　　昨天我和你妈妈想起,你的生日到了。这是你的 20 岁生日,该向你祝贺了,20 岁,意味着你是成人、大人了。你可以也应该自立于世上,要学会用理智思考问题,做事冷静。努力将自己培养成有理想有抱负的、为国为民建设社会主义的物理工作者。

父字
1957 年 9 月 16 日

我看后反而有些不安,于是没有提前和父母商量就利用国庆假期又回北京了。先见到了母亲,母亲说:"你爸反正不是右派,我给你回信的事情没告诉你爸,他给你写信是巧合。"我心里踏实了许多。

父亲下班回家,见我回来很意外,劈头就说:"是不是对我不放心?我很懂得现在的成就来之不易,有了这个好的局面我个人的得失算不上什么。我绝对是拥护领导的,更没有做任何对不起国家和人民、有愧于社会的事情,我是清白的。你空担心什么?"

我想知道进一步的情况,却一无所获。第二天清晨我鼓起勇气第一次提出要求,说:"爸,你陪同我去郊区玩玩吧。"于是按照他的主意,我俩转乘了几个线路公共汽车到潭柘寺游览了一天,他说他也许久没来了。

那天寺庙里特别冷清,站在树荫下,我觉得全身都很冷。可能是为了消除些冷清吧,他说一千多年前先有了潭柘寺,后有了北京城,可如今又有几个人知晓呢。我有些不耐烦,心想你怎么还瞎扯这些旧事,三句话不离本行,和全国人都在反击右派的形势、和时代潮流太不合拍了，太落后了。于是便顺口回答："知道了这个又有啥用？"

他听了很生气，我定是触到了他心底的敏感处。他说："你自己一个人这么想，那是愚蠢无知。但如果许多人，甚至是大多数人都这么看了，麻木不仁，那可就是社会悲剧了。国内外的多少事例都证明了，一个民族忘记了自己的历史和文化就会自行消亡。可抗战胜利才过去了十二年呀……"

我们坐下，吃着母亲给我们备好的干粮和西红柿。他还在思量着刚才的话题，接着说："现在搞运动，要挖掘自己坏思想的阶级根源和社会根源，却从不提倡归纳自己好思想的来源和它的发展变化。当年我在决心攻读历史专业时，日本在东北大搞奴化教育，鼓励中国人'埋头读书'、学说日本话、写日本字、学日本历史地理，险恶企图很明显，这一招比鸦片还厉害。我就是想让全民族不忘历史，也就不会灭亡，想教育救国。我们现在搞社会主义建设也不能忘记自己从哪里来。这个最基本的道理难道不算大道理？"

此后他多次和我们子女们说："中国长期不分裂并有凝聚力——举世罕见，最主要的是靠它精美厚重的文化，而文化里面最核心的是思想、语言和文字，它们是民族的灵魂。其后是历史与道德观念、人与自然的协调观念和优良的传统等。现在太需要向社会、向人民大众宣传这些了。"我听不进去，默不作声。

就在我返回大学的前一天，家里来了一位北京文史馆的客人，他顺便告诉父母，那位常来我家串门的同行（名字我已忘却）已经被打成右派了，他"反党，给党总支提了好多意见，和书记过不去……气焰嚣张……今后不会来打扰你们了"。他说的这个年轻人我有印象，他是从部队转业的一个孤儿，休息日也待在单位里（位于北海公园东侧的静心斋里），逛公园都逛腻味了，只能看看古书。父母就说你就常来我家自由活动吧。他30岁的样子，热情爱说笑，说话无遮拦，有正义感像个侠士，跟我谈过许多见闻，我也爱听。我还记得他曾把他的一些发言材料递给父亲看,说党支部书记飞扬跋扈、不像个好党员等。翌年,又听说他被下放劳动了,之后就再也无音信了。

1958年初,我放寒假再回家,我母亲才把反右运动的点滴情况告诉了我。原来在"请给党委提意见、向党交心"动员之后的数次大小会议上,父亲都照例很认真地写发言稿,像做学术报告那样发言。显然,回头一看多为"错话毒草"。父亲将他认真写出的旧的发言底稿和检查稿,都撕成几片交给了母亲,做点燃煤球炉子用,所以母亲借机把纸片拼接起来逐一细看了,还把几张重要的留了下来给我看过。

母亲又说:你可别和你爸提这些,免得他心痛,他也不会说啥的,尽管他心里也憋屈。你爸就是能憋得住,所里的陈梦家先生、北大的向达先生被打成了右派,他回家就是没有说,完全埋在自个儿心里,我是从徐伯母那里听说之后再问他,他才说:"陈梦家是个少有的人才啊,就连在昆明的闻一多也在抗战胜利后举荐他去南京的中央研究院工作啊。可惜啊——虽然他独来独往,自恃清高。向达先生更是个直筒子的人,遭殃了啊……""翦先生在主席台上尖锐地批判向先生,向先生在台下死死低着头,两个人原本是亲密战友啊……情景凄惨,我怎能不悲痛。"

那么,我父亲在考古所的那些"错误言论"都是些什么呢?多年后我问过他,他大概说了说,主要是两个方面的问题。

一是关于"修路和通车的关系"问题。父亲说他在西南地区看到,那里的司机可以克服许多难关,勉勉强强地把艰险的路途好歹填平应付一下,只图把自己的车开过去就了事了。但我们是研究所,不能这样,研究所就必须把学科建设放在第一位,也就是要建设一条好的公路。有了好的路,完成当前的各项任务和紧迫课题(通车)就顺理成章了,就顺畅了,功劳大焉。

二是关于"过河人与建桥人的关系"问题。父亲说,这句话的第一个意思是,我们的各项研究工作如同吃馒头,如果吃了三个馒头还不饱,吃第四个饱了,绝不能说这只是第四个馒头的功劳,进而否定或忘记前面的工作成绩。考古工作就是要一代人一代人地接力继承,不要忘记、忽视前人。我们和旧社会一刀两断,可学科工作如何接续和划清界限需要掂量。再一个意思是,过了河的人不要忘记修桥,更不能过河拆桥,给以后的研究造成麻烦。现在应该强调的是做好发掘和自己的研究报告,但不能给后人的继续研究工作、科普工作、文物保护工作等挡路,造成人为的困难。

在对自己的上述言论做"深刻批判"的几次检查中,他的内心肯定是极痛苦的。我看了他的思想检查和自我批判稿,写得很是牵强,谈不上逻辑性。把资产阶级思想、小资产阶级观点、自由主义、无组织无纪律、散漫等帽子都扣上了,就是为了"蒙混过关"吧。而到了90年代,我忽然发现,他的这些右倾言论,却和三十多年后的谈话有些内在的联系。

检查里还提到,对于傅斯年的政治面孔认识批判不足,还曾设想在大陆也应当出现几个新的傅斯年。关于这一点我和母亲都知道,他的这一点是"轻描淡写"了。记得王振铎先生和我父亲聊天时,曾多次说到傅斯年、(李)济之的学术研究,还有他和傅斯年多年交往期间的许多趣闻。他俩有过很合拍的言论,曾激动地说,"就要学着傅斯年、济之的样子做学问","这里太缺个这样的热心于学术集体和关怀年轻人的'老母鸡'了"。

此外还提到,在北大的讲课过程中所散布的"三反"言论,主要是"借古讽今"。说秦始皇很专横,搞了焚书坑儒;说清代有文字狱;说有个朝代社会治安很好,路不拾遗,没有黄世仁压迫杨白劳那样凄惨的事情,美化万恶的旧社会。而最为"恶毒诬蔑新社会"的言论是,说有的墓葬里会依次堆积有几个朝代的物件,就像现在的天安门广场,既有过去皇帝的建筑,也有我们新建的人民英雄纪念碑,它们连接在一起了。

但是在他心目中,对于学生们尖锐的批评却从没有太往心里去。母亲很清楚这一点,他曾对母亲说:"学生嘛,天真没有歹心,有啥可怕,算不上是人身攻击,如果他们没点热情和志向怎么能成。骂就骂呗,多少人被骂了多少年,还不照样吃饭、做学问?你说话、写文章之前就要有被人骂的思想准备,听听学生骂有好处。"

到了1958年,北大的学生们写的批判苏秉琦的反动学术思想期刊发表了。此后多少年过去,他却几次说,里面毕竟还是有些可思考、很重要的地方。在80年代我曾问他,究竟是哪些可思考的地方。他说:学生们要求我教学里要"见物又见人",其实我没有想"见物不见人",考古学本身就是隶属于历史学的范畴,就是要弄清历史,历史就是讲人类的活动。所以双方在认识上,没有根本性不相容的矛盾。"1959年末,我和学生们去陕西泉护村做发掘,整来了一大堆陶片,一起整理,双方的分歧误解也就消除了许多了。"他又告诉我:1965年《关于仰韶文化的若干问题》文章的出现,也和学生们有关,这篇文章是我和学生们集体编写教材之后才逐渐萌生的思想。

依我的感觉,学生们提到的"见物又见人",或者现在说的"透物见人",父亲一直埋在心底没有忘却。三十年后的1987年父亲提出的

1959年在洛阳博物馆

"动态考古"固然是从更深的理论角度说的,他解释说是针对"描述的科学"而言的,但毕竟是强调要通过器物来透射出人类的生产活动、人的生活面目[①]。他曾说准备在这一方面继续研究下去,却未能如愿。

自己对自己的认可

1963年,"小回阳"的日子,国庆节刚过不久,父亲突然接到了社科院的通知,说让他到人民大会堂参加"中国社会科学研究院学部委员扩大会议"。此前,他还没有进过人民大会堂的大门。父亲急忙让母亲陪他到从上海迁到西四的"造寸服装店",专门定制了一套讲究的中山服,又去王府井的"四联"理了发。这是他大学毕业后三十年来所参加的、也是他此生参加的第一次全国性的会议。而在此之前他参加的最大的会议,就是1949年在文津街一个小礼堂举行的、由郭沫若主持的"中国科学院"成立大会了。

会议中途他回了一次家,顺便对母亲提起,会议代表受到了国家领导人的接见,有个大北照相馆拍摄的合影,如果想要一份可以登记并交纳费用。母亲立刻说,多光荣的事啊,你还和我说什么,你登记交钱就是了。

参加会议前夕,赶巧三伯父来我家,知道了这个消息也很高兴。此后再次来我家时,问我父亲:你参加了会议之后,你的环境和工作有了些新的起色了吗?父亲轻描淡写地说:没什么,当然我的大脑没休息,倒是更明白了,考古工作、历史研究都需要能够为民族的自信心加油鼓气,为"大政治"服务。我们子女们在一旁听了,觉得一头雾水。怎么

[①] 他的"动态考古"提法,散见于《文物天地》1987年第7期、《中国建设》1987年第9期、《考古》1987年第1期,以及《考古学文化论集(一)》,文物出版社,1987年。

还有个"大政治"一说呢?

　　大约到了1985年,一次和父亲聊天,他说,旧社会有句老话,叫作"女为悦己者容,士为知己者死",这话不假。知识分子所求的也很简单,就是能得到认可。这首先是自己劳动成果被认可,和自己人格的被认可。接着又解释说,当然,当不被认可时会很痛苦的,例如顾颉刚先生。但是当顺利得到领导的赞许春风得意时尤其需要冷静,一时的得意顺畅不一定是美事。1958年"大跃进",站出来说亩产几万斤粮食符合科学道理,为报纸所认可了,可这就跌跟头了。所以,所谓的被认可,应当是被事后的社会所认可,为学科以后的发展所认可,为后人所认可,而不是眼下领导人或报纸给你的认可。

　　他又说,好的名厨,要潜心琢磨几个拿手好菜留给世人,它必定是大菜,但并不一定是山珍海味的材料,却能永受欢迎。在60年代初,我和你妈妈受邀到东安市场里面的湘蜀餐厅(那个牌匾是郭沫若题的字),吃了那里的名菜——鱼香肉丝和松鼠鳜鱼。那是我俩第一次吃,真好。几年过去,现在好多饭店都能制作了,而发明这道菜肴的厨师才是真正的高手。

　　父亲还说过,四川的高级厨师有一道汤,价格不低于一道热菜。表面看似一小盆清水,很不招眼,可喝起来美妙极了,怎么回事?要用好多细选的肉材和作料,文火久煮几个小时,再把固体物捞出,是浑汤,再倒入鸡肉糜继续慢煮,鸡肉把美味留下,把汤里浑浊物都沉淀了,再把这清清的汤水呈献给客人。我们做事情也要学会慢工出巧活,用朴素无华赢人。

　　现在看来,"文革"前夕的他,思想深处已经认识到,自己既然是个最普通的研究人员,就不要热心于看重眼下一时的"应时小炒",而是要有点"顾颉刚精神":更多的是为着以后。这些和50年代他与王振铎先生意气飞扬,指点北京文物工作的状态已相去甚远了。

　　在此期间,父亲再次对我说:"认可,首先是自己心里对自己工作的认可。"到了晚年,他还对这句话做过补充:小的时候父母常对自己说要当乖孩子(得到大人的认可),上学了又说要当乖学生(得到老师的认可),工作了又说要当一颗螺丝钉(得到领导的认可)。可到了早已是壮年或老年人的时候,"认可"就应该是自己对自己的认可了。"你不需要我的承认,我也不需要你的承认。人生短暂,没么多时间来期待承认。求同存异,大同小异,甚至是小同大异,自有历史评说和考核。"

业务灵魂之一:"学会读书,学会和作者对话"

我大学毕业后,留校当了助教。父亲说:"除了明确了你的指导老师外,一定要死死地抓住一本或两本书,把它啃透。要学会和这个作者对话,不断地问他问题,然后自己来替他回答。如此不断反复,像牛吃草后反刍,定有收获。你将感觉自己的眼界扩大了,站得高了。"

不久,《光明日报》连续刊载了一位英国科学家写的《科学研究的艺术》,父亲赶紧把它剪贴起来给我阅读。他说,阅读期刊里的论文,有的粗读,有的要细读。细读时,也是要和作者对话,假定在和他交朋友,体会他为什么把话写到这里为止了,为何不再多前进一步。所谓细读,要细分到每个词汇的理解和定义,要准确理解它们和准确运用它们,不要含糊。进而,把这书、这文章的核心,凝聚成一段话、一句话。

由此,我明白了他的工作学习方法和特点,那就是思考。他每晚俯身在书桌上,无论是阅读还是提笔,都常有暂时的停顿。他在思考。

1994年,北大庆祝他85岁生日,一个学生画了一幅《苏秉琦在沉思》的油画,他很满意,说它"虽然形似这点也许稍差,可神似做到了,很有意境呢"。大概这幅画表达了他的内心世界——沉思、思考。

90年代初,我到俄罗斯出差,看到了每个科学家的家里,都有自己的大书房，书籍如海。我讲给他听以后，他很有感触地说，科学家就是需要相对安静的环境，其中就包括人文环境。进而又说，我们对于"精神贵族"常常给予否定，殊不知我们的社会现在太需要好的精神贵族了，哪怕有十个、几十个也好，最好是上百个。他们独立思考，和潮流有时会有些距离。我们总在说要紧跟时代潮流，如果全国人都一律紧跟了会出什么结果？这潮流又归谁引领呢？

他还说："学者，他的第一职责（天职），是教会人们学会思考，给人启迪，给人新思想"，"我们国家，一直缺乏在海外影响足够大的思想家。除了可数的老子、孔子、孟子，也就是董仲舒、朱熹、荀子。太缺少有影响的人了。孔子的名声大些，但马克思给予的评价不高，马、恩对于东方历史、文化了解太少，主要依据了欧洲的资料。要是我们除了古代四大发明，还伴有古代四大思想家闻名于世，那该有多么厉害。我们的思想家在处理人际关系、与自然的和谐统一（天人合一）方面的阐述，在未来的东西方文化碰撞中，或许有重要作用。可是看到这一点的能有几位？"

业务灵魂之二："学会运用事分为四"

1963年春，在南开大学任助教的我，按照领导的安排，前来北京核子物理研究所学习工作两个月。期间父亲和我说："你学核物理的，懂得碳十四方法测定年代的技术和原理吧。你准备一下，改天给我讲解一两个小时。"

我做了认真的准备，写了很长的书面资料。讲完后，没有得到我设想的肯定性的赞扬，他只是说"我把你写的材料再细看看吧"。几天后，他拿着我写的资料给我，上面有他用红色笔画的符号和写的评点。他说：你把事情分成了七个部分，依次娓娓道来，本无可非议。但你想想，听者能在事后把你的七个标题全记住吗？

我不太服气，觉得我搜集来的资料大致就是这么七组内容。

他进而问："中学里学过'起承转合'吗？"我恍然大悟。

他说：学过容易，可真正熟练掌握运用，就是另一回事情了。以前我给你讲过贝多芬的第六交响乐可以理解人生的春夏秋冬，也给你讲过中医里的君臣佐使、望闻问切，这些都是"事分为四"。你要逐步加深理解、学会运用。

果然，此后我发现了许多实例：阅读一些好的文章，能在其内第三段处找到核心重点。在我的讲课和学术报告中，懂得把最核心最精彩的内容放在第三段。

几年后我又提到我对"事分为四"的收获。他说："就是，你学了它很必要，但不要作为八股文来机械地执行，可以根据实际情况灵活掌握，有时可将相连的两个合并，总共成了三部分，有时一个部分复杂些可以再一分为二，于是成了五个部分。"接着又说："我现在倒是有些担心，学生们课堂知识有了，却没有转变为力量。怎样结合实际，防止变成书呆子，值得深思。"

不久，父亲对我说：你知道了碳十四测年，却没有实际操作过，而我们研究所的仇士华先生专门从事这项工作多年，比你大五岁，你过两天去拜访他们夫妻的实验室吧，定有收获。而且你也操作高真空系统，和他们会有共同语言。最后特别叮嘱我："注意，一定要尊重他俩，在1957年的运动里，他们受到了很重的打击，当然也有一点可庆幸，没被下放劳动。还在自己创建的实验室里，默默无闻坚守着工作，快有眉目了，不易啊。"

大概又过了几年，父亲告诉我，仇先生的碳十四测年终于有了阶段性的成果，可以进入实际应用阶段了，贵在坚持。

随着我年龄的增长，也是随着他阅历的增加，到他晚年时又多次从更深的层面，与我们谈论思想方法和工作方法的问题，把方法论提高到了学术观点和学术道路的高度。

识别好马，志在四方

我得到一个信息，让年轻的我不好理解。我的一个大学同学，后又与我一同留校任教，在1962年一次偶然的闲谈中告诉我，她的母亲黄萱，十多年来一直在给陈寅恪先生做助手，而且后来还是楼上楼下的邻居呢。再有，陈寅恪已双目失明，对这助手很满意，说"（唯有黄萱）在学术上倾情相助"从而能"屡结硕果"，她"勤力无间始终不懈"，"斯皆不易求之于一般助教中也"。

进而，她又告诉我一个"趣闻"：郭沫若和陈寅恪谈不拢，就给他写了一副对联："壬水庚金龙虎斗，郭聋陈瞽马牛风"，意思是郭属龙，陈属虎，一人耳聋一人失明还在斗。到了暑假，我好奇地把这趣闻告诉了父亲。"给重要的学者——尤其是当下全社会'并不看好'的学者——配备助手，太难能可贵了，这位领导了不起。"父亲伤感地说，"可你说的龙虎斗消息绝不是趣闻，而是悲闻吧！郭陈二人对社会的态度和所处的地位已是天地之别了。"我这才知道，父亲对早年在北平时就认识的陈寅恪的种种处境已有些耳闻，但不愿多说。接下来他说："你绝不要用通常人的眼光和概念来评价人家，那可是两个顶尖的学术大家，他俩的学术和思维境界要比一般的教授高出好几头呢。"

片刻后父亲又接着说：你从那句诗也能看出，郭院长的头脑可真的非同一般，太灵光了，非常人能比，而且自幼到老有很多令人佩服的典故。例如我听说，西安的半坡遗址博物馆建成后，1958年请他写了牌匾，他把"遗址"写成了"遗趾"。后来有人壮着胆子去问，他答：这里留下了半坡人的足迹，所以就应是脚趾的趾。"你毕竟是学理的，不要想那么多极度聪明的故事为好，更不要想着学，你也学不好，还是宁可书呆子气味浓一些为好"，"不要将注意力放在上层人物上，多想想自己未来的蓝图吧"。

60年代初，位于新街口北边的徐悲鸿纪念馆开放了，全家人去参观。父亲让我特别注意关于识别好马的故事。他说，要学会抓住事物的最核心处，而不屑理睬次要事情。

1965年8月，生物物理专业毕业的恺之要赴青海中科院高原生物研究所工作，他明白家庭出身不好的他不可能去理想的单位。与此同时，为支援三线建设，我也随天津南开大学核物理教研室整体转移到了兰州大学。两个儿子在同一个月里远去，母亲心里不安，说这个家怎么又分开了。

父亲心很宽，鼓励我们说，你们就志在四方吧，西北地区虽然条件艰苦，但民风朴实，又有深厚的文化底蕴，你们的专业特长在那里会大有作为，这才是对你俩最重要的事情。他还说，有的时候不要挑剔那么多，自己看准了方向，低下头干就是了，吃了苦才会知道乐。

在帮助恺之捆扎行李时，父亲一再说及俞德浚先生就是在四川和云南极其艰苦的条件下做出了卓越成绩的。在送恺之上火车时，他又说："去吧，记住在你初中时俞伯伯说的话：'你对于植物学科有天赋，记忆力清晰，是个学植物的材料。'他说你能行，我相信你一定能行的。"

提出"大文物""大遗址"概念

文物保护，现已得到全社会的关注。这也是父亲几乎从50年代初起一直思虑的心结，也是他和王振铎先生议论过多次的感慨颇多的话题。

我在20世纪50年代初，少有地到考古所找父亲，正好碰到考古训练班的学员们正在观看庭院里几个临时的长条桌上陈列着的许多发掘物件。他们正好说到，这个陶器罐子里面用水浸泡着一批竹简，似乎已看不出字迹了，希望找到个办法，让原有的字迹显现出来。到了60年代，父亲告诉我，还是没办法让它现出字迹来，已经"不了了之"了（自行坏掉了）。他又说："在十三陵，发掘出定陵后全国振奋，举世震惊，可你知道吗，那地下的绫罗绸缎已经全部成灰了，现在只剩有当时拍下的几张照片了……很让人揪心啊。"

他在六七十年代，曾多次对我说：我们行业里受到的"考古就是挖宝"的思想影响很深，常常在一些事情上表露出来并带来不良影响。那些宝贝确实好，重视它并没有错，多数外国人也欣赏它们，甚至还想购买收藏，但是不可忽视的有三点。

第一，在那些宝贝四周还有许多物件，"不值钱"却有研究价值，甚至很有意义，也是宝贝。

第二，遗址的周围环境，对于研究很有用处，对于我们搞科学普及也很有用。就如同去半坡遗址所看到的，在博物馆墙外耸立起高楼，太憋闷了，怎么让参观者和研究者去设想当年先民们是如何用四周的壕沟来抵御野兽侵袭的呢？为了说明这件事情，他还说了这样一个故事。据说，乾隆皇帝一次过中秋节，让太监们在太和殿前面的中轴路上摆放了桌椅和茶点，和皇后妃子们赏月，很是惬意。除了看到蓝天和星月，就没有别的了，自己与天相近。一阵微风吹来更是舒畅，说：真好啊，我今日与全体黎民一道共享中秋美景，共吸这清凉之气。底下一个太监连忙说道：皇上有所不知，您是吸着从天上吹下来的新鲜之气，是阳气。而下面老百姓吸着穿过了多少污浊之处的臭气，多人呼出的污浊之气，那已是阴气了。他又解释说："你想想，在故宫的中轴路上，有树吗？没有。能看到周围的住房吗？不能，这是故宫当年设计者的高明之处。讲这些话的意思，是环境。环境多重要。如果在故宫周围全部盖起高楼，那么故宫的味道就大打折扣了。现在我们呼吁遗址的保护，起因之一就是在其四周不留一点空隙，就像你在半坡遗址所看到的。""我们之所以强调保护环境，是因为环境的破坏正在直接地和间接地损伤着文物自身。王天木就很担心，随着工厂的密集，二氧化碳增加，空气中含有酸质，雨水是酸雨，直接加速着故宫等地围栏石雕的风化。"

第三，我们懂得了文物，现在需要懂得"大文物"，即那些大号的无法搬运（也不需要搬运）的文物。除了懂得文物和"大文物"，还要懂得遗址和"大遗址"。

在北京，许多地方都留下了他的足迹：保护古天象台，保护莲花池，保护琉璃河商周遗址的城墙遗迹，保护圆明园，保护平谷的黄帝活动遗迹，等等。

1964年3月18日至25日，文化部在河北省易县燕下都遗址召开"大型古遗址保护工作座谈会"。父亲在3月22日作了发言，发言的头一段话就提出了"大文物"和"大遗址"的概念。他说："大文物，指不能移动的，和移动后削弱了其研究价值的文物。整个一个泰山就是个大文物。你如果把山上的石刻都搬移到博物馆，研究的价值和公众的欣赏价值都大打折扣。因此，大文物、大遗址保护工作与考古发掘有区别又有些关系。"

他的发言的第二段，专门谈"大遗址"的保护。为此，他首先界定了大遗址的范畴，主要有四类：旧石器时代的；新石器时代的，要选择有学术研究价值的大的；秦汉时期的，硬土层；汉唐时期的，有了中轴线之后才盖房子的。文物局的工作绝不是把几件物品保存好了那么简单。他说提出"大遗址"概念，就是要把那些规模较大、保留价值较大，内容丰富的一些遗址群，列为大遗址来保护，哪怕在几个重要遗址之间有"空白地带"也需要含入。一个遗址是包含着它的野外环境的 ①。

也许，现今的年轻考古工作者对这位素以每到一处必摸陶片著称的老人，会以为他最多是个踏实的田野发掘者而已，眼界不会很宽。不会想到，他竟然是四十年前"大遗址"概念的提出者。到了现在，大遗址、大遗址保护的理念，已然成为全社会的共识和热门话题了。

---

① 以上这些话经李晓东记录整理，李伯谦核对，刊登在2012年3月2日的《中国文物报》上，题目为《大遗址保护与考古工作——苏秉琦在1964年"大型古遗址保护工作座谈会"上的发言》。

据高炜先生讲，在 1973 年，他和张彦煌前来，围绕探索夏文化的工作，谈及手里有三百多个刚发现的遗址线索，请教该如何筛选以做深入工作。我父亲说了三点，一是注意找铜器，二是找文字线索，三就是找国、都，而不是野，换句话说，就是要找够都城条件的"大遗址"。父亲的这一观念，最终成为发掘陶寺遗址、曲沃翼城交界的方城遗址、东下冯遗址的缘由。自此，父亲对这几个地方也格外关注，特意把他在东下冯的一组照片加上说明保存了起来。

我曾对"大遗址"的提法不理解，生怕和"好大喜功"沾边，所以曾问过他：遗址在于它的意义大小，而不在于其体积、面积的大小吧？他却回答我说：很多大的遗址就是有巨大意义的，能够反映方城、古城、古国的，都是些大号遗址。如果我们没有这个概念和眼光，挖出了几件宝贝就认为得到了一切，就此事论此事，那就会"丢了西瓜了"。

1983 年，国家文物局成立了"国家文物委员会"，主要任务是讨论、研究国家文物工作方针、政策、文物事业发展规划和处理文物工作中重大问题的决策，提出改进文物工作的意见和建议，供国家文物行政管理部门研究、采纳。父亲是委员之一，对此他一直很投入。他说："从文物，扩展眼光到大文物，到遗址，再到大遗址，这才是全国的文物事业，才是国家文物局的正事，研究和保护它们，才能懂得如何向世界展示中国浑厚的历史文化。"

从 1987 年开始，我因工作关系，常去济南和泰山，也就和父亲多次说到泰山文物。他告诉我，都说泰安市是历史名城，以为这来自泰山上面诸多的石刻古迹，可是这些石刻又有多久？其实在泰安市南边的大汶口，才是个宝地，悠久的古代文化在那里。后来他给山东同仁的信里说道，泰山、泰安市、大汶口，三者合起来，可以称为一个大文物。在家里，他还说过，限于大汶口遗址发掘工作偏早，没有充分注意到出土物件周围的情况，也就没有发现城郭，可是没有足够的配套的环境，是不可能生产出那么多高水平的器物的。

1987年，父亲在给殷墟博物苑题写的创建纪念稿中，也提到了"大遗址"的问题：

> 殷墟博物苑的创建是殷墟考古事业符合逻辑的发展。如何保护好这座大遗址，把它传之子孙永保用，发挥社会效应，如何把这座历史文化名城（安阳市）的现代化建设规划同时协调统一起来，是个新课题。这需要有关方面积极配合，集思广益，才有可能把它较好地解决。这是历史赋予我们的责任，愿共勉之。

2013年，牛河梁国家考古遗址公园的兴建，可以说是父亲"大遗址"观念的实际运用。他曾说过，这个地区这么多的遗迹，合成了一个大遗迹，各个点之间的空白处也应括在保护范围之内。

1957年他在家里说到了"大政治"，1964年说到了"大文物"和"大遗址"；后来到了1986年，他又说到了"大北方"。

无独有偶，到了20世纪90年代初，我弟弟偶然地得知，我家在西直门大街宿舍的后院邻居、植物学家侯学煜，对"以粮为纲"口号有不同的看法，在80年代初提出了"大农业""大粮食"的新观念，曾引起国家领导人的重视。弟弟把它赶紧告诉了父亲，他听了说：这个"大"字就是好啊，有些时候就是要有大视角，能把问题看得透彻——我和侯先生合拍了。

《关于仰韶文化的若干问题》的发表

1965年前后，是他身体状况好、思想压力也较少的时期。有两件大事该使父亲高兴，但其实他只是对第二件事更加热衷。

第一件事，他看得轻。这年春天，三伯父挺高兴地来到我家，带来了老家的好消息：县政府要落实政策，打算给仝和工厂十多万元作为结算。由于我的大伯父和二伯父已经去世,就只有他和我父亲两个人来商定如何处理了。三伯父从包里拿出了一张纸,字迹工整,这是他想好了的分配方案。

"我可不要这几万元。"父亲听了他的讲述后立刻轻声却斩钉截铁地说。那时,父亲的工资还是每月207元。

两个人又翻来覆去地议论了许多。父亲说:经历了挨饿,人们思想冷静了许多,各方面政策也符合实际情况了,正是该好好把各项工作做上去的时候了。多年来我戴着资本家出身(而且说你不是单单的资本家,还兼做商人——"逢商必奸"啊)、资产阶级知识分子的帽子,已经受够罪了。如果我再拿到这笔惊人的钱,可就成了货真价实的资本家了,真的把这个帽子"落实"了。如果再来个运动,话把子不就更多更硬了?咱们趁早躲开吧。

1965年末,三伯父再次来我家里说:"倒也是,俗话说无官一身轻,咱们算作无钱满身清,当个真正的普通人吧,就这样过日子挺不错的呀。"原来他刚刚和老家的领导们明确表态:我们谢谢政府,但绝对不要这笔钱了,请把它用在家乡建设上吧。

以上两次见面,我们子女都没在场,是1967年的动荡中母亲说给我们的。"多亏你父亲没要那笔会惹事的钱财……咱们算是弃财免灾了。"

一个大家族神奇的创业史,到现在又梦幻般地烟消云散了。到了晚年父亲又说:也多亏有资产阶级家族的精神与经济的支撑,才让我在几次关键处少了波折,才走出了今天这条路子。归根结底,还得感谢家乡父老……

第二件事,他看得很重:《关于仰韶文化的若干问题》在《考古学报》1965年第1期上刊登了。我能感觉到父亲对它特别重视,他预订了不少单行本,分送给与其有关的人。这里还有几个"小故事"能佐证这篇文章的分量。

故事一:可能是编辑部觉得他的这篇论文太长,就建议将最后一节

"仰韶文化与历史传说的关系"删去了。而这节正是遵循了徐旭生先生的学术思路。在1991年,《辽海文物学刊》又把这一节单独发表了。父亲曾为此写了补充说明,开头写道:

> ……算来,四分之一世纪过去了。翻出旧稿重读一遍,这篇文章新意不多。但从它的写作时间,反思这半个多世纪学科发展的历程,颇有启发。似乎当时并未清醒地意识到,那正是我国近代考古学史上的一个转折点。这篇短文似乎是有路标的意义的。看来无多少新意,竟然还有如此这般传奇故事。仔细想来,其中或许包含着某些确比这篇短文更为重要的道理。所以,我不厌其烦地写出来,就教于广大同行朋友们。

故事二:父亲对仰韶文化的思考一直没有休止。我在他的一堆故纸里,发现了一份五页纸的对仰韶文化讨论的"余论",郭大顺认为写于1986年,它的第一段是:

> 中国文化起源问题——仰韶文化是屈指可数的几个重要源头之一;它的主要发展脉络是从"酉瓶"诞生,发育成熟,再还原到原型,以"蛋形瓮"为触媒,诞生"原始斝",经过"斝鬲"过渡到鬲,最后融解消失到中国"通用型"的灶釜。这是仰韶文化研究六十五年来成果的图解式总结。

故事三:2012年,我看到了杨泓先生写的纪念夏鼐先生诞辰一百周年的文章,才知道父亲那篇文章原稿是先交给了夏先生之后,夏先生直接送到编辑部的,足见夏先生很注重学术的百花齐放,这两个老同事也是相互尊重有加。曾有传言说,五六十年代考古界的"南北两派互相看不起对方",但在他俩之间并不存在。杨先生顺带说到,这个文章发表得益于夏先生，但是当时夏先生忙于出差而没来得及签字，编辑们请编委中其他人补签却颇费周折。

我据此（以及下面的故事四）理解了，父亲在1965年之后的二十多年里，竟没有再在《考古学报》上发表文章的主观客观多重原因，尽管父亲很重视这个期刊，在书柜里依序存放得很规整、没有缺失。一个80后的考古研究生对我感叹说，怪不得苏公在他的那个年代只能打游击在小报小期刊里写小文章，把它们的出处拿到当今的研究员评审标准审视，连副研究员都不合格啊。

我还理解了，在父亲离世后不久，这个学术性的核心期刊竟然出现了一篇文章，说我父亲的学术思想里含有德国法西斯的民族观念等。我们子女曾正式写信给编辑部，希望不要再有这样人身攻击文章挤入学术刊物里。

故事四：我在本书即将脱稿时又得知，1973年，父亲带着学生张忠培拿着1959年后用了14年时间写成的《元君庙仰韶墓地》报告交到编辑部。一位负责编辑部工作的老同志说："这个部分内容某文章已经有了，那个部分就不必再单独出现了"，"泉护村报告也不必发了，有了已经出版的《庙底沟与三里桥》就够了！"此后，这位老同志还写信给张忠培，建议再删除《元君庙仰韶墓地》报告中的一些图版和线图，并将文字压缩后再分两期连载——连我这个外行人听了都会感到，这几把砍刀正把作者的思想灵魂抹杀殆尽。事情就这样被封压了。直到后来情况转变，该报告才终于在1983年4月由文物出版社正式出版发行。张忠培在新书的封三上写道："一九五九年写成初稿，廿四年后才贡献给读者！"①

有位考古人对我说，《关于仰韶文化的若干问题》是一篇有分量的

---

① 高蒙河：《编〈张忠培先生六十年学术论著要目〉札记》，《庆祝张忠培先生八十岁论文集》，科学出版社，2014年。

标志性论文:作者的学术思想正趋成熟、即将进入一个新境界。这使我注意到,在1965年父亲还有一篇未发表、但已基本完稿的五千字论文:《黄河流域中下游原始考古动态》。我觉得这两篇论文可称为姊妹篇,值得一述。

我从文字里读出,父亲曾去上海博物馆看望在那里实习的师生,顺路给博物馆做了一个报告。在报告手稿的开头说:"北大学生来上海博物馆实习,这是第三次。感谢馆长让我谈几个问题,但比较可以多谈的是最后一个题目:近年中原地区的原始考古。这次的实习也是冲着原始社会的。"父亲把讲话手稿和这篇文稿放在一起精心保存着,表明他很在意这篇文章。我能感到许多语句都很重要,这里仅摘录几句:

> 中心问题是我国原始公社氏族制的发生、发展和消亡,特别是从母系到父系的转变,这一革命变化,其目的是宣传辩证法和唯物论。实际工作是围绕着仰韶、大汶口和龙山这三种文化进行的(本书注:此文核心部分除了重点讨论这三种文化,还介绍了马家窑文化,齐家文化,共五种)。
>
> 正确的探索途径应从类型分析、年代分期着手。
>
> 问题的探索是沿着两个方面进行的:一、它们的年代分期以及由此所反映的社会发展阶段;二、特征的性质,文化类型以及由此所反映的民族文化关系。

在介绍了大汶口文化之后,他写道:

> 值得注意的是,仰韶文化的东部地区,以洛阳为中心,它的后期明显地受到来自东方的文化影响。但如仔细把大汶口—青莲岗—屈家岭这一沿海沿江弧形地带的同期文化遗存特征,加以对比,不

难发现，仰韶后期所受到东南方向的影响，最直接的是来自大汶口。偃师洛城发现的大汶口类型墓地也帮助说明这一点。

因此，我们似乎可以说，这时期——仰韶后期，以泰山之阳为中心的大汶口人在文化上超过了原来以华山之阴为中心的仰韶人，也超过了当时我国所有其他原始文化的人们。①

各地区间文化的相互作用，这一点在我国原始社会历史上是有其深远意义的：一、它加速了我国原始公社氏族制从繁荣向解体的过渡，向父系氏族制的过渡；二、文化中心从关中东移到中原（河南）；三、华族范围的不断扩大。

我由此联想到北京大学赵辉教授在《战国秦汉考古》（苏秉琦著，上海古籍出版社，2014年）前言里说的，他在翻阅了那些未发表的资料和笔记之后认识到：（苏秉琦的区系类型思想）"就研究方法、研究思路而言，其实早在（20世纪）50年代时就已经很成熟了。"所以这两个姊妹篇，或许是研究他学术思想发展历程不可或缺的史实资料。进而我还向前追索到，父亲在1950年到1951年间和石兴邦、吴汝祚等人一起在西安附近做考古调查后，虽然也写出了报道和简要的文章，但是其原始的绘图、表格和文字材料光从外观来看，其体积竟近于一个枕头的大小，父亲特意用一块大布将它们包裹存放着（现已委托北京大学做整理出版），也是重要的史实资料。张忠培先生对它很重视并告诉我，他在20世纪80年代到我父亲办公室时看到，父亲的书桌旁还有个箱子装满了当年从西安带回来的陶片，像是有时还会翻看思考它们，可见父亲在这些资料器物里不断地思考那里的文化分区等深层次问题。

谁也不会想到，他56岁时的这篇尚未写好结束语的文章，在七个

---

① 父亲曾对我们说："华人多居住在华山之北故为阴，大汶口人居住在泰山之南故为阳。有趣的是，北京东边有日坛——阳，西边有月坛——阴。"——作者注

月后(《五一六通知》下发)开始经历了十年冬寒,这棵冬小麦的思考没有完全停顿,且又有诸多新发掘资料的涌现推动,终于有了1975年的"冲刺"和1979年的"呼喊"。

苦涩与不安

1964年初,我在天津参加了农村社会主义教育运动("四清运动"),深深记住了"阶级斗争是纲",要"天天讲",自认为觉悟有了提高。到了五一节回父母家时,他们说他俩在4月初去了西郊的鹫峰脚下,观赏了盛开的桃花丛林,心情蛮舒畅的。

我想起,父亲早年曾多次和母亲提到过温泉村、温泉中学、西郊的山林等,只是不记得他是做什么去的。次日我开始寻思,家里曾有两张照片是父亲和一群中学生的合影,是在温泉中学照的。于是我问母亲:你们是不是去了个学校?母亲说:我们就是到47中去了的呀,你爸说它原本叫"中法大学附属温泉中学",是以前的北平研究院院长李石曾个人出钱办的呢。有个大房子和进门的小桥三十年来没变,我们还和一位老者聊了许多话呢。

李石曾!我想起来了,1949年前后,父亲还在家里多次和母亲、和一些人提到这个名字,而且在父亲的书架里还有好几本书有他,什么李石曾文集、李石曾多少岁寿辰纪念会议文集、李石曾致某某人的函件,等等。此外还有他的名片,他写的《素食论》和素食协会的宣传品,我还联想起以前家里还曾有中法大学、中法学会的信笺信纸等。尤其是这个人现在已在台湾,"当然不会是好人"。没想到父亲还思念着这个人,"怀念旧社会、旧交往",父亲的旧经历那么多。我的汗毛都立起来了。

我该"严肃表态"了,对父亲说:您必须从思想深处和旧社会决裂,不能怀念那些旧东西、旧人物了,把他们统统忘记吧,也该把这个旧文人的书籍资料全烧掉,和他划清界限吧。可能还说了些别的更难听的偏激话。父亲默默地听完我的叫喊，似显有些委屈地轻声说："李石曾也是对辛亥革命有功的人——出钱帮助过孙中山的，他和蔡元培一起开创了许多教育工作……"

我对父亲摆的事实不加争辩，父亲也不愿多说，就这样"停战"了。现在在网上都可以查到李石曾的许多事迹，父亲那时也肯定都知道，却未做"申辩"，闭口了，这和政治形势有关，我的弟妹三人都在上大学，都要朝又红又专的方向努力，因而必须"看清家庭阶级实质，树立正确世界观"，这些都对父亲产生了无形的压力。几个月后我再回家时，那些材料不见了，是父母把它们处理了。我没有再问及此事，内心纠结，不知道是该进一步划清界限，还是同情关怀他——他四处无援。

父亲身在北大，直接地感受着政治运动的浪潮。1957年马寅初遭到批判，1959年对大学教育很有一套经验的校长江隆基被贬到了兰州大学。尤其是到了1965年，全国掀起了对新编历史剧《海瑞罢官》的批判，他听了陆定一的报告，报告里尖锐地指出"它的要害是罢官"。对于这七个字，在俞伯伯家里和我的家里，四个大人心中别有一番苦涩。当年在昆明时．吴晗和唐兰都是西南联大历史系的教授，他们互相都很熟悉。对这个掌故也很清楚。

在云南西双版纳地区工作的植物学家蔡希陶先生，于1961年来北京开会期间，与吴晗等老朋友叙旧，他们在抗日战争期间于昆明结下了很深的友情。会议为期多日，蔡伯伯觉得晚上没什么事可做。吴晗对他说，我按照胡乔木、邓拓的旨意，尤其是马连良的请求，刚刚把新剧本《海瑞》脱稿，算是为马连良量身制作的，我把剧本拿给你随便看看吧。蔡伯伯是位很有文采、性格外向的人，过了几天在奉还稿本时说：你的剧本题目值得改动，京剧题目多为三个字或四个字，如打焦赞、打渔杀家、四郎探母，有动词给人以动感，这很重要，可你只写了个人名，显得平板，不如改成"海瑞罢官"吧。会议后，蔡伯伯拜会了俞伯伯，自觉得意地"显示"了这个趣事。不久，常去俞伯母家串门的母亲也听说了，于是将这则消息带到了我家。

在全国报纸电台对吴晗的批判声中，两家大人揣测，蔡伯伯回到了云南后，会向四邻炫耀自己对"罢官"二字的"贡献"吧。果然，不久就听说，蔡伯伯已深陷其内了。他们很纠结：吴晗是历史学家，蔡希陶是搞植物学的，怎么会有恶毒之心和阴暗的主意呢？

父亲曾对俞伯伯说："真是不得其解，世事难料，以后还会怎么样呢？"俞伯伯和父亲在建国后已经经历了大大小小的多次政治运动，但总归都应对过来了。当然父亲比俞伯伯更艰难些，因为没有党派，没有光环。

父亲曾对我说："文革"前，《人民日报》本就有社论，强调必须以阶级斗争为纲，这就是大风暴的信号啊！可当时咱们即便是感觉到了，又能奈何？当风暴来临前，许多海边的、海底的小动物，都会钻到石头缝里躲避起来保命。可咱们是平民没法躲藏，山雨中只能静观其变了。

风波之后，父亲闲聊时说："平民的平字，怎么理解？它是和高门大户的高字相对应的，那些富贵人家，不但门槛高，而且大门的台阶也多。在老北京，台阶数量多也是权势的象征。平民是不能把大门立在三个以上台阶上的。台阶少就容易被水淹没啊。"

暴风雨中

（1966—1976年）

抄家

社会大动荡的一开始，父亲就被戴上了"反动学术权威""学阀""三反分子""资本家"等多顶帽子，和许多研究员一样，在单位的院子里戴高帽、挂牌子游街，后来便是被批斗，身心受到了极大伤害。

1966年8月下旬，家里第一次被造反派抄家。父亲书桌内外的一些手稿和信件、樟木箱里的银行存折、家传的几百个银元和几个小的金元宝以及母亲的首饰等均被抄走。当时我家小院子里的四五家邻居被吓得不敢出门。

当晚父亲下班回家，才知道白天家里出事了。听了惊恐万分的母亲的诉说后无话可说。虽然摆放在书柜里的笔记本等没有被抄走，但父亲预感到不好，就连夜和母亲一起把大部分他认为更重要的（约六十本）小笔记本先用报纸包成砖头块状，再轻手轻脚地垒放在屋子外墙角处蜂窝煤堆的最里面了。之所以要在夜里行动，是因宿舍大院已成立了造反队。

果不其然，两天后造反派又来了，而且就是冲着笔记本而来的，把二十几本全盘抄走了。可以捎带说一句的是，当他们气势汹汹地走后，一位好心的邻居尹伯母（他们老两口也是从昆明迁回来的，和我家是老交情了）告诉我母亲，我家门前那个直径一米多的大鱼缸里的十几条稀有品种大金鱼，也被待在院子里的一个造反派抄走了，他带有塑料袋，明显是有备而来。母亲对她说，我已没心思伺候金鱼了。

宿舍大院开始对"牛鬼蛇神"施行专政：每周日早起要集合学语录、听训斥，再打扫院子和厕所等，邻居间已少有走动了，谁也不知谁的取向，人人自危。

此后的几天，母亲又把老家那里的十多本旧账本、剩余的来往信件和文字散页等都销毁了。那时不敢焚烧，就想出了个办法：先用水浸泡，再用搓板搓烂如泥，再和煤炉灰掺混在一起，当作垃圾丢弃了。

带有些讽刺意味的是，造反派的组织"思想宣传队"的负责人在几天后"很礼貌"地写了个收条交给父亲。收条分几次给出，却偏偏没有把笔记本写上，这让父亲很不安。

这只是第一次抄家。到了9月中旬，新成立的红卫兵前来查抄了。也还是只有母亲一个人在家时。他们人多，气势也凶，威胁恐吓的话很多。那天父亲回家时天色已黑，母亲没有开灯呆坐着，浑身哆嗦说不出话来。父亲问她到底发生了什么事，她才委屈地答道："又抄家啦！"父亲安慰了几句之后，两个人郁闷不语，吃了点儿西瓜就算晚饭了。

我特别注意到，红卫兵头头事后补给的一个收条的编号是第一号，这也许是偶然的，也许这就是父亲的处境。父亲名字前冠以"反动学术权威"大帽子，而下款则是"中国劳动人民历史所红卫兵"的字样（现存陕西考古博物馆）。

最令人气愤的是，抄家后的第二天上午，参与抄家的一个人又单独闯入家里来，大声呵斥恐吓，强行把母亲身上仅有的两百余元过日子的钱搜了出来，竟还让母亲写了个字条，写上上交了多少钱和交款人姓名日期，再让母亲包在一张纸里就拿走了，当然成了他的私有之物。母亲在精神上受到了很大的刺激：把我们四口人的吃饭钱都给诈走了，这可断了我们的活路啊。她呆坐家里有好几天不敢出门，饭量很小。

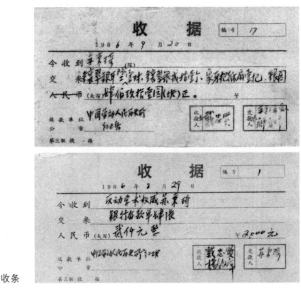

部分收条

事后我们子女们回想起来确有些后怕,那些日子或许是家中最危险的时期。因为我和弟弟在外地,两个妹妹住在大学里参加运动,无力来家及时安抚他俩。几天后我的妹妹、几个月后我和弟弟才陆续回来。

到了9月底,又有了第三次更严密的抄家,为时也久,却搜不出多少证据物件了。他们不相信我家里没有他们所希望、所需要的线索和证据。

那时我已在兰州工作,没有家里的来信已预感情况不好,就写信婉转地问母亲,父亲的身体如何。母亲简短回信说"他的身体情况如你估计到的一样",我就明白又抄家了。到了十一节前,我以妻子身体不好为由请了长假回来。母亲说了情况后我突然想起一个问题:之前的那堆日记本呢?母亲说,幸好那些东西早在50年代末就烧掉了。

父亲下班回来,又把情况向我细细说了一遍。因家里门窗的遮帘不严实,为防止有邻居看到我俩的表情而引出事端,父亲特意让母亲不要开灯。当全家凑齐,父亲语重心长地说:你们的妈妈多不容易,这大半

暴风雨中　201

生拉扯着六口之家，到头来还要跟着我承受这些。但你们放心就是，没什么，也不会再有什么了吧。

我们子女都觉得，那个单独来我家诈走生活费的人太坏了，乘人之危做伤天害理的恶事，必须控告他，父亲说现在我处于被控告的地位啊。我们又想，至少该向造反派头目去反映，父亲却总是用沉默或简单的话"算了，过去了"来敷衍我们。

学校那边也几次传来坏消息。父亲的办公桌、书柜和他的健斋207室住所也被研究所里的造反团前去查抄过了，除了所有文字物件，连被褥、枕头也全盘抄走。我回京后找了个机会，单身一人溜进了北大校园，看到了好几张给父亲贴的大字报，除了资本家出身、资产阶级反动立场思想之外，还说从我家里"搜出了大量金银财宝"，而且"搜出了国民党的党旗"。我知道这"党旗"的来历——家里存有一本《蒋兆和墨画集》，其中有个衣服破烂的女孩子跪在地面，手里举着一面小的国民党党旗，仰望天际，题目为"你能救救我吗？"这是一幅进步的国画。

我还意外地看到，翦伯赞先生的大字报很多，所处的困境更是难以想象。

我回家把见闻告诉父亲，他听了关于他的大字报后，轻轻叹息，而对翦伯赞先生的处境则很担忧，陆续地说，无法安慰他了，谁去帮忙都会添乱的。现在只能自己游自己的泳，过这深海了。又说，他绝对是个忠于党的人，党情大于人情，无可挑剔的，再说他的学问也很好，难得的人才啊！

第二次抄家后，曾有近一年的时间，只发给每月70元的生活费，但那时不仅仅是有老两口，两个妹妹还在读大学。于是，她俩的生活费由已经工作了的我和弟弟支持。母亲精神好了些之后，提议父亲去"申请些救济费用"，把冻结着的银行存款领取出一点点吧，因为"我看病也得自己花钱啊，咱得买菜买粮食了啊，向工宣队反映一下吧"。父亲说，等着我先把笔记本要回来再说吧。他的心思全在他的笔记本上，曾对我说，他就像个呆子般，死命地一次次地索要它。

到1967年底，大部分被抄物资已被退回，可偏偏笔记本没有下落。1969年初，工宣队入驻考古所，开始了声势浩大的清理阶级队伍运动，全体职工要到所里住大通铺大半年，只有周日回家一天。在以小组为单位的活动中，除了学著作、看大字报、写大字报、早请示、晚汇报外，多次开会针对我父亲，要他交代自己的"历史问题"。父亲曾在这极度困难的半个多月里做了简单笔记，多年后我看了很心酸。那时的主调就是父亲交代建国前在北平研究院认识交往了哪些人，院内院外的都要想，会下还有工宣队找他谈话，"你不是思想问题是政治问题，不能光表态要有实际行动，不要侥幸，不能蒙混过关，不能倒打一耙"，等等。这时容不得父亲申要笔记本。到了5月全院开始批斗潘梓年时，父亲的压力才减轻了。在这样的条件下，父亲立即写了一个纸条递交给了工宣队头目。条子草稿在家里保存着，从字面上看，像是个总账单，想全面核对一次，实际上却并未写全，核心是为了索要余下的笔记本：

1966年8月下旬，考古所红卫兵从我家里查抄物品有

1. 考古器物速写本约二十本左右，信件等其他文字材料若干；

2. 金器、银器若干；

3. 银行存折一个；

4. 旧唱片等。

1966年9月，北大历史系红卫兵从我的健斋207号房查抄的物品是

1. 被子1，褥子1，毛毯2，等；

2. 书（一个书架的两个书格）；

3. 发掘报告手稿几种，中国考古学讲稿等。

苏秉琦

1969，5，10

纸条里,父亲有意将笔记本写成了速写本,估计是这样说会好要一些。到了1969年末,笔记本终于返回来了,他如释重负。按事后的统计,他的小笔记本总共98册,另有普通大小的软皮笔记本11本,属于"秦汉考古教材"的提纲和素材。还有一捆"广东之行"素材和一捆"西安郊区考古调查"素材,都是在工作现场做的记录和素描。

大约一周后,宣传队给父亲补写了一个收条,写明了笔记本和信件的数量,但仍旧扣压着它们,父亲也一再地想不通缘故。直到1969年底,总算把它们盼回来了。

1968年,造反队把抄走的金银首饰一律按银行牌价兑换成钱退回,翡翠是不算钱的。而且说,既然你承认存折里包含着1954年资本家家庭分得的钱,那么现在该把这笔钱上缴,以划清界限。父亲就把其中的5000元上缴了。我们在家里议论说,如果上缴了钱就划清界限,那还要政治学习干什么?父亲不语。

这些动荡,还有周围的一些负面情况接连传来。考古所的陈梦家教授、黄文弼教授,以及1967年才得知的向达教授、吴晗先生及其亲人,都在1966年相继含冤离世。这些使得我们子女们对父母两人的安全,很担心也很揪心,只要有机会就一定会回家看看。

1968年,北京大学翦伯赞教授去世。俞德浚先生的好导师胡先骕先生,还有住在我家后面的好邻居赵九章教授也遇难了。知道赵伯伯出事的消息后,母亲在家里念叨:"听说给他(指赵伯伯)平反的上级文件都快下发了啊,太可惜了。"父亲说:"他受的罪也太大了,折磨得让人快疯了,是逼迫他自寻了短见。国家的损失太大了。"

一次,父亲对我们简略地讲了些近况后,又很郑重地说,"你们别挂念,我自认为我很顽强。都六十的人了,已无所顾忌,想进棺材很容易,但那样太不值得","我可以有十个理由宁折不弯地愤愤离世,但我有一条信念让我学习韩信,那就是我还有我的事要做"。

又有一次,他感慨地说:古语道"哀莫大于心死",国家损失了这么多的优秀拔尖人才、能人义士，可现在上上下下，似乎都那么麻木，"怎么就没有人心痛啊？如果都这么麻木不仁，那就更令人心痛了"。

画在烟盒上的素描图

笔记本要回之后，父亲曾把最后一本里面的其中一页（写于1966年3月，被抄家前两个月）给我看，并说"全盘都完了"（计划全落空了）：

教研室1966年上半年工作安排：
基础课：秦汉考古（俞伟超，邹衡，李伯谦）；
专题课：石窟寺，古建，博物馆（阎文儒，宿白，刘慧达）；
论文：李仰松，吕遵谔，邹衡，俞伟超，宿白；
留学生：裴文中，苏秉琦，宿白；
研究生：苏秉琦；
报告：张忠培，严文明（苏秉琦，李仰松，刘慧达）

从中不难看出，笔记本和他的学术生命紧密相关。父亲从大学时起，就有写日记的习惯，但不是每天都写，所以日记更像是笔记。在昆明期间，纸张极度缺乏，日记本承载的就更应该是笔记的任务了，而到了北平后更是。

从50年代初开始，他的笔记本不再是以前的那种大厚硬皮本，而是小本子了，可能是为了携带方便吧。衣服口袋、书包哪都放得下，出差、开会、上班、回家都能不离身。1960年至1961年间，想买到合适的笔记本是要常在逛街时留意的，我和弟弟还在天津为他购买过。

我们也都知道，他常在本子里描绘陶器上的花纹，或陶器的外形。后来我又知道，他画的图并不合乎专业标准，倒是有点素描的味道，常是把他认为重要的特点勾画出来，甚至夸大了。父亲在家里常翻看它们,母亲说他摆弄这些图"很上瘾"。再有,他一旦手头没有拿着笔记本而又有画图要求时,香烟纸盒、台历的纸页都会被他利用。有一次,他给人写了回信后才发现,这信纸的背面已经被他画了个陶器素描,于是他又在信的角落注明:我写完此信后才发现,背面我已画了图,请你给我回信时顺带把这个信纸再邮寄回来。足见他对这些图件的执着。

父亲很爱看地图。1968年在北大的住房物资全部返回时,偏偏没有了丁文江的分省地图集,这是工作后一直跟随着他的。而且他更偏重于地形、地势图,后来他又买来了中国地形图放在手头,十多年后竟然已经被翻看成了残件。我猜想,他是在观看河流吧。这个习惯也影响了傅吾康先生,傅先生也很想买一本丁文江的分省地图集却没买到,最后他在成都倒是买来了,还曾高兴地在信里告诉了我父亲。

1972年,我儿子五岁。父亲注意到了孙子喜欢绘画,便高兴地说,图画让你学会形象思维,这对思维能力很有益,对于我们考古学更不例外。中国人用的方框字的一个优点是象形,有助于发挥形象思维。他还说过,触觉对于人类认识自然、增进理性感性思维也很有利,你对孩子乱摸东西不可过于干涉制止。我觉得,他在反复抚摸陶片时,在观看比较他的这些素描图时,一定有诸多反复思考和遐想。

类此,他的笔记本总是加入许多零散的小纸片,偶尔还有大张的纸,例如在会议通知书的空白处,或稀疏或密密麻麻地写着发言提纲。可惜在他们隐藏本子的时候,把纸片都抽了出来,丢失了许多,日期顺序也都乱了。

在他从"五七干校"回来之后,即1973年起,他又常埋头翻找多年前的文稿和笔记,心思多了起来(母亲的原话是:他又"不安分了起来"),有几次竟然没听到家人挤在狭小空间里的家常话。我们说了些不该说的话:"爸也太有闲情逸致了,现今都这样了还摆弄那点业务,有谁乐意看它。那些陈仓烂谷子早已被批了,忘记它们吧。"他却说:"多少人把命丢了很可惜,也能理解,他们受到的委屈和苦难比我大,像叶

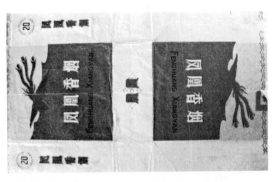

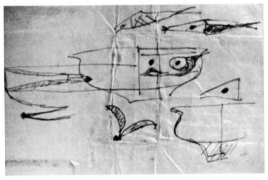

父亲画在烟盒背面的素描图

企孙,我是通过吕正操得知了这个人,也是学物理的,当年他的工资比毛主席的工资都高,对国家的科学建设作出了大贡献,还培养了许多拔尖人才,不也是被批斗了吗?我的情况可比他那样的人好多了。我得再想点,再写点,哪怕是一点点,是一种责任而不是爱好。留给后人迟早有点用吧,我就不信它全是废物。我历来做思想检查,骂过自己多少遍,帽子也多,可就是从没责骂自己的文章会是废物。"我事后分析,那时他是在构思着"大突破"(区系类型思想)、孕育着"呐喊"或"序曲",即进入了他学术生涯的转折点。

他每每说到这类话题时,又常会补充道:"无论国家处在什么样的境况,总归有一批能者志士,甘愿为国为民贡献一切。"却有一次,他合上笔记本起身时,冒出一句:"有的人也许有些翘尾巴而遭了殃,我不翘尾巴,也决不去摇尾巴。"我不知他这话的来源和所指,类似的话以后不曾再说及。我再三回忆这次少有的言语,估计是他翻看到了哪位领导报告、讲话时的记录有了感想吧,但不摇尾巴确是他此生坚守的原则。他的笔记本里,大概有两成的篇幅是关于社科院院长等人做报告和讲话的记录,记录的不是全部,而是他认为和学术有些关系的那部分。

居住空间压缩,精神空间还在

随着科学院人员的增加,宿舍大院的住户剧增。从1953年起,我家的小院子首先是将东西两侧的长廊加宽改成了平房,迁来了三家。1960年,让我家将居住的五间北房腾出了一间,又住来一家。到了1967年,社科院的房产局来人,把居住的四间压缩成两间。父亲说实在挤不下,那人说你的房子里有厕所当然拥挤,该去掉特权,过几天来人把你的厕所拆掉,让你们也过过大众化的日子。于是,家里总共剩两间平房了,还包括厨房,家中物件垒放成了"小山"。子女回来只好打地铺睡觉,走路的地方都没有了。

我提议,把那些属于"封资修"的旧书全部处理,以保障以后少出事端,也为了眼下的起居。父亲脸色阴沉,说那几大本书(指《殷墟》和《城子崖》等)可是他的宝贝——国家的宝贝。过了几天,我说那些老的学术书籍或许没事,就不处理吧,但还是把其他的都丢弃吧。父亲的表情有些松动,把手里的资料放在桌子上,静静地坐着,却不愿看着我们。于是我把五六套线装的古典名著(《红楼梦》《水浒传》等,是在正文前插有人物图的珍本)拆成了单本书,掺和起来当废纸卖掉了。仓促中,把十多本英文的《世界通史》《东方文化史》等书籍也处理了。又把他从陕西带回来的碑帖拓片(厚约有一尺的整整一捆,)全部浸水毁掉了。此事成了我永远的痛,深知我的这些言行让他伤心了——回想起来,我在1952年要求父母把傅吾康和父亲的合影毁掉,1964年我要求把含有李石曾的资料毁掉,这次算是第三次了。

他对子女们说,物质上的和居住条件的压力没什么,精神的压力才是大事。你们都平安无恙,是对我和你们母亲的最大的支持和关爱,有了这个就行了。睡觉拥挤些没什么。在昆明住的三小间屋子比这里两间还小,可那时很快活啊。又说:"居住空间小了,可节假日还能去紫竹院啊,行动空间还是很大的。再说,脑子也能有活动空间啊。"

这个时期,他还很不合时宜地唠叨过孔夫子赞美颜回的典故,说"君子忧道不忧贫",啃得下这菜根,才能成就大业。这就是"心静自然凉"和"心安茅屋稳,性定菜根香"。又说人只要不在乎个人得失就能摆脱世俗观念。可我们当时听了自然很不耐烦,而且还以为他是针对着住房这类的物质条件而言的。现在我才逐渐体悟到,他的话是在说,只要承受住精神压力就必能胜利。

到了90年代,他说起过在精神与物质追求方面,他那代人和我们这一代人,以及再下面一代人之间的差异,觉得我们没有完全理解他们那代人在精神追求方面的一些情感和人格标准。

赞扬生命之二:雷雨过后必有光明

就在这苦难关头,1967年6月底,他的长孙出世了。这给整个家庭,尤其是他,带来了很大的慰藉和喜庆。所以,父母一直对这个长孙格外珍爱。我也有意尽量安排儿子常住在父母家里。

要给孩子取什么名字,全家人议论过几次,都觉得不满意。又过了些天,我问:"叫雷明或是雷鸣,如何?"父亲立刻拍手回答说:"雷明好啊,雷雨之后就是光明啊。这个国家,这个民族,有深厚文化历史底蕴,延绵上万年从未间断,今后更是垮不了的,是有光明前景的,咱苏家也是同样有希望的。"七年后,我的二儿子出世,我给他取名雨明。其实,那时候这样做是存在一些风险的,一旦揪住这个名字的含义不放就成了问题呀——"恶毒攻击现实"。但是,我不怕,我愿以此多给父母一丝温暖。

1967年初秋的一天,暴雨刚过,天色已黑,全家晚饭后在屋子门口吃西瓜。父亲说,咱们刚刚搬来时,也是在院子里吃西瓜,几个瓜子遗落在地下,有的瓜子还被压到砖头下面了。可是到了第二年,它拼命地挣扎,硬把砖头顶了起来,多厉害啊。"世间,最神奇、伟大、美妙、美丽的,莫过于生命。"

这时,一位陌生的中年妇女轻手轻脚地摸着黑走了过来。我们一惊,她主动说,她是傅吾康先生的小姨子。父母格外惊喜,连忙请她坐下畅谈。原来是她的姐姐、姐夫对这边很惦念,却不便直接写信询问,就采取了这个迂回办法——她们姐妹多(七个姐妹),总归能有机会来探听情况。父亲说,不要太顾虑,没什么,我们还过得去,请你告诉他们,让他们放心吧。你看(指着孙子说),我的生命在延续,家庭是蛮有希望的。临别时父亲起身,又低下头轻声对她说:"在这最难的时刻,你们全家仍惦念着我们,备感温暖亲切。咱们两家有难舍的情分啊。"

1978年,父亲有机会去承德工作,也把这个长孙当作拐棍带了过去,还请技工同志指导孙子制作了两个涂有色彩的小泥罐子做纪念。

和孙子在一起,似乎他对于生命想得较多。他对儿孙们说:"生命有时候会显得很脆弱,但更多的时候会表现得很顽强而伟大。生命,是世上最值得颂扬的。世界给生命,尤其是给人类的最美妙的两个礼物,就是色彩和声音(音乐),从你们物理学角度来说,声音和颜色不过是不同的波长而已,但是到了大脑里,会成为缤纷夺目的色彩,会成为愉悦的声调、音色、旋律、节拍,能表达感情,触动心灵,越过语言文字,给人以向上的力量,给人愉悦和美,多好啊,多美啊,你们要学会享受它,也就是享受生活。"

父亲在承德参加会议时，孙子是他的"拐杖"（摄于1978年）

他还说："生命，享受着时间和空间的生物体。音乐家可以分辨出很细微的音调差别，画家眼睛里把颜色区分为很多种。无论处境如何，心态都要积极向上，犹如白毛女唱的'我不死，我要活'一样。"

学会忘却

1967年秋，在父亲受关押、写交代材料的艰难时期，我借故常回家住。有一天父亲很晚还没回来，全家很是惦念。当他回来时拖着沉重的步子，明显地很疲惫，说话也有气无力、声音嘶哑了。母亲连忙给他热了饭菜端上桌，他却说没心思吃，低声说："先喝口水坐一会儿吧。"过了片刻，才慢慢地诉说了起来：下午刚上班，突然有两个外单位的人前来外调，气势凶得吓人。一人手里拿着少见的对讲机，劈头盖脸地追问他，与韩振江到底是什么样的关系，认识交往过程，又是受谁的指派，如何把"奸细韩振江"一步步地打入到延安革命队伍的，此后和他有怎样的联系，还提到了几个从来没听说过的名字，问父亲认识不。其间还几次用对讲机向外（上级）及时请示汇报，曾拍桌子大喊："你隐

暴风雨中　211

藏得很深啊，这次你跑不了了，你的情况我们已经从你们的工宣队那里知道了。""好，现在就逐步交代清楚吧！"另一个人打开带来的录音机，逐条地做声音记录。直到天色很晚又让他按照列出的条目要求，写了很详细的材料，按下手印，才算完事放回家，并留下了狠话：我们总算把你这个隐藏得很深的特务狐狸找到了，事情没完，你这个老狐狸如此不老实会自食其果的，以后还来找你，将来我们在审判庭上再见吧。

父亲觉得也许是韩振江出大事情了。母亲伤心又叹气地说，原本咱们是在做好事啊，该有好报啊，怎么却带来了祸水呀。这世道太不公平了，咱到哪儿去说理啊。父亲脸色深沉，似乎已无气力再说什么。我们一再央求父亲吃几口饭，他说实在没胃口。这晚是我家中最阴沉的时刻。

第二天早起，父亲仍很疲倦，昨夜肯定没有睡好，大概是挣扎着起床的。我们和他说，今天上班遇到事情不要着急，沉着应对吧。他说，看来真的有跳到黄河也洗不清的事情了。我很不放心却毫无办法，送他过马路走到107路公交车站上了车，并强调说：今晚我要在车站接您回来。晚上我和弟弟一起接到他，慢慢走回家，他说今天我倒是很平静，只是工宣队又问了问韩振江的具体情况。又说，听天由命吧，奈何。

过了几天是周日，全家去紫竹院散步。我说，说不定现在真的会有人一直来监视咱们的行动呢。父亲说，这不真的成了抓特务的电影了吗？咱们苏家确实人口多，但真的没有出过坏人。我历史清白，简单得很。爱怎么跟踪调查，就怎么跟踪调查吧。

无论是父亲，还是我们家人，都在等待着那两个调查人员的再次到来，再次找父亲"算账""审判"。不敢想还有什么样的厄运，会出现何种的悲凉场景，估计父亲更是做了很多思想准备。但越是等待，反而越是没有音信了。

粉碎"四人帮"之后，我们全家人又念叨起此事：韩振江应当释放了吧，这次他总该来联系一下、交代一下了吧，也让我们放心呀。可始终没有任何消息，这成了我家里的一个永远没有答案的离奇谜团。"这不是一场梦吗？似梦非梦啊！"父亲如是说。

我也曾建议，我们该主动去些高级要害部门打听韩的下落。父亲说，他没有再来联系，自有他的道理，就不要强人所难了。过了一会儿又慢慢而低声地说："人，有时候需要学会忘却。"

学会忘却。这是我头一次听他说，我记住了。但怎么理解？这绝不是说我们的民族，民族的历史和苦难教训绝不能忘却，这是他反复强调的。是说一个大家族为国家为民族做的贡献不必计较？还是他在韩振江的事情上有委屈？似乎也不是，因为他曾说过，做好事的时候并没有想过将来要有回报。

依我以后的思考，他的"学会忘却"应该是说：多往前看，多想以后，不要沉溺于过去——无论是光荣的还是悲凉的。的确，父亲从没说过他在外面受了什么样的委屈。也许，他说的忘却，是指心态要平和大度，能包容一切，"没有了，就是有了"。

父亲给我的第二个差事：探望徐老伯

徐旭生先生的家于1963年从西直门大街搬到了建国门外永安里社会科学院的宿舍。我家和徐老伯家的来往只有父亲与徐老伯在上班时间的接触了，但是每年春节，父亲是一定要去拜年的，哪怕此前几天做过畅谈也不例外。只是，在这风暴中没有了。

1967年秋季，徐老伯身体不好，在家养病。我父亲说久日不见他了，要我代表全家前去看望。因为在此之前，父亲得到了一个迟到许久的消息，北大的向达先生已经在1966年底含冤离世了，可他却无法去向先生家里探望。那时宿舍大门都有红卫兵把守，进出要登记姓名单位和出身等，父亲去那里会有不便，甚至添来种种意想不到的麻烦。

我到了徐老伯家，见他卧在床上，脸色不太好。这位操着河南口音却说话朗朗动听、字正腔圆的可敬的老者，如今说话略显吃力，声音也略带嘶哑了。我说明来意，代父亲问候他，望他多保重。他向我简单谈了身体状况。再做些聊天之后，我想我该走了，就站起身来，他却连忙让我把他床下的一个小柳条箱子移出来，帮他打开，里面竟是他沓沓的手稿。他一边打开其中的一个厚牛皮纸袋子，一边问我：1928年的井冈山会师，毛泽东和朱德，是谁先到达井冈山的？我说：该是毛泽东先到达的吧？他从稿纸里抽出了一幅很流行的画（毛泽东站在中央部位伸出手，朱德风尘仆仆从左侧的山脚下向上走过来）说：是啊，人们从这幅油画里都能得出这个印象，可是真实情况呢？

原来，他几年前到井冈山去休养，无意中和老乡们谈及这一重要历史事件，凭着他的职业敏感，发现老乡说的似乎与油画里和一些回忆录等资料里写的景象不符。于是他每天都去专访遇到过两位领导人及其队伍的老者，一一作了详尽的笔录，积累了厚厚的稿纸，并由此画出了一张两支军队的行走路线图，写得很密，在行军路线旁细细标明了到达的时间。结论自明。

此时，窗外的建国门大街上就是红卫兵们的游行队伍，口号声和卡车上大喇叭的语录歌曲声，震耳欲聋，和屋内形成巨大反差。胆子偏小的我几次想劝他把谈话中断，觉得他的话不合时宜，也太危险，但是他很顽强地要把原始资料全部说给我，好像此后就再没有机会告知世人了似的。

接着，他让我搀扶着他，走到书柜前，从底层找出了他珍存了三十多年的我父亲呈交给他的工作汇报手稿，又把他于1947年写的一篇旧手稿也给了我，说它虽然已经刊载了，你也把它交给你爸做纪念吧，里面特别肯定了你爸的工作呢。回家后得知，这是徐老伯为父亲的文章《瓦鬲的研究》写的序言。

我回家仔细端详，两个人的毛笔字都很工整。我把它交给父亲，想他在苦难境地里必能得到一丝惊喜。果然父亲说，哈哈，我还保留着我写这个汇报用的初稿呢，而且在昆明期间他给我的一些碑文拓片资料我也一直封存着呢。说完，便从他的大书柜里把原底稿和徐老伯让他保存的拓片，拿给我看了。

我向父亲说了徐老伯关于井冈山会师情况的调查。父亲说，你看，社会上多少学历史的人和名家，研究古代的近代的历史，讲究求实，可轮到了写现今历史，反倒为难了起来。

次日，父亲又对母亲说，旭老像是已经预感到来日不多了，所以才这么急切地把这些精心保存的资料带给我，真让人揪心啊。确实，徐老伯已78岁，身心受到的伤害很重。但父亲不愿向家里吐露很多，而是到了徐老伯去世以后才痛楚地向母亲说过一点，例如徐老伯曾被红卫兵呵斥拳打，勒令他站到凳子上，并"让他的徒子徒孙苏秉琦到他旁边扶着他！"，受辱的徐老伯气得浑身发抖，自此常有身体不适。

我注意到，虽然父亲一直称徐旭生先生为老师、旭师、旭老，但在徐先生的文章里却从不显示这师生关系，而是写为苏君、秉琦，足见两人间的亲切。

就在这个时期，父亲在单位里不但要反复地写自己问题的交代材料，还被指定必须写对徐老伯的揭发材料，说父亲和他接触时间已有三十多年，对他最了解，不揭发是不行的。父亲很苦恼，他说，徐先生的历史全是红色的，可圈可点的，五四运动后曾和鲁迅、李大钊一起战斗的人，还有什么可揭发的。我都能回忆起，徐老伯的河南腔的口头语是"我不这么认为"，"我的看法是这样子的"，他总是把这里的"我"字用稍长而响亮的声调说出，毫无遮拦，泰然自若。

1967年秋的一个晚上，父亲回家说："我真过不了这一关了，他们下班前对我说了很重的话，明天必须交代几条。可是我已闹腾了好几天却只找出了两条所谓的问题：一、他在政治学习中不好好考虑自己的问题，却把《毛选》的几个版本拿来反复对比，还真的鸡蛋里挑骨头，找出了好几处文字的小变动，还企图做解释，明显的是对毛泽东思想的态度有问题。二、在抗战期间，虽然他对于胜利有信心，但对于共产党八

师生二人的手札

路军的力量还是估计不足，属于盲目乐观者。"我在一旁也想不出怎么办。父亲又说，连斯文赫定都很敬畏他几分呢。他是一位伟大的学者呢。我灵机一动说，这个外国人不是早已去世了吗，父亲你干脆写上这么一条吧：徐在建国前就和国外的斯文赫定有很多交往，算是里通外国吗？建国以后是否有交往需要认真彻底清查。父亲直叹气，最后在我的鼓动下壮着胆子写上了这么一条，心想躲过了今天却早晚有一天可能会被训斥，不知道那时又该怎么过关。我心里也对此忐忑不安，事后曾几次问父亲怎么样了，他说像是没事了。

又过了些时日，他对我说："我想了，今后无论怎么样逼问，哪怕逼供，我也不会说任何不实的话了，任凭他们怎么治我吧。""我不会再（听你的主意）耍小聪明了。"

此后，父亲还给了我一个材料《石斋补缀集》看，其内容主要是关中地区的考古资料的分析与心得，这恰是父亲的思索领地，它的写作时间似为1944年，那时只能手工绘制地理插图，装订用手捻的纸绳子穿

吴良才先生的《石斋补缀集》封面和书内手绘地图

订,其工作之努力让我们现代人感动。后来我才打听到,这是在兰州的吴良才先生转给父亲的,吴先生字石斋。那时他在兰州,大力支持了南京方面前来的西北考古队。但吴良才先生是什么时间和怎么把它送到了我父亲之手?是直接给的,还是通过南京方面的人(例如在父亲之后也去了斗鸡台工作的石璋如先生)?我不得而知。但这些文人之间相互支援的赤诚之情,却令我由衷地敬佩。

徐老伯从1975年开始,神志日益变差,父亲曾去医院探望,不想成了最后一面。1976年初,徐老伯病逝。半年多后,粉碎"四人帮"的喜讯传来,父亲立即想到的是他的恩师:此时不能和他像当年抗战胜利时那样,一起分享这欢乐时分了。

到了1984年,父亲的《苏秉琦考古学论述选集》出版后,他首先想到的还是他的恩师。可能算是一种寄托吧,他及时地在一本书上很认真地写下了徐老伯的几个子女的名字,之后又在上面写道:缅怀恩师旭生。

爱国，爱民族，爱文化

大约从 1967 年底开始，全家人都注意到了他在白天不管受到什么样的辱骂委屈，到了家里总是轻描淡写、不愿细说了，总说"没有什么"。这反而使我们隐隐作痛和不安起来。

1968 年 9 月，学习飞机制造专业毕业的慎之，被分配到湖北襄樊的三线军工研究所，成了四个孩子里第三个被派到外地去工作的人。临行时父亲对她说，你们这个行业容易被人理解为轰轰烈烈，但稍稍一想就该明白，出头露面的人很少，尖端行业里多数工作也是更重要的工作，还是基础。你在一个基础单位工作，是最正常的了。禅学里有个例子，海水里的一个浪尖显得很耀眼，但这只是一个瞬间，它其实也是个普通的水滴，可以瞬间从浪尖跌回到大海里。所以不要拒绝最一般的工作，让你做什么你就做什么就可以了。

接着他说，湖北的湖泊很多，人民有激情有力量，可歌可泣的故事也多。湖北人在中国历史上演绎了许多有仁有义的动人故事，例如屈原。

当时，我们问父亲：照您这么说，全国处处都是好地方啦！他笑着回答："对呀！国家地域广阔，虽然每个地方都有自己的民俗、民情和传统，但是有一个共同的血脉和文化把它们维系成为一个整体。世界上曾经有过不少古老的文明，它们没有能经得住大浪淘沙，在历史的长河中逐渐衰落了。只有这块土地上的中华文明独善其身，历经磨难仍能在大一统的土地上繁衍昌盛。咱们都知道爱国，但它的内涵是什么？大江大河很美，这不假，说人民勤奋朴实，也不假，此外就没有了吗？不，更重要的是它的文化和历史，色彩斑斓的、极强包容力的、丰厚悠久的文化！厚重的历史，它能给你很多的奋发精神和永恒的思想，它就是让这么大的国家不会分裂的磁性力——凝聚力。"

他还说："咱们大院子里面的王静如先生、冯家升先生，都在研究西夏王朝和西夏文字语言，研究的意义在于，这个游牧民族在长达190年的西北地区统治之后被成吉思汗一股脑消灭掉了，连后代都找不到了。一个民族为什么会毁灭掉，难道不值得研究吗？""本世纪初，俄国的几个所谓学者，从宁夏地区掠夺走了上万件西夏王朝的文物，到了"老大哥"苏联时代，也不会把它们还给我们。你觉得它们没用，可在他们那里真是宝贝，或许什么时候会成为他们的工具呢。"

他常说："文化，是一个民族的精神和力量，灵魂和脊柱。"还说："文字，伟大而有力，把我们偌大国家不同地区的人紧紧地连接在一起，再也不会分离了。中国现代考古的诞生来自五四运动，就是为了研究宣传中国历史，让国民了解我们是怎么走过来的，我们的特色特点是什么，从而也就容易知道今后的路子该怎样继续走了。"又说："五四运动的主导思想、本质就是爱国、救国，科学和民主是其手段。可是在运动中和运动以后，有人却以为甩掉我们的方框字，改用世界语，或改用拼音文字，就会摆脱束缚，有利于反封建。这想法太幼稚了，殊不知，那样做会导致很糟糕的后果。"

如果把他晚年说过的爱国、爱民族、爱文化的话，和六七十年代讲过的这些话相比，我察觉出还是有所变化的。他对国家的爱更加深沉、更加含蓄有力，而且和他的学术思想浇铸在了一起，紧密不分了。

父亲给我的第三个差事："去看看你三伯父吧"

1971年，父亲在"五七干校"。家里六个人分住在六个地方，处于艰难的时期。只身在京的母亲给我们一一写信，说她正在按照革命造反队的命令做土坯（备战挖防空洞用砖），孤身一人固守着这个家，白天劳作很累，可每到夜晚就是睡不着，把你们五个人挨着个儿掂量，心里难受。你爸曾说咱们再也不分开，现在却彻底分开了。

放暑假前，我尽早告诉了母亲我回北京的日子。她立刻回信说：

"能不能在你从兰州回北京的半路郑州下车,先去驻马店的明港,看看你父亲到底怎么样了。"虽然父亲给母亲的信里说一切都好,但母亲心里并不踏实。

我对火车时刻表做了仔细研究后,立即给父母分别写了信,说好了几月几日坐哪一趟慢车,能够在中午12点前赶到明港火车站,我将立即去干校门口等待父亲,在大门口旁见上一面。这个时间不会影响他的集体活动,也就不需向领导们请假添乱。

在一个中午我按时到达了明港车站,不料想刚出了站口,就在围挤着的一大堆人群里远远看到了父亲,他正在努力地向这边张望。我惊讶地发现,他的头发明显白了许多。他先是问我吃饭了没有,我这才想起还没吃早饭和午饭。于是他带着我先去了车站旁边一个小饭馆,而他已在干校尽快地把饭吃完了。他一边看着我狼吞虎咽,一边说你出门就不要太节约舍不得花钱。我介绍了我们五个人的情况,问了他的劳动和起居情况,母亲再三嘱咐他得多注意身体、按时吃治疗高血压的药物。他说,来到这里没有人被整,大家对夏鼐先生和我挺照料的,两个老者做些煮白薯类的活计也不累,心里还感到一种少有的轻松和温暖。

接着,他突然眼睛一亮,说在劳动之余,多次和几位同事一起去附近捡拾了古代的陶片,还引出了很有用的新的思考和新的体会,脑子里又开始考虑一些新的事情了。他憔悴的面孔立刻显露出了笑容,我心里却百感交集:这代知识分子太敬业了,把事业看得那么重。

时间不容再继续交谈了,我和他走到了干校的大门口。大概是午休时刻的缘故,少有人进出。但为了防止有人看到,我没有走进去,相互也不宜再多说话。

我看着他的背影,高大的身子迈着沉重而缓慢的步子,逐渐消失在远处的小路里。这时,35岁的我突然酸楚地哭了:父亲,我多么想再陪伴你片刻,多么想为你分担一点你的苦难,你已是六十多岁的人了,可我什么也做不了。我还有许多的话没说完啊……

当我回过神来，立即想到了孤独的母亲。我要立刻坐车赶回家里，把刚才一个多小时的情况如实地、细细地诉说给正在担心挂念着我们的母亲。她的头发也已经花白了，这个，我在探望父亲时都没来得及说。

我立即退了旅店，赶紧回北京。

这次见面的事，父亲始终没有对人提及。十多年过后我向他的学生们说起时，他们都感到吃惊。

过了一年多，父亲从干校回到北京了，业务活动也多了些。1972年五一节前夕，他给我写信，要我下次从兰州回北京路过西安时，顺便去探望一下三伯父。

我心里当然很清楚，实际情况绝不是父亲信里写的那么轻松，那时他依旧是自身难保，却更加惦念他的三哥。事后听母亲说，已经四五年没有直接听到三伯父的音信了。

4月底，我到了西安，按父亲信里写的门牌号，找到了三伯父居住的小院子，只见他家的三间北平房明显地许久没人居住了，门口已堆放着邻居的杂物。我向居住在厢房里的邻居打听："住在这儿的老苏在吗？"邻居很警觉地回答说，他是个被隔离审查的人呀，反问道："你是谁，来干什么的？"

我见事情不好，找了个借口说："他前年借走了我好多的粮票还没有还给我呢！"然后就急忙扭头走开了。在小路上走了一段后，又觉得不成：我的三大妈呢？我立即返回，问这邻居：我还是去找他的家人吧，那个"苏大嫂"在哪儿呀？对方回答说："她早就住到她儿子家了，好像是在咸阳还是什么地方呢。"我只好作罢。回到北京说给父亲后，他脸色阴沉，低头沉闷许久，大概是对我没有见到三伯父，事情办得匆忙不很满意。后来母亲跟我说，你三伯父在建国前就买下了那个院子了，你说的东西厢房的人家不知是怎么住进去的。

后来得知，三伯父在1974年离开了人间。三伯母的信里说，知道四叔的日子也艰难，所以有意迟迟通报，字里行间透露着凄凉。他们兄弟俩最后九年都没能见面,也是父亲此生的一件憾事。我想他们两个手足情深,心里一定还有很多很多的话没有说。每每想起此事,我也深为我没有做好西安之行而内疚。

清高,尊严

1951年到1952年,全国的"三反""五反"运动中,有些在建国前参与了抗战胜利后接收工作的官员或办事人员("接收大员"),涉及了一些或大或小的经济问题。然而,我父亲和同他一起从昆明回到北京的三个人,在这个运动里安然无恙。因为他们清白,没有谋取过任何私利。钱临照先生在60年代末(大概是他迁往合肥前)来我家探望时,两个人兴高采烈地说起他们在接收那些房产物资过程中的清廉洁身,很是自豪得意。事后父亲说,胜利后的"接收大员"里,不少人中饱私囊。我们这几个知识分子确实做到了清廉,每每回想起这个事情,心里就会感到特别的满意。

正如前一辈考古学家、"中国现代田野考古第一人"李济先生的儿子李光谟在回忆录里所写的,李济先生去世后,他的家中没有一件古董,没有一本线装书籍或珍本。李济先生在南京曾经与北京的同行徐旭生先生有个口头的约定:考古人不许自己收藏任何古董,不许和古董方面的任何交易沾边。他们这个口头约定非常有力量。徐先生又把这个约定传给了他的下一代,没有红头文件,没有保证书和签字。父亲说:"这是对学术执着所得来的力量,是人格和信仰的力量。"

还有两件事,一直深存我的心底。

1969年末,我得知有个"地震地质大队"(后改名为地壳应力研究所),是由李四光创建的,是专门研究地震的,而且每周有五个白天专门做业务工作。于是,我很向往能够调到那里工作,并开始主动地不断写信联系,直到1972年4月才实现了自己的心愿。在联系调动处于困难阶段的 1970 年,我的父母在每天黄昏去紫竹院公园散步时,竟意外地和李四光先生碰了好几回面。每次他身后都有一个勤务兵跟随,提着个小马扎,以供他随时休息。每次相遇时,三个人谈笑片刻,又各走自己的路去了。有一次我正好回北京探亲,母亲向我聊起了这件事情。我急切地询问父亲:你和李四光先生是老交情了,你也知道我要调动的单位恰是他分管,你为何不借此良机,把我的事说上几句?他肯定能帮上我的这个大忙啊!父亲浅浅一笑而不作答。又过了些天,他们和李四光先生再一次巧遇了,事后母亲告诉了我。我问父亲为什么还是没提我的事情,他说你自己的事情还是你自己做才好。就这样,一段近在咫尺的路程,靠我自身的力量却足足跑了三年。

无独有偶。1977 年夏天的一个晚上,裴文中先生来我家做客,谈他俩的学术问题。我在他们谈话的间隙处,聊了些家常。当他得知我费了大劲总算是调动到地震系统工作时,笑着说,啊,真巧,我的二儿子(裴申)也正在费着劲地往你们系统调动呢,难度不小啊!我连忙说,我去地震局给通通气吧。话音未落,裴先生很本能地连忙摆手笑着说,不必了不必了。直到 1983 年,我为出版自己的著作去地震出版社,竟意外地碰到了裴申,他在那里做编辑。互相攀谈中得知,他调到那里,也完全靠的是自己。

改革开放后,有位朋友很恳切地找我,说他家有个祖传的像是宋代的瓷盘,能否请我父亲给鉴定一下。我说父亲是做秦汉考古的,对于文物不内行,就推托了。事后,我和我父亲聊天时谈起此事,原本只是想让他知道一下外界的动态而已,没料到我的话还没说完,他立即对全家人斩钉截铁地说:你们记住,我绝不会触及文物鉴定流通一类的任何事,我不是古董商,这是我对老一辈的承诺,以后不要再说这样的事。我回应说:明白了,你们都是很清高的人哪。他立即反驳道:"清高有什么不好?难道清高和提高全民素质是矛盾的?我不信。"

还有一件事情也加深了我对父亲内心境界的认识。1987 年,旅居美国的华人、著名收藏家李汝宽先生经过多方打听，找到了我父母的地址，并几次写信来，父亲都没有回信。后来他来中国，到各地博物馆和文物局，广交同行友人，讨论些问题（例如，以前的"青花瓷必定是元代的"的结论需要更正，认为应当向前拓展到宋、西夏、金）。有一次，他从呼和浩特写信来，希望和父亲见面，说："余为黑城考证，略有所得，阅下有闲愿闻教言。如能驾验无任感谢。"后终于和父亲通上了电话，聊的时间还较长，他又在信里说："实在有缘，在（我）临行前能电话聊天，亦可称快事。"听父母说，他属于自己自幼摸索起家搞文物收藏的，以瓷器、漆器、玉器为主，是家族式的，已有一些名声和家底了，也是位爱国者。我对父亲说，你好像对于人家千里求教不很热心啊。父亲没有回答我。此后几年里，李先生又来国内多次，父亲也接待他并请他来家里做客了，他和我母亲、和我也略熟悉了，告诉我将出版几本关于中国稀少漆器、瓷器和地毯类的藏品书。但我能感觉到，父亲对他还是不亲密，尊重有加却保持着距离，强调他的研究范围"很窄"，只知陶（器）不知瓷（器），只知研究不懂市场，等等。唯有在谈论玉器时，父亲主动地问过一些问题，大概是由于他的头脑里正在思索中国的玉文化吧。

我问过父亲：你们研究历史，也涉及文物（主要指可移动的小文物），只是偏重于研究。他们搞收藏，偏重于市场和价值（钱），但这两方面的人和器物，都要和群众相依。所以你不理睬人家不是唯物主义，不是最好的办法。父亲说：反正我这一生，方针已定，再过两代人吧，也许他们会找到既有原则又有灵活性的办法。

我逐渐懂得：父亲那一代人头脑里，文不经商，清高观念是潜伏得深而牢固的。他说："清高，不是为了谋生，而是人生追求，人格意识"，"清高就是懂得自尊自爱，精神比物质更重，心灵比口腹更重，这就叫尊严。尊严这个词似乎要在社会上消亡了，大家都不在意、也不懂得尊严二字了，这怎么成。"

的确，半个多世纪以来，我们曾对"清高"一词，对自认为自己清高的人，给予过无情的揭露和批判，撕破了这些"自欺欺人的假面具"。"清高"一语好似已从我们的社会上消失了。

1997年我父亲病逝后，有个好朋友很肯定地问我，你家里一定留下了不少好东西（指古董类）吧。我说绝对没有。他仍不很信："一个权威怎么会不保存上几件呢？"我又解释道：文化大革命期间我的家和其他几个"反动学术权威"的家一样，被抄了好几次，翻了个底朝天，要是有谁家被抄出了哪怕是一件宝贝，他还能躲过那一劫，还能活到现在的好时光吗？

到了新世纪，我又在报纸上得知，李汝宽先生已带着他的儿子回到了青岛定居，曾四次把一些珍藏的文物无偿地送给了青岛市博物馆，他的书籍也出版了，这位爱国的著名收藏家落叶归根了。他那敦厚朴实、值得尊重的老者形象，一直印刻在我的脑海里。

低头才好爬山，你就老实干活吧

1972年4月，我经过自己三年努力，终于调到了位于河北三河县的地震地质大队（后迁到北京，更名为地壳应力研究所）。报到一周后即被派到邢台市下面的一个地震台。父亲说："你每周有五天做技术工作，仅一天政治学习，很难得，你只求有张工作用的桌子就可以了。"又说：现在搞全国一片红，可农民仍然耕地除草，工人也懂得要开工出活。你安心干活就是了。到野外台站有好处，可以从最底层起步，走得扎实些，必有收益。不怕起点低，就怕不努力。如俗话说的，低头登山，下坡抬头。

以后还和我多次谈起，什么行当都会有它的"苦"处，但你熟悉和热爱它之后，就都不算什么了。"你我有共同点，要常和泥土打交道，这有何可怕。我很看不惯一些人，到了发掘现场惧怕身上沾了泥巴，能不靠前就不走近，回到驻地急忙掸土洁身，这样是难有好成果的。"又说：像咱们家后院的谷德振先生，现在地球物理所的顾功叙先生，他们的工作都是和地震学有关，你的单位缺少长者，所以你更需要去请教他们，指点你一下。

1974年，顾功叙先生在国家地震局做报告，我终于见到了久违的顾伯伯。在黑龙潭，他是看着我长大的，只是因为他家里没有孩子，所以我和他家来往少一些，但母亲和顾伯母很是亲近。他见到我很意外，说："你长得像你父亲，也相信你和你父亲一样勤奋努力。他在昆明默默地做自己的事情，没人督促他，你也盯住一件实在的事情干下去吧。"又说："那时你父亲和徐旭生先生同在一个小屋子里，徐先生就是看古书，你父亲就是看陶片图件，常年就这样啊。他们观看到的是静物，我和你是学物理的，着眼于运动，会觉得总看静物不耐烦的。他们能津津有味，乐在其中，说明事业心和兴趣是多么的重要啊。"

我把顾伯伯的话告诉了父亲，他听后说："在那个年代，你顾伯伯不是也在低头爬山、想着他心里的那些事情吗？'文革'中在走'下坡路'时，他不也一直抬着头吗？"又说："做学问，就要能耐住寂寞。无论对斯大林如何评论，但他的一句话我喜欢，即科学家要成为社会活动家。你不要误解他的话，不是鼓励你去做社会头面人物浮在上头，而是要和大众结合，可现在远不是这样啊。做学问得坐得住冷板凳，你做技术也同样要沉住气。我们考古学是大众的事业，总归要还给大众些什么，这是行当的本分。"

区系类型理论

大约是1973年到1974年间，父亲在一次回家后对我说起一件令他很生气的事情，且耿耿于怀。"这个人人皆知的革命家，表面还像个文人，有文化涵养，能写会画，读书很多，我本很尊重他，不想他却是个卑鄙小人，无耻，太无耻了……"我听了一惊！这是他唯一一次动着感情责骂人，我连忙问怎么回事。

他说："我早就听说了一点他的事情，不知真假，也就没太当成个事儿，今儿上午听客人细说后才大吃一惊，下午都没心思做事了。这个人名字为生，却不如叫死，我借用臧克家的诗句，改为：有的人死了但他还活着，有的人生着却不如死掉。这个人去过一位客人所在的博物馆'视察'，看中了几件古代名人的砚台和毛笔，透露出了很有兴趣。他手下的随从立即领会，暗示博物馆的负责人要送到他家去鉴赏，其实就是有借无还了。今天我才知道，他从各地收敛来的文物可是真不少，青铜器、文房四宝、书画印章。他多次去北京文物管理所收走文物，以及古书上万本，有的线装书还是珍本、孤本。太不像话了，太贪得无厌了，卑鄙无耻到了极点……他这种人还能把革命引领到什么地方？……我鄙视他。"

转而，他又很感叹地说："我们的博物馆，难道是为少数的权贵们服务吗？要是把这件事告诉专门搞博物馆的（王）天木，岂不会把他也气死。我们的管理人员、技术人员，学文件写总结时都清楚，要尽职尽责地保护好文物，可到了权力面前就得低头。精神心态全都扭曲了，这真是个悲剧呀，这可怎么成啊。"

他后来跟我说，那是他的一次"布衣之怒"。

与那个人贪婪侵吞文物形成鲜明对比的是，在国家前途未卜、自己前程难料的时期，父亲想到的却是尽量多留下一些对年轻一代有益的思考。1975年，他又开始"不安分"地先是在北大做了小规模的讲座，后又在研究所的一个小房间里，由他的学生张忠培召集，给吉林大学的十几个师生讲述了他头脑里初步形成的"区系类型理论"。那时，我只是觉得他给师生们授课本是平常之事，却不知内容是他苦难期间深思的结晶而不是旧知识的重复。而在那个小房间之外，更无人知晓到底发生了什么。按父亲后来的总结，1975年是他工作的一个转折点。

以我的猜想，父亲从这一年开始，很可能是把自己的工作目标与毛泽东同志当时谈到的"国家的统一，人民的团结，国内各民族的团结，是我们在各个时期取得胜利的根本保证"紧密地联系起来了。即考古工作也要为国家的统一和民族的团结服务，要从历史的角度、实证的角度阐释中华文化、中华民族、中国的发展脉络及演进过程。我听说，父亲这两次小型报告的开场白，就是引用了这条语录，既点透了他的主题思想，也缓冲了屋内与屋外的巨大反差。

1975年的那次讲课，对他来说是个里程碑，或者说是个序曲。他需要争取一切可能的时机准备冲刺了。最直观的表现就是四年后的1979年，他在中国考古学会成立大会上所做的发言，标志着他的冲刺开始了。

古文化的"区系类型理论"到底是什么？我起初并不知道。后来他曾对我解释说："区，多指空间区域划分，也就是'块块'；系，是每一个古文化发展的序列（多指系统），即'条条'，就是以时间做轴，考虑文化的分解、组合、突变和相互作用；类型则是变化的分支。"按照这个理论，他把当时中国境内的古文化划分成了六个较大的区块。

我看到他写的关于这六个区域的底稿，主要是说中国原始文化的起源是多元的，在全国人口较为密集的范围内可划分为六个大的区域。（1）以燕山南北为中心的"北方"，（2）以河南、山西、陕西连接部为核心的"中原"，（3）以山东半岛为中心的"东方"，（4）以洞庭湖为中心的"西南方"，（5）以太湖为中心的"东南方"，（6）以九江到广州为中心轴的"南方"。前面三个面向欧亚大陆，后面三个面向海洋，形成了"两半块、六大区"的格局。六大区的文化各有各的源头、特征和发展道路。它们的文化发展大致同步，到公元前第三千纪前后已达到了非常接近的水平，并且有着千丝万缕的联系。

他的这个理论，让我想起了他和我的一次闲谈。他说：欣赏油画，需要注意自己观赏的距离，要有恰当的视角，过大过小都不好。我们考虑一个地区古文化的特征，需要合理地把邻近地区的资料也拿过来，而不要就一说一,被现有的行政区划所遮目。

我推想,在他的脑海里,大半个中国地域逐渐凸显出六个块体,它们彼此间的界线逐渐显露得明朗起来,而且还有向东、向东南和向西、向西南的对外通道等。犹如提出"大陆漂移说"的魏格纳,在观察全球地图时,各个大陆块体慢慢地按一定的方位移动起来了。

如何看待"区系类型理论",我知道的并不多。不过,在一份报纸上,我曾看到这样的说法:区系类型理论是苏秉琦"对中国考古学的巨大贡献,同时,区系类型理论是中国考古学集体智慧的结晶,每一个考古工作者都为这一理论做出了贡献。……这一理论是中国考古学走向成熟的标志之一"[①]。

求索"石峡文化"

在动荡的年代,幸好考古学和文物工作没有完全停滞,国内各地还有新的资料和新的情况出现,学者们自然也随之不断地思考。运动还在进行,父亲身上还有一些"严重问题"没有结论,但当他自感眼下的压力有所减弱时,内心开始"躁动",甚至更直接地考虑起自己所关切的业务问题了。

父亲最初的一个表现,是1972年从"五七干校"回来之后,和贾兰坡先生开始进行私下的业务交往,尽管贾兰坡先生那时也处于困难状态。那时两人想见面较困难,写信也不便,于是在晚间或假日互相打过几次公用电话。似乎父亲对他有着格外的尊重,也珍惜他的每个成果,或许这和贾先生追随裴文中先生之后自学成才有些关系。后来我知道,这个时期的贾兰坡先生即将进入他学术思想的升华期。在90年代他提

[①] 参见《龙脉相传 文明曙光——纪念苏秉琦百年诞辰暨牛河梁遗址发现三十周年大会将在朝阳召开》,《光明日报》2009年10月22日。

出了华北旧石器存在两个不同文化传统的学说,即"匼河—丁村系"和"周口店第一地点—峙峪系",首先提出了中国原始文化的继承关系。他还提出中国、东北亚和北美的细石器可能起源于中国华北。贾先生为探究人类起源问题,已经开始从全球的眼界来考虑,即从以往的"中国的世界"跳跃到了"世界的中国"。这个飞跃或许对父亲思考中国考古学的"世界的中国"有某种启迪。

不过,父亲最明显的躁动是1975年到1976年。对于他来说,这是一个十分重要的转折点,是他一生学术研究前三十年和后三十年的转折点。这段时间,除了前面说到的关于"古文化的块块条条"小型报告会外,他在1975年初,还到山东出差了四十天,此外就是"广州之行",即"石峡文化"考古了。

按父亲所写的文字材料,还有我2013年去广州对杨式挺先生的拜访谈话可以得知,他的学生杨式挺先生早在1973年就触摸到了石峡遗址出土的资料,并且逐渐感觉到石峡资料的价值和意义可能非同小可,或许能做出大文章。于是不断地给我父亲写信(来往信件维系了六年),介绍那里的情况和资料,并邀请他到广州进行考察和研究。

父亲很高兴,答应了杨先生的邀请,决定单人赴粤,不搞走马观花。从1975年11月到1976年4月,除了中间的春节假期以外,他差不多用了五个月的时间在广州研究石峡文化。据说先是由杨式挺陪同他在石峡工地查看遗址和墓地发掘出土的材料,之后又去广东省博物馆的库房里观看和抚摸那里积累了多年的出自很多地点的发掘材料。那时,库房里没有取暖设备,既湿又冷,所以有时不得不移到宾馆里看资料、写笔记。

父亲很乐意在广州待下来,除了对石峡文化的迷恋和师生的情谊外,我想更多的是他觉得那里没有压力。在广州,他素描和撰写了不少文字材料,按他后来发表的文章说:"它的发现,为我们进一步探索岭南地区从原始社会到秦汉以前的社会文化的发展,找到了一个重要的钥匙。还为我们探索这一地区社会发展诸阶段与我国其他诸文化发达地区

父亲和商承祚先生（中）在石峡工地观摩新出土的器物，听杨式挺先生（左）做介绍

之间的关系，找到了一个重要的环节。"又说："石峡文化不仅可以作为岭南地区新石器时代晚期文化的一个典型，还为我们研究原始社会解体总过程的阶段性发展提供了一批重要资料。……类似石峡文化所反映的原始社会解体的两大阶段的发展过程的材料，在我国其他新石器晚期诸文化中还是罕见的。"

他在一份准备给当地同仁讲解石峡文化意义的材料里写道："不妨从一个疑问说起：我在1959年中国历史博物馆做通史陈列时就注意到了一个漏洞：介绍原始社会的末尾处摆出了山东大汶口墓，介绍奴隶社会时开头就使用（陈列了）郑州商代材料。前者年代不晚于距今四千五百年，后者的年代大约不早于距今三千五百年。中间相距一千年，大约相当我国有文字历史的四分之一。这期间人们留下的实物材料都到哪里去了？"

1977年6月14日，新华社播发消息，石峡文化第一次公示于众。《文物》1978年第7期报道了石峡文化，又指出："在距今两千多年以前，秦在岭南设郡，其性质与秦并六国相同，是在其他条件业已具备的情况下实现政治上统一的。而南越地方政权的建立，不过是一段插曲而已。"

暴风雨中

1996年底，杨式挺给父亲来信，说他的第一本关于岭南考古的论文集将要问世，希望父亲为它写序。1997年1月，虽然精力已经很差了，但父亲还是坚持为杨先生写好了序言。

现在，"石峡文化""西樵山文化"仍然是广东省考古文博系统的重要研究课题，并有新的成果和著作问世。

业务灵魂之三：学会工作方法

父亲留给子女们最重要的财产，就是他的思想、方法、精神和理念。它们是父亲在与我们聊天、闲谈中，不经意间表达出来的。随着年龄的增长，我的感受也在加深。

1976年唐山大地震，直接触动着我的专业，我开始忙活起来了。家里来的客人，很自然地向我询问了许多有关地震工作的现状，父亲同样问了许多。他说，各个行业都有大体相似的思考和工作方法。地震发生的地点成群成片（地震区）、成一条线（地震带）。地震分布出现了空白区，那么这空白区很值得注意。这和人类居住点、文物、古遗迹出土点的分布规律很相似。

我深感意外，父亲能很自然地对我们行业的工作思路做了这样的归纳。直到这个时候，我才真正感受到了他对于思考方法、工作方法和方法论的重视。他曾多次说过这类的话，比如"内行看的门道，是指做事的诀窍、方法""成功者，必定有好的方法""学者的职责，就是要给人们好的思想""都说黄埔军校好，是它的讲义吗？不是，至多也是小部分，而是它给学生的思想、精神、人格力量""大学，耳熏目染的让学生获得好的思维方法，懂得学者的思维方式"。

他又说，你在基层做实验研究四年了，很好。现在需要抓紧对这个难有的地震现场做细致的观察和系统的分析，既要从宏观到微观，又要从微观到宏观，上下反复。也就是实际—理论—实际—理论，"双向思维法"。

父亲强调，要自己学会总结自己的经验方法。我回顾他的多次谈论，很粗略地归结如下。

（1）分法（剥离法，切法）。对大块头对象、难题做切割，分而治之。我上小学时，背诵长江流经了哪些省份，很吃力。他教我，把这九个省从中间切开，先背诵前半段，熟悉了再背诵后半段。他说："我小时候，我爸先让我零散地背诵三字经的一段，共十二个字，有了前三个字，我很快记住了后九个字，他又让我记忆另外一段，一段段的记忆。进而，把三字经分了前后两大部分，分别记住后再粘接，挺轻松地就把那一千四百多个字全盘背了下来。"由此我联想到，父亲对中国古文化六个区域的认识，可能和这种思路有关。

（2）合法（粘连法）。对杂乱无序的众多事物进行分组。先按一定原则分组处置，处置过程中可以相互做更换调整，再逐渐把个头小的组再做组合。于是，无论开始时如何杂乱无章，最终总能归结成三个或四五个组。由此我理解了，他在1977年之后所倡导的环渤海会议、环太湖会议、楚文化会议、燕山南北长城地带会议等，不都是把几个相邻省市的考古文化加起来进行的研究和讨论吗？再有，他说研究世界史，可以把缤纷复杂的世界，组合成（划分成）三个部分，运用的也应该是这个合法。

除此以外，还有乘除法（向宏观、向微观拓展法）、找脉络法、找穴位法等。对于他的乘除法，我理解就是考古实验中的浓缩法和泡水法，反映着他头脑里的时间域可以在很大的范围伸缩，也反映着他头脑里的空间域很宽——大到全球历史，小到一个区域、一个遗址、一个陶器，甚至一个陶器表面的花纹。

他说："找脉络，也相当于现在说的寻找'小投资高效益'的途径。我们做研究，关键是有好的课题，找课题犹如找穴位、抓关键、找钥匙。可我们许多人就是不会找。大课题，就是学科的生长点。"我当时听了，自以为听懂了。可是，直到过了多年以后，他又跟我说起"游刃有余"和"庖丁解牛"时，我才真正意识到这些说法，其实和他以前对我说过的"找脉络法"和"找穴位法"是一样的、相近的意思。

1976年他在山西侯马度过了67岁生日，回到家里母亲照例给他做了热汤面。他对聚在一起的家人说："孔子说，三十而立，我体会了，那时我独立工作了、成家了，很美满；四十而不惑，是指能够判断是非曲直，我做到了，我选择了留在大陆，有了广阔活动的空间；五十而知天命，我也懂得了，自己要'夹着尾巴'做好自己的本职，也开始有了自己的想法和创造性的认识；六十而耳顺，我觉得也做到了，有了听到不同意见的思想准备而不畏惧；我现在还想体味70岁的'随心所欲而不逾矩'，即心态和认识可以提高到新的境界，且基本符合客观规律，进入自由世界了。"

他还说："把事情做透做精些，也非易事，我还不能做到游刃有余。"又说："当你带着强烈的寻找脉络、穴位、课题的愿望时，你就能够从全局眼光深入到某个或几个局部，你才会有更好的进步或发展。"

幸福，知足

我家1947年搬到西直门大街宿舍时，住北房五间联排房，独院。到了1967年后，只剩下两间屋子了，挤得不成。1976年的春夏之交，大约有十个从河南"五七干校"回来的中青年同事，实在看不下去了，便自发帮助我家在自己门前的空地上盖了一个小屋子做厨房。他们在干校已经练就了盖房子的全套本事。于是，每个星期天，是父母最高兴的日子，我家整天都很热闹。

我记得，他们当中有徐光冀、徐苹芳、刘观民、高广仁、高炜、杨鸿勋等。就在工程已经基本完结的10月上旬的一天清早，杨鸿勋先生匆匆来到我家，把我父亲拉到一边，贴在耳朵边小声说了几句话，父亲听后愣住了，眼睛睁得大大地看着他。我们在一旁也觉得这两个人的表情很反常。过了片刻，父亲似乎缓过一点精神来，说："竟是这样。"

我们急忙问：怎么啦？怎么啦？父亲默默不语，但我们看得出来，他心里有大事。大约过了个把小时，又来了两个人，他才大声地说："粉碎'四人帮'啦！"大家很兴奋。我们问父亲，为什么刚才杨先生告诉你这个喜讯的时候，你竟然沉默不语呀？他说："我有点不敢轻易相信这么大的好事。"然后赶紧对母亲说："你想想办法，咱吃点好吃的吧！"

接下来的几天，他多次说过，他自感很幸福。幸福、知足，是他经常使用的词。50年代我就听他说过："我比我的父亲母亲都幸福，因为我看到了抗战的胜利，又看到了全国的统一解放。""文革"结束时他又反复地说："我又看到了粉碎'四人帮'，我知足了。"父亲此后还说过："我从事考古六十年，圆了梦，自感到幸福"，"我有那么多的学生，他们有了出色贡献，所以我是富足而幸福的"，"你的妈妈曾多次要我写书，我不以为然，告诉她，翁独健的教育工作做得极好，并不依靠写文章。其实我的学生分布各地，这才是最大的文章，他们的成果汇集起来重新谱写中国的历史，那才是最厚最好的著作。"

母亲在高兴之余，建议父亲"索性退下来吧，你也是快七十的人了，现在正是合适的时候。急流勇退、圆满告退多好"。父亲却说："你正说反了，现在正是我做事情的时候，也该是开始做事情的时候，七十了，是时候了！"我记得，他把"开始""是时候了"这六个字说得特别重。后来，他又对母亲补充说："我得从冯家升、俞德浚那里得到些启示呀。"这大概是指他们仓促地结束了一生，丢下了许多还没有做完的事情，对社会损失太大吧。

母亲一贯很支持父亲的事业。自从父亲说过此话之后，母亲就再也没有提出过退休一类的话语了。

1976年的深秋，父母两人去香山赏了红叶，还爬到了顶峰香炉峰（鬼见愁）。这也是他俩最后一次到达这个山顶，也许心情又和1945年登昆明的西山时有些相似吧。我不知父亲当时预感到了没有：之后的二十年，竟是他一生最为难得的黄金时期！

从昆明出来的人，在50年代就都"如虎添翼"了，而父亲却整整晚了二十多年。可是，他一点也不在乎，只顾往前看，还高兴地对我母亲说："我是'生逢其时'啊。"

父亲还想起了二十年前看过的话剧《蔡文姬》。他说蔡文姬经历了太多的曲折磨难之后，在她父亲的挚友曹操的再三撮合下，终于摆脱了许多枷锁再次成婚。编剧郭沫若先生写的诗歌《重曙光华》，成为整个话剧的高潮。不管现当代的大家们如何看待这《胡笳十八拍》是不是伪作的问题，但"郭沫若写的这四个字实在是太美了，多好的意境啊"。

美国著名黑人运动领袖马丁·路德·金说过，最终评价一个人的尺度不是他在顺境中的表现，而是他在逆境中的作为。但我从父亲身上体会到，顺境和逆境两种情况下的综合表现才是更重要的。

忘却了吗？

1966年我家被抄时，那个恶人闯进我家诈走了生活费。当时，父亲没听取我们子女的意见，事后我们也就不愿再提及这个伤心话题。但如今"文革"结束了，我们又议论此事，父亲的学生们也和我们说，现在该去告他的状了。

父亲先是沉默不语，后来见我们态度明确，这才说，那事发生后几天，他就估计到这个人是谁了，从他躲闪的眼神里能察觉到。但限于当时的环境，如果"硬"碰硬，可能会有几种后果，但很可能会更窝火。为了长远，忍让才是上策，装作窝囊废没什么。这才让我明白，当年父亲不去告状，并非来自懦弱。

现在为什么还不采取伸张态度？我们问父亲，他说："他自会受到良心责备，我从他现在的神态里能感觉到，让他自责去吧，这就够了。"

这几年里，父亲有一个少有的表现。无论是周围什么人，甚至包括家人，在和他说到那场浩劫时，他从不接应这个话题，不说他的苦和冤，而只是默默地听，直至等到下一个话题的出现。一次全家看电视，父亲风趣地说："运动员有各种各样的，有的会射击，有的会摔跤，有的会跑，有的会跳，有的会拳击，有的能举重。相比之下，我能负重，负重也是一种锻炼。"他说这些话，也让我联想起他说过的裴文中先生：父亲从不问他受过的苦，裴伯伯自己也从不说及。

我牢牢地记得，父亲在韩振江的事情上，让我们一定要学会忘却，事实上家里人也确实不愿再提他了。我也牢牢记得，在风声急切的艰难时刻，我对父亲说过的那些过激的言语：你们学历史的，就是有个很坏的职业习惯，一说什么事情，就必然地条件反射，拿出古代的什么典故来联系对比，不嫌烦吗？分明就是借古讽今啊！您老人家务必要记住，把历史、把过去知道的全盘忘却，什么典故都不知，您也就容易轻装前进了……那时候，父亲曾经无语，似为同意了。可是，1979年底的一件事，让我再次知道，他常在思念一些同仁、友人，绝没有忘却，甚至是深深地、隐隐地留恋着、思念着。母亲告诉过我：当向达、翦伯赞、陈梦家和黄文弼等几位先生获得平反，召开了追悼会之后，父亲在那些天里反而心情沉重了起来，总有所思，远重于当年获悉他们离世时的郁闷。

过了些天母亲才追问他，怎么会是这样。他半开玩笑地说，钉子扎入肉里是一种持久的隐隐的痛，但当把钉子拔出来的时候则是另外一种剧烈的阵痛。还对母亲说，没事的，都过去了，我不会让这种痛太持久的。

我想，他心里一定有许多的思绪，可又不愿意吐露出来，这时他会显得很内向，让它们自生自灭了。作为一个学历史的人，更会有自己诸多的特有感悟。一次他说，你慢慢会体会到，再过几代人，或许能把现今的历史，把近百年的历史写得公正明白。不过，我你都是看不到那一天的。

进入新世纪，我在整理父亲书房里的资料时才看到，他曾把文物报上刊登的那些为老朋友昭雪的纪念文章和报道，一一珍存了起来，并有意把他们的头像折到最前面。在过去那些相处和谐、合作愉快的岁月里，他们竟然没有合过影以留给世人，而只是把他们的一切美好牢牢地印在自己头脑里，带走了。

那么他要忘却的，究竟是哪些呢？我没有明确的结论。

这里附带写一个有趣味的话题。"文革"结束后，他的一个学生问我：你知道苏先生受到的最可笑的也是最大的委屈是什么吗？是他被戴上了"学阀"的高帽子。什么叫"阀"？是有强烈控制欲和控制权力、能力的人。阀门想开就大开特开，想关就滴水不漏。可苏先生最委屈了，无职无权无势，他既不能遮天也不能盖地，他还能控制什么，被控制还差不多。竟给他这样一顶高帽子戴，真是令人哭笑不得呀。

我曾把这句话向他的另一位学生转述，他的那位学生笑着说：不算太委屈吧，他是没职位，无权，无钱，却有磁力，一种无形的势能，这可是少有的呀，某些有钱有权的人都很嫉妒的是这个磁力。他是我们的"尊神"，大家从内心尊重他、爱戴他。正因为这样，才会有这样的一个事例出现：好几个中年人在会议期间为一个无关大局的学术问题，半开玩笑般地越说越偏激，争论得难以开交，突然发现苏先生走过来了，就谁也不吭声了，各方都对自己的主张是否正确没把握，可又不愿意立即听到苏先生的答案。这才是学生眼睛里的苏秉琦——不容置疑的学术权威形象。

"双达"勇士

父亲在和大家的叙谈中，多次回顾起许多旧友和往事，其中很深沉地说到了向达和尹达两位先生，这也使我回忆起以前他常和母亲提到"双达"的一些情景。

父亲和向达先生的初交是在抗日战争时期，在西南联大通过陈寅恪认识的。而在此之前，父亲说他刚参加工作就很欣赏向先生的文章。陈寅恪与向达交往始于抗战之前，在西南联大时更为友善并互为知己。抗战胜利后，向达回到北平继续担任北大历史系教授，在和我父亲的合作中有了更深的了解和友谊。

新中国成立之初，向达曾受到重视，任北大校务委员会委员、历史系教授，并兼任北大图书馆馆长。有人说，向达先生曾一再地积极倡导把我父亲调到北京大学组建考古教研室，而且还对父亲说"非你莫属"。父亲内心里很是感激他。自1954年起，向达先生又兼任中科院历史研究所第二所副所长。此时的他，作为历史学家度过了"最美好的年华"，父亲和他的合作自然也是处于最佳时期，只可惜好景短暂。

1957年大鸣大放，向达对某些民主人士非常不满，骂他们"卑鄙，违心地说假话"；主张史学界要百花齐放，公开说马克思主义的原理和个别结论不能代替具体的历史研究方法，"比如考古发掘，怎能说明这一锄是资产阶级唯心主义的，那一锄是马列主义的？"这些主张和提法，引起了领导和一些自誉为马列主义史学家的不满。按他人的揭发材料，说向先生曾肆无忌惮地讲过"党把科学家看作'街头流浪者'"一类的话。因此，他被戴上了史学界"四大右派"之首的帽子。

当时媒体说的"四大右派"，分别是向达、雷海宗、荣孟源、陈梦家。四个人当中，父亲认识三个。他曾对母亲说："向达可是个忠臣啊，敢于说实话，讲真话，是个特别厌烦献媚取宠的人，该评他左派才是。"

1959年底，向达的"右派"帽子又突然被摘掉了，同样使周围的人感到惊诧。面对这少有的变数，很多人仍怀揣不解之心，一旁观望，不敢靠前（担心是个阳谋考验）。后来父亲听说，第一个向向达致书道贺的，竟是已经双目失明的陈寅恪先生。

大约是1961年春，父亲回家对母亲说："今天总算碰到了机会，在楼道里和使劲低着头匆忙走路的向先生碰上了，很想多说些话，但周围的人都以惊异的眼光斜视",于是向先生很敏锐地说:"你很忙,就赶紧去办你的事情吧。"父亲说:"向达先生如此为我着想,真是令我心痛。"

1962年夏季,父亲和所里的几个人到海拉尔休假。不知从哪里买到了两个用小纸盒子装的苏联产的维夫饼干,在坐火车回来路经天津时给了我一盒。后来我回家时和母亲说起这事,她告诉我说,你父亲去看望向先生时,除了带去一本什么书以外,还把那个纸盒子也拿去了。回来后他还和母亲讲,大概是害怕以后有什么变故吧,周围的人仍不敢靠近他,且依旧是异样的眼光。

1958年和1959年,各个单位都在"拔白旗,插红旗",父亲自然不会轻松。尹达在那个时期正是考古研究所的负责人,他明确而及时地提出了"立中有破,边立边破"这一反潮流的言论。父亲说:"这八个字很有深度、力度和水平,他是集智慧、学识和胆量于一身的人。"1958年,尹达还提出了"建立马克思主义中国考古学体系"的奋斗目标,号召"在全国范围内,把中国各个阶段的各种文化遗存搞出一个科学的完整的系统"。这让父亲很是钦佩,并说这位曾工作在李济手下的人真是有水平。

父亲去世后,我在整理他的笔记时注意到,1959年尹达在考古研究所召开过一次为期一周的座谈会,且有外地人员前来参加。讨论的重点是建立中国考古学体系,父亲把当时参加会议时的日程表一直留存着。也许,正是从这次会议开始,建立中国的考古学体系,成了父亲一生的学术追求和学术情结。

父亲说,尹达先生还从领导的角度,明确表达了他对类型学方法的态度,批评了一提"瓦罐排队"就全然予以否定的错误倾向。那个时候,很多人一听到陶罐排队就认为是资产阶级的。父亲显得很孤单无助,却心里不服。心想俄国的门捷列夫把元素写在扑克牌上排队后,发明了元素周期表,揭示了元素之间的密切关系,为什么不说它是资产阶级的?而尹达先生敢于正面表态,明确指出要"把长时期内各种不同文

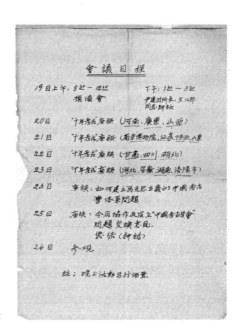

父亲珍存的会议日程表

化在不同地区的发展过程弄清楚",强调"对这种文化发展系统的探讨,是考古研究中必不可少的重要环节。忽视这一环节,就会造成学术上的损失"。他针对轻视类型学研究的情况,十分强调陶器在新石器时代考古研究中的作用,提出对新石器时代的大量陶片应做目的性明确的全面而系统的研究。从而使全国的考古工作避免和减少了错误思想的干扰,保持了健康的发展,父亲的思想包袱也随之轻松了许多。

父亲很怀念尹达和向达,说:"农村里有句俗语,叫作'贵人相助'。我遇到的贵人很多,但其中必定包括'双达'——知我者,支我者。我不单是因为得到过恩惠而感谢他们,而是我感受到了他俩的精神,勇往直前、不畏权势的精神。"

从 1937 年算起,到 1976 年,跨越了四十年,这个非常时期对正处于 30 岁到 70 岁的人来说,意味着什么? 不同人会有不同答案吧。

人正中年，犹如夏季植物，急需吸收阳光，急需吸收地下的养分和水，以顽强的生命力茂盛生长，开花结果。父亲顽强地和逆境抗争、固守阵地，热情迎接新时代，愿改革自我以适应新环境。但是，他没有如愿达到"如日中天"，且逐渐地"靠边了"或说"落伍了"。但或许正是这个落伍，让他能依旧在自己的耕地里继续劳作。他总是在感谢他的板凳让他没有挪窝，平生只做了一件事是他的幸福。思维，犹如搁置在寂静地窖里的酒液慢慢发酵。按照他自己在晚年的总结，四五十年代和60年代，是他学术生涯的前三十年，是处于默默求索、趋于成熟的阶段。那么这两个阶段的节点在哪里？是1975年开始说出了区系类型理论，或者是1978年的全国科技大会。

　　他幸福，就是因为他能自发而迅速地挣脱束缚、尽全力释放他的能量二十年，即从他68岁到88岁。

　　一生中竟是在晚年才贡献了最鼎盛的光辉，而不是在中壮年期；一生中得到了许多友人（包括他的学生）的协助且懂得运用和珍惜这些帮助。这，就是苏秉琦。

后篇

呼喊始于年七十

（1977—1987年）

四处奔走，游说有余

1977年到1987年，可谓父亲一生中的最佳岁月。在这十年中，特别是1979年以后，他的各种思想和理念，可以尽情地向人诉说，且得到了大多人的接受。有些还被应用到了实践当中，产生了很好的效果。这令他无比欣慰。

父亲在研究所拍的第一张单人照（摄于1977年）

父亲变了。一个最明显的变化，就是外出活动明显地增多了，有的是到考古工地考察、看材料，有的是主持或参加考古学术会议。虽然很忙，但很充实。我们曾玩笑般地说："您可有点儿像孔子周游列国了。"他回答说，有相同处但有更多不同啊。我还在我的观察中，发现他带有了明显的"个性"，似乎和他所投身的中国考古学自身发生的明显变化很合拍了。

第一，学术活动内容多是一些新的课题，不是旧框框下的例行事务，而是对发掘资料如何做出更好的分析和研究。

第二，很多议题和他新的学术思想有关，即多是学科发展的前沿或生长点。

第三，讨论的题目虽然和全国文物考古工作总计划的大方向一致，但又是带有非计划性的，有些议题是他主动提出并得到地方单位欢迎和赞同的，有不少小型会议前后之间是有因果联系的。

第四，开展的学术活动"自下而上"的成分多了，纯自上而下的活动少了。不再是传统的工作布置方式，而是带有"非行政性的味道"了。

第五，打破了省区之间的行政界限，按内容将几个相邻的省市区人员召集到一起议论共同性的课题。关于这一点，我曾和父亲开玩笑地说，你们是在搞"扎根串连"。

第六，强调务实，不说空话、套话，不必人多，不必请领导讲话，人人都要有备而来。用父亲的话说，叫作"不看你的文章，但要听你的思想"。

第七，大会小会不拘一格，有人请他就去，也不管邀请单位是不是文博系统，多处留下了他的足迹，有人戏称他在支持"第三世界"。当然也有例外，至少有两个南方的会议他觉得讨论主题不明确，就婉言谢绝了。其中一个是中山大学人类学系的商承祚先生托人带来一个召开"中国东南地区古代历史与文化学术讨论会"的征求意见书，里面列举了许多研究单位和大学为与会者，但父亲在给主办人的回信中说："我

在山东滕县博物馆看器物（摄于1978年）

无意参加，拟给商老个人信陈述意见。此会太空泛，无中心内容。"

上述归纳，纯属外行人的观察，但他这一时期倡导和参加的学术活动都是有课题意识的，又都带有"自由思考"或"独立研究"的意味。

从1978年10月父亲收到的一封来信中可以看出，他的频频外出有些招眼。比如，原来他只说是到烟台市养病去了，可养病期间，还跑到长岛、曲阜、潍坊、黄县、寿光等地"搞自留地"了。1977年10月，参加了南京的"长江下游新石器时代文化学术讨论会"会议。次年，又为他倡议的在庐山召开的"江南地区印纹陶问题学术讨论会"写了文章。

1977年在南京的学术会议上，他首次正面地提出了要"建立马克思主义的中国特色的考古学"，这是继1958年尹达提出"建立马克思主义中国考古学体系"的奋斗目标，号召"在全国范围内，把中国各个阶段的各种文化遗存搞出一个科学的完整的系统"和1975年8月胡绳在政法干校大礼堂的学部大会上强调"要有志气在许多学科建立自己的学派,要有中国民族气派、风格,要重视方法"之后,他做出的公开的、正式的回应。同时,他还以区系的视角谈了他对整个东南沿海地区新石器时代考古的最新认识。

此后的岁月中,我们这些子女的认识已远跟不上他的学术思路了,更难以对他的学术境界和学术贡献做出准确的描述或评介。于是此时我只能通过见到的一些表象和父亲对我这个外行人的一些日常谈话内容对他进行回忆,而谈及学术活动和学术思想方面的东西,自然就是挂一漏万了。幸好,我找到了他那时写信留下的为数不多的底稿,将它们直接引用到文中,或许能让读者更直接地感触他的心迹。另有,这期间有关他的文章报道也陆续多了起来。例如1993年《东南文化》第1期刊登过他的访谈录——《迎接中国考古学的新世纪》。1995年《东南文化》期刊分上下两篇刊登了高炜、邵望平先生访问他后经汪遵国先生整理的《圆梦之路》,对他的学术研究历程做了介绍。1997年香港《明报月刊》第7期刊登的《百万年连绵不断的中华文化——苏秉琦谈考古学的中国梦》,是该报主编古兆申先生于1996年到1997年四次来我家访问他之后写成的人物专访。值得一提的是,这篇专访题目当中的"中国梦"三个字,恰恰点中了父亲一生的追求——他的心迹和足迹围绕的全部是中国的考古梦。

传奇般的真实故事

说到"他变了",一个问题随之而来:为什么他会在这个时期有几个传奇般的故事。是来自他贴近实际、善于望闻问切?还是他常年日夜思索?还是他有着特别的经验?据我所知,李四光在国家石油供应最困难的时刻把手指到了大庆,他还指出过一些可能发生大地震的地区,但直到现在人们也不能清晰分析出他这些结论的详细推导过程和依据,有人称之为经验。但对于我父亲,我觉得不能单单以他有特殊经验来回答,而是他还有对学术的执着和对中国考古事业的赤诚。

故事之一:"古杭州就在这里"。1977年10月,杭州良渚的朱斗村。一位老人坐在莫角山西侧一块大石头上歇息,旁边是开车的司机韩师傅。老人望着眼前缓缓上升又缓缓下沉的大土坡,出了一会儿神,突然含笑轻轻地问老韩:"杭州在哪里?"

"咱们今天早上不就是从杭州出发的吗?"司机不解,觉得这个老人年岁大,糊涂了。

"不对。这里是古代的杭州!"老人眯缝着眼睛,微微晃着头,自得其乐地轻声回答。司机更加不解。

在送两位客人——这位老人和吴汝祚——返回宾馆后,司机继续开车送接待人牟永抗回家,在路上,司机才有机会,问道:

"这位老人多大年纪了?他怎么竟然说:良渚那里是什么——'古代的杭州'?"

"什么?你再说一遍!"

这位老人是在南京出席了长江下游新石器时代讨论会之后,和吴汝祚先生到了杭州,做良渚一带的野外考察。当牟永抗陪同吴先生沿小路去另一个地方查看片刻时,老人坐在一块大石头上休息,和司机做过上述简短而重要的对话。当时,他手里没有地图,休息地地势平坦,绿茵葱葱,也难以看到周围的地理环境。

第二天,牟永抗(他曾是考古训练班的学员,自称是这位老人的学生)壮着胆子,当着吴先生的面问老人:"那里是古代的杭州吗?"老人笑着,很肯定地点了点头。

消息传开,老人的一些学生们为他捏了一把汗,生怕此话说得有过(在考古行当里尤其避讳把话说足而过了头)。几年后,在这一带果真陆续发掘出了更多的实证:就在老人所坐石头不远处的反山、瑶山发现了良渚文化墓地和祭坛;接着确认了莫角山是人工堆筑的大型建筑群遗址,良渚中心遗址群的面貌逐步展现在今人面前。科学预言被证实了。

考察浙江河姆渡遗址
（左为吴汝祚，摄于1977年）

此后，老人兴奋地几次来到反山查看出土的器物。

十年后，这里的104国道改线绕过了良渚遗址群。老人休息的大石头仍然静静地待在公路一旁。而其不远处，正在建立良渚博物馆和良渚遗址公园。现在，在博物馆内有一组铜像：这位老人苏秉琦在向人们讲述良渚文化。

良渚博物馆的馆长曾对我说，十多年来我们按着苏公的思路前行，确实取得了丰硕成果。

故事之二："它至少有七八千年的年岁"。中央电视台科教频道曾报道，苏秉琦先生在办公室专心地反复看着河南新郑裴李岗遗址出土的器物——石磨盘和磨棒，随后双手慢慢地摸着，又缓慢而有力地对面前的文物局同志说："这些石器很早，年代至少在七八千年前，是河南地区第一次发现，很重要！"

七八千年！从河南新郑专门护送裴李岗出土的带脚石磨盘来北京的人员，在京等待碳十四测年的最后结果，在空闲时间转而一想，索性先请苏先生来看它一眼。未料想当场就能得到苏老的这一初步、却很肯定的答案，很受鼓舞。仰韶文化属于新石器时代的中期，距今7000—5000年；而裴李岗遗址出土的文物至少在七八千年以上，这说明，这是早于新石器时代中期文化的一处重要遗址。

1978年春喜讯传来,《考古》杂志第2期首篇刊登了《河南新郑裴李岗新石器时代遗址》简报,经放射性碳素的年代测定,该石磨盘为距今7885±480年。来京的领队人,事后在中央电视台科教频道节目采访时说:"(苏老)果然是位大家啊!"

故事之三:"在三县交界处必有惊人的发现"。1979年,郭大顺带领考古普查队在辽宁喀左发现了红山文化遗址二十多处,最典型的是东山嘴遗址。消息传到北京,正在思考古文化研究从何处突破的苏秉琦说:中国文明起源可能会在辽宁西部找到答案,并建议国家文物局在辽宁朝阳现场召开考古现场会。

1983年7月24日,与会专家们达成共识:东山嘴遗址是新石器时代重要祭祀遗址。苏秉琦预言:"在喀左、凌源、建平三县交界处,可能有更惊人的发现。"

会后不久,果真发现了规模更大、规格更高的祭坛、女神庙、积石冢遗址群。这一发现和其他新资料把中华文明史提前了1000年。

1984年,牛河梁发现5000年前的玉猪龙的消息传到赤峰市的翁牛特旗,文化馆负责人贾鸿恩突然想起1971年三星他拉出土的一件玉器,意识到它极有可能是与牛河梁玉猪龙一样珍贵的文物。他把玉器放入一个小挎包,坐了一夜火车赶到北京,请苏秉琦先生鉴定。

苏秉琦用手轻轻地反复抚摸着这件玉器,一面仔细审视,一面向他细细询问这件玉器的出土地点和征集过程。之后,他突然兴奋地说:"太好了,太重要了,这是一件珍贵的碧玉龙,是一件重要的红山文化遗物。"当贾鸿恩把这碧玉龙再次装进小挎包时,苏秉琦站起身走到贾鸿恩身旁,深沉地叮嘱说:"这可是个国宝啊,回家路上可得加倍小心啊。"此后,这一消息如同春雷一般,惊动了考古界,也惊动了历史界,引发很多文物专家的一系列研究性文章。

1985年,《人民画报》用整版篇幅登载了这件玉龙的照片,充分肯定了红山文化及红山碧玉龙的重要地位。1971年在三星他拉发现的玉龙，终于在被忽视了十多年以后得到正式确认：它是一件可以上溯到5000年以前，由当时的红山人精心制作、国内首次发现的"中华第一玉雕龙"。不久，文化部将它上调到国家博物馆收藏，并曾多次赴国外展出。

故事之四："我看到了真正的古蜀文化"。1984年3月，考古会议的代表们在成都的四川省博物馆仓库，观看了几个架子上摆放着的琳琅满目的珍贵文物，苏秉琦先生却专心地对地上几个竹筐里的陶片一再观看和抚摸。突然，他高兴地说了一句使人不解的话："我看到了真正的古蜀文化。"很多人听了很为他的话担心：会不会说过了头。他却坚定地说："这就是古蜀文化！是四川考古学的生长点和希望所在。"

两年后，这里出土了数以百计的青铜器，其中就有轰动世界的近两米高的大铜人，这些是古蜀文化的有力佐证，也引发了他更多的思考。他问家里人：你们是否知道，川西人的眼睛更突出一些吗？这些铜人的眼睛都鼓出来了，意味着什么呢？

按我的体会，田野考古工作的魅力之一就在于机遇和巧合。但为什么这么多的巧合都落到了他的头上？这让我想起朱延平和我聊天时说的话："苏老的文章我们（这些学生）都读了，自以为理解了，其实对他学术思想的内涵、他思想方法里的灵魂，或许有些更深奥的东西游离于文字之外，我们还没有吃透。"

中国考古学会成立大会

1979年4月，西安初现绿色。年逢七十的父亲，又一次来到这里，参加两个连续召开的会议。前一个是中国考古学会成立大会暨学术讨论会，后一个是全国考古学规划会议。

对西安，父亲有着特殊的怀念和情感。1934年浓厚黑发的他，第一次参加资料整理是在这里，并在这里懂得和热爱上了他的考古事业。

四十五年后的他，已是头发花白，想到要在自己学术生涯开始的地方发表重要讲话，心里自然别有一番滋味。加之，三伯父就是在这里度过了后半生，建国后他数次来西安做考古调查时，每次都要到他三哥家里坐坐，兄弟话题不断，谈笑风生。现如今，弟弟又来了，可三哥三嫂却早已经不在了……

赴会前百感交集的他，在回答母亲要不要"急流勇退"的问题时，得意地说："我已备好了三篇发言稿呢。"按照他自己向客人的介绍和写过的一些文字材料看，他这次发言的核心是：（一）考古学中的区系类型问题和阶级、国家的产生过程问题；（二）古文化的六个区的概念和划分问题；（三）提出楚文化的专题研究，提议河南、湖北、安徽和湖南四省联合，用"轮流坐庄"的形式举办座谈会。会后，我们简单地翻看了一下他在考古学会闭幕式上的发言稿，外行的我当时并没有什么感觉。可在以后的几年里，从他和学生、客人、家人的谈话中，我才慢慢知道，他是吐露了自己长期积淀下来的一些思考结晶，而且自认为是一次最重要的发言，也标志着他从此步入了学术生涯的新阶段。我想，当多数人才意识到考古专业步入春天时，父亲已经把多年孕育的理念喷发出来了。从1945年昆明那些"如虎添翼"的知识分子下山算起，已经过去了三十多年。

父亲还强调近一两年应（各个省）各自为战，抓好自己的重要课题。其中这最后一句话的含义，在两年后得到了显现：在各个省市抓好了自己的课题之后，多次出现了多地区跨省市的联合会议，如环渤海会议、环太湖会议、长江中游会议、燕山南北长城地带会议、楚文化会议，等等。这一连串的学术会议，当和他的会下活动不无关系。

他在1994年和高炜先生谈及自己的往事时，说到了他在西安两个会议期间及之后的一些想法和理念。他说不论是在1979年中国考古学会成立大会上，还是在此后的一系列学术研讨会上，他都从未忘记过提请大家注意："考古学的根本任务在于要对中国文化、文明的起源与发展,中华民族的形成与发展,统一的多民族国家的形成与发展做出正确回答。""并以此为核心、框架,来系统复原中国历史的真实轮廓与发展脉络。""为此,必须建立史论结合的、系统完整的史学理论体系。"这或许就是他对中国考古学工作总任务的理解,和对考古学工作总目标、总方向的界定和把握吧!

他说,"新世纪的中国考古学,我看到了","我为此做了努力,提出了一系列重建古史的理论"。按照中国考古界和他的学生们的理解,父亲的理论主要可以概括为两个方面:一是以考古学文化区系类型理论为核心内容的"文化谱系论",亦可简称"文化论";二是以"古文化、古城、古国"三阶段,"古国、方国、帝国"三部曲,"原生型、次生型、续生型"三模式为核心内容的"中国文明起源、形成与发展道路理论",亦可简称为"文明论"。

父亲提出的"文化论"和"文明论",不仅标志着自尹达以来"建立马克思主义中国考古学体系"这一目标的初步实现,也代表了他此生学术思想的顶峰。那么,父亲提出的两个考古学理论,到底是个什么东西呢?具体应该做怎样的理解呢?我问过一些考古学家,也查看过一些相关材料,发现最能简单地概括或浅显地解释这两个理论特别是"文化论"内涵的一段话是:"相对于世界其他几大历史文化系统而言,中国文化是本地起源,自成一系的;在本地起源的过程中,又是多区系的多经济类型的;各区系文化源流既相对稳定又相互交错,形成网络系统,通过作用、聚变、裂变,趋于融合,殊途同归,从源头的涓涓细流,先汇集为大江大河,然后百川汇海。或者可以说,中国文化、文明的多源论所要回答的是把十亿中国人民团聚到一起的基础结构及其历史依据。"

父亲的新思想,像连珠炮般地向外喷薄着……而且他对我说过,召集的"这些会议,主题一脉相传,而且进入了'不无争论'的状态"。这"不无争论"四字,深记我心,也难免让我有些隐隐的担忧:您的思索已到了风口浪尖处啊！您曾说过，在禅学里，那个浪尖也许很快就会跌落下来的啊。

在会议之后的 1980 年春季，他去赤峰参加了内蒙古自治区考古学会成立大会，并观看了那里的出土文物。这是他第一次踏上赤峰这块红色山峰所在的土地。回家后说到，他从 40 年代总结陕西斗鸡台的瓦鬲开始，就将热河、辽宁看成了瓦鬲早期形制在中国北方的分布区，将"花边鬲"作为与"A 型鬲"形制最为接近的类型，列在了陶鬲谱系中较为原始的一种。这次能到赤峰，当然对那里的新进展很关注。

此后，凌源又有了新的考古发现。于是，把赤峰和辽西联系在了一起，成为他检验、充实"区系类型理论"的试验基地。

同年，他还做了"长城地带"的专题考察，到过张家口、太谷、喀左、凌源和建平。于是，便又有了 1982 年、1986 年的长城地带专题性系列座谈会的召开。

在第二次考古学会会议上发言（摄于 1980 年）

考古为"大政治"服务

初看他在西安的第二篇讲稿——在1979年考古学规划会议上的发言，竟然谈到了"考古要为实现新时期总任务做出贡献"。我本以为是在这个口号之下的泛泛一谈，不料想里面的内容都是具体的，而且把眼光放到了全国、全局的工作方向和目的上了。我猛然悟出，这个发言的核心思想不就是父亲心里一再惦念着的"要为大政治服务"吗？只是他没有说出"大政治"一词罢了。

从稿子的语气能够看出是大会发言，也是他唯一的一次专门论述全国的考古要为大政治服务的问题。我想，大政治之所以"大"，是指社会发展的总趋势、总任务，以及国家和民族的整体利益和前途，即大历史，而不是眼下一时的小事。现摘出讲话稿的一小部分与读者分享。初看很别扭，但如果知道了他的潜台词，自然也就会明白许多。

"为新时期总任务做出贡献，是我们每个人都应考虑的问题。……党的十一大和五届人大提出新时期总任务之后，给我们八九亿人提出一个共同奋斗目标：四个现代化。在这个总目标之内，我们该把自己摆在一个什么位置，起什么作用呢？"

（1）关于考古工作的目的性。"核心问题是，要加强我们工作的计划性、目的性。现在需要更好地考虑一下真正必须、可能和应该做的事情。这次全国考古学会议上没正面提这个内容，只是谈了八年工作规划，和考古学会要推动学术活动。"

（2）强调考古学的使命和作用。"全社会都在明确'重理不可轻文'，这是我们的大环境。咱们报刊上的文章，多是谈现代科学技术、理工方面的东西，有的同志曾提出过'重理不可轻文'的建议。中国社会科学院院长于光远同志说，重理轻文问题不是不存在，这也是争取下一代的问题。他曾经动员他的孩子学文，结果没争取过来。实现四化单纯是自然科学的事吗？远远不是。我们要实现中国式的社会主义强国，如何实现,是个什么样子的(社会)?最近常谈到进口先进技术,但是经营管理能照搬照套吗?不行。谈民主,就得谈法制,我们的法规该是怎样的?法学也是迫切需要解决的问题。这是社会科学。五届人大会议中提到社会科学中的社会学,本来建国初燕京大学就有社会学系,五二年院系调整被砍掉了,现在中央提出来了。社会学这门科学又起死回生、成了热门。环境保护也是紧迫任务,单纯搞建房、忘记环境保护行吗?这也是社会学。既然如此,我还没看到哪位同志谈到,历史科学(包括史学、考古)该放在什么位置,起什么作用,达到什么目的。这个问题不值得深思吗?"

我注意到,父亲在这个发言文字里面,强调考古学的总任务是要围绕四个现代化。几年后他对我说起,他心里其实还藏有一句很重的潜台词:在四个现代化之上有个更要紧关键的,是管理现代化。我们的社会科学就是要为管理现代化拿出主意来。

他还说:"同理,我们考古专业照过去十七年(的做法继续)办理就行了吗?我看并非如此。所以重点是未来二十年该怎么办。……从国际形势的需要来看,全世界都希望了解中国,要求了解我国的历史现状。因此,要有高水平写出的我们国家的历史,新中国成立后这段历史,和文物工作考古研究的成果。……在文化大革命后,头一个是乒乓外交,我看出土文物在国外的展出是不是可以说是文物外交,因为展出远远超过了学术范围,引起了广泛的研究中国、了解中国历史、了解中国现状的热潮。我们在外一百多个使馆经常碰到所在国人民要求了解我们历史、现状,要资料看。使馆在这方面受到的压力很大。"

(3)重视世界史的研究。"我们在座的同志,不管搞历史、考古、博物馆的,都和历史科学有密切关系。而人类的古代史,如果说西亚、北非、欧洲是一大块,我们中国人居住的东南亚也算一块,中南美也是一块(注:他把世界历史分成三大块的思路是从这次发言开始的)。……我们应该拿出什么样的东西给他们呢?当然,世界各国研究中国的并非少数，研究人员的总和远远超过了我国研究外国历史的人数。今后还会如此。研究中国历史的任务还得我们自己承担。就是说，我们不能安于现状、安于建国后三十年取得的成果，这个速度不行，跟我们国家地位不相称。……世界上先进国家都有自己的发展道路，有它自己的历史背景、民族文化传统。如果我们单纯引进技术，就不能真正消化成为我们自己的营养。所以，我们需要有研究外国的人员。同样地，我们研究中国考古，却不知道自己历史，也不研究外国的考古，我们同样会对世界史成为盲者。"

（4）关于汉族和少数民族的关系。"在实现四个现代化的进程中，国家的统一，人民的团结，国内各民族的团结，这个条件有突出的重要意义。在这方面我们不是有很多的重要课题该重视还没有重视吗？汉族人多，少数民族地大，为了巩固各民族的团结，对立统一如何解决，光靠民族政策还不够。对这个问题，靠正史里的史料能够回答多少？我不能回答。说张骞通西域、丝绸之路，说的新疆，而不是说旧疆，对这点旧文献能说清多少？我们在新疆的考古工作就发现，新疆不但是旧疆，而且它和河西走廊，和陕甘地区，和长安的关系远远超过我们的想象。……我听说社会科学院邓力群同志建国初期在新疆待过一段时间，他说，研究少数民族问题，离不开汉族，研究汉族历史，离不开少数民族，两者密不可分。……再说西藏。我们历史博物馆只有一个文成公主与松赞干布结婚的图，和一个碑。其实汉藏的关系远远不是这样（简单），内容丰富得多，源远流长。……还有内蒙古。一个河套内外，仅仅从近年积累的资料来看，相当丰富。但对于把这些材料整理、研究和发表，并更深一步把它和整个中国联系起来看，远远没做够。我们对这些资料容易带着一种现成的想法来看。"

（5）关注邻里间的历史课题。"我们邻国的考古工作的意图和成果，我们应该知道。先说越南，越南在1964年开始有专门的考古研究院。有七八个北大考古专业的毕业生，四五十个干部，工作量比我们与它相邻的几个省要大些。例如铜鼓，把和我们相邻的几个省连起来讨论，进而讨论原始社会。把他们自己的资料和我们的资料一并连起来研究，大谈和我们仰韶文化的关系，说仰韶文化是属于古越南文化的一个分支。我们不论及他们这论点是否严肃，里头肯定有狭隘民族主义情绪在内。……四周的各个国家都做考古。各唱各的歌。我们光看自己一边不行，那一边也得看到，也得研究，等将来再研究成吗？……这方面不能落后，落后就被动了。"

（6）关于理论研究。"最后说说理论研究。自从恩格斯写《家庭、私有制和国家的起源》这书以来，当时考古学科还处于幼年时期。人类文明三大块中，最完整、最丰富、最典型、最标本的，在中国，而不在其他两大块，也不在东南亚的那些国家之内。恩格斯在写这本构成马克思主义历史唯物主义理论的重要著作时，还没有机会知道并利用我们中国最丰富、最典型、最多样化的地下考古材料。那么这么多材料，不是只能靠我们考古工作者来发掘、来研究吗？我们应该承担应承担的责任。"

父亲为西安会议准备的第三篇发言稿，则是给西安考古工作者做的报告——《谈西周考古的意义》。在这篇未发表的文章里，他饱含感情地向听者回忆起他当年来宝鸡和西安的历程和那时的艰难环境，以及当年工作的指导思想；并且说到了那时在他写的总结里没有说挖到了周墓、秦墓，而只是说屈体墓、仰身墓，是有缘故的，原因是那段历史不是一个脉络接下去的。

唐兰先生送来的厚礼

"这消息太突然了，前一个多月来咱家时还好好的啊！"1979年初，父母见了我立即说到，唐兰先生于当年1月不幸去世了：那天清早在他的书房里，手持一本古书，俯首桌面而去了。

父母回忆起当年在昆明时和唐先生的交往，那时他常来黑龙潭找徐老伯聊天并借阅古书，每次多是待上大半天，中午时分多是来我家凑合吃口粗饭，母亲说他是很随和、从不挑剔的人。建国后唐先生在北大工作，和向达先生常有来往。1952年，他调到故宫，父亲那时有一个故宫通行证，进出很方便，所以两个人的相逢便多是在故宫了。他俩在先秦历史、青铜器等方面有共同语言。唐先生还多次向父亲介绍他对故宫里保存着的"石鼓文"渊源的探索，而父亲的第一篇论文也恰好是关于石鼓文的。

1978年11月底，唐先生专程来我父母家，拿来了一件特殊的礼物——他于1977年为《大公报在港复刊三十周年纪念文集》写的一篇巨作：《中国有六千多年的文明史——论大汶口文化是少昊文化》。

他写到，根据古文字的研究，大汶口文化是少昊文化，因而中国的文字历史可追溯到六千年前。文章里还写道，他30年代在研究古文字时，就对文明起源的中原中心论产生了疑惑。他认为，在殷代就有了很多形声字。陶文里保存有象形字，此后到了甲骨文里已多简化了，变得近于符号了，甚至出现了错别字。因此，甲骨文已属于其后的形声文字时期了。中国的文字发展，应先经历意符文字期，这是远古期。形声文字是在近古期，从夏代开始。大汶口文化是初期的社会文化，其极盛期是少昊时代，大汶口陶器文字是我国所见到的最早的意符文字，大约有六七千年的历史。最后的结论是，我国文明史不应从夏代才开始。

父亲告诉我，唐先生治学严谨，著作也多，是位少有的能代替顾颉刚先生到北大讲授《尚书》等课程的人，也是位很能耐住寂寞的顽人。王国维曾赞扬他对古籍书无所不窥。他在古文字研究中更是具有创造性，绝不人云亦云。他说"六书"只是秦汉时期的人对于文字构造的一种看法，而我们现在看到的商周文字要早上一千多年，于是唐先生建立了"象形、象意、形声"三书说。在古文字研究中不是就事论事，局限于说文解字，而是注重总体的概括归纳和提升，将古文字分成四系：殷商系、西周系、秦系、六国系。他还提出了利用比较法、推勘法、分析偏旁法、历史考证法来辨别古文字。由此建立了古文字的理论体系。我听到这里，豁然明白了，他们俩的互相熟悉是来自研究方法的沟通，怪不得父亲常说要注意思想、注意方法呢。

大概限于考古资料有限吧，很少有人支持或响应这篇文章的论点，古文字研究方面的支持者似乎也很少见，看来社会反响不大。可惜我不清楚父亲对这文章有过多少或什么样的看法。事情就这样的沉寂了。不过我知道，父亲出于专业的敏感，定是很重视这个礼物，出于多年情谊也懂得唐先生的绝笔如何可贵，因此一直将它单独存放在一个红色的硬夹子里。

父亲肯定很怀念当年徐老伯、唐先生和他三个人在茶花树旁、在龙潭湖边切磋古书和感叹时局的诚挚友情，可现在只剩下他自己了。时间不等人，明知唐先生的绝唱没有得到什么反响，他仍毅然决然地在十几年后，开始了疾风暴雨式的呼唤——在《中国通史》第二卷前言里提出"重建中国古史的远古时代"，论文《关于重建中国史前史的思考》刊登于《考古》1991年第12期；论文《重建中的中国史前史》刊登于《百科知识》1992年第5期。

遥想三十五年前的1947年，徐老伯和父亲一起写作了《中国古史的传说时代》，书中写道："将来必有一天，我们可以根据丰富可靠的地下遗物遗迹，和考古学的成就，来描述中华民族的史前文化。"父亲和他人的不同之处在于，他说的幸福，就在于在重建中国史前史这一"艰难的起步，坎坷的道路"上，他是起步早而坚持下来的人。

90年代初，有位叫沈建中的青年摄影家找上门来。他发现诞生于20世纪初且对中国现代化进程起到推动作用的大家不少，于是他自立课题（自费）扛着摄影器材四处奔波，登门找到这些人文科学大家，给他们拍照之后，再请本人题写几句话，表明自己的追求或心声。1992年夏，他和父亲通了电话后，父亲满口答应，说他这个思路好，这种自

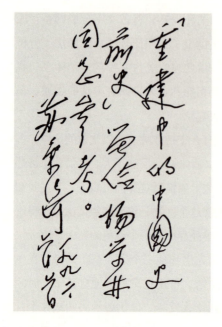

"重建中的中国史前史"题字

行奔波的精神更好。拍照后,父亲毫不迟疑地把亲手题写的"重建中的中国史前史"交给了他。足见从这时起,父亲的心思全在这上面了①。

在此期间,父亲还收到了台湾同仁杜正胜先生邮寄来的论文《中国古代社会史重建的省思》,发表于《大陆杂志》1992年第1期。当时,台湾那边能够得到的大陆资料还不很及时、充分,但两岸的学术思想还是相近的。我由此懂得了,任何重要课题的提出、突破,重大问题的认识、革新与进步,都有其逐步孕育、进而发育为集体性行动和观念性革新的必然,是许多人成果的积淀,而不是某人出于一时兴致的偶然事件。

到了1996年,父亲对采访他的记者说:"我终其生于一役,从考古

---

① 沈建中撰文的《世纪肖像》一书于1999年9月由天津教育出版社出版。

学的角度对五千年中华文明史予以彻底的、合理的阐释，全部观点都在《中国文明起源新探》中表现了出来，是我走过这六十三年的学术道路的总结。"

离开北大，谢幕讲坛

就在高高兴兴地面对诸多新局面、新课题时，有件事情却让父亲周围的好友开始担心了起来，不知该怎么劝慰父亲才好。

1982年，北大考古专业为适应形势发展需要，准备成立考古学系。上上下下做了多种酝酿，父亲当然也很积极。他不仅对未来的建设方案做了许多思考，而且还常和老伙伴宿白先生、严文明先生等在一起议论、商量。可是就在他积极忙活、努力张罗的节骨眼上，学校领导渐渐地开始有了一个基本的想法：他当教研室的主任是称职的，可是如果顺水推舟继续安排，就有问题了，原因是他没有出过国，没有在国外刊物上发表过文章，在国内也没有大著作，所以难以提升为系主任，于是就着手从国内各地一一物色有名望的人选。父亲隐约得知此事后，便"漫不经心"地主动避开了这个"敏感地带"，还说内心反而轻松平静多了。对于这件事我后来倒是非常理解，在五十年前的30年代，北大起初很想和南京的史语所合作搞发掘，不料南京那边觉得北大没有从国外归来的考古科班人员，不予响应，于是北大才掉头和北平研究院合作，一同去了易县做西周遗址的发掘。

后来，校方领导经再三比较考虑，最终决定由本校的宿白先生来主持全系工作。父亲对这一决定很是欣慰支持，因为他和宿先生已是三十多年的老交情了。

由于还有一些收尾性的工作，如参加筹备成立考古系的一些会议，指导研究生论文和组织研究生毕业论文答辩等，所以父亲依旧还要常去北大上班，但一直没有和家里人提及学校的事情。直到大半年以后，他要从健斋搬回他的行李和文字材料时，才把北大的事情告诉了母亲。母亲问了他一些情况后，父亲一笑，说："放心，我的戏路还宽着呢！执教三十年了，该很知足了，也该让位了，全国到处都是我的讲台。回想当年'文革'结束后，我年岁已大，不能直接做发掘了，不也照样去现场看了更多的实物吗？"

父亲对这三十年的工作很留恋，对北大很留恋。常说北大的人员关系简单，大家分工有序，互相支持，不像社会上一些单位部门里有那样的"窝里斗"和看风使舵的坏习气。他说的，的确是真心话，因为父亲离开北大以后，家里一直还有北大的客人来往不断。

我当时曾准备了几句宽慰父亲的话，没想到他先主动对我开了口："我都是七十开外的人了，道理很明白的，人进了这个门，就要想到迟早还是要出来的，上去了就要想到还得下来。"但我心里，还是有一些疑惑和不解：他的软着陆竟然是少有的寂静和平静，怎么就这么了了？我猜想当时有这个想法的，或许并非只有我一个人。直到时隔十二年之后的1994年，北京大学考古文博院为父亲的八十五岁诞辰举办了空前隆重而温情的庆祝会，我才终于明白：这一次，才是他真正意义上的北大教学生涯的谢幕式。

虽然父亲很开朗地面对了那一次的变化，但我想他心里肯定收获了一个有益启示：从校领导的角度来看，系主任这样的岗位，尤其是在名牌学校里边，他的学术水平、教学成果、科研成果，都是不足的。喝了这杯凉茶，可以心态冷静，防止上火。由此，我想起了父亲以前闲聊时说过的一句话：淬火，能让钢更坚韧。

拜访他的客人，并没有因为他不再去北大任职而减少，北大的客人也照样常来。也许是新形势下各项工作迅速开展的缘故，他除了在709号办公室里，还在家里接待日渐增多的来访客人。他们的谈话多涉及具体的学术内容，关注的也多是业务方面的新进展。在我的感觉中，来的都是客，但很难区分是否真的是学生。听母亲说，有一天父亲送走了几

八十五岁生日祝寿会（左一李水城，右三宿白。摄于北京大学，1994年）

位年轻的客人后显得很高兴，对她说："（我）一生所学、所想、所做、所得，现在都能用上了。你再买点更好些的茶叶接待客人吧，来这儿的都是贵客啊。"母亲听了一惊，说："这已经是很棒的上等花茶了，我自己在家都舍不得喝的呀。"

我们全家人慢慢发现，他的话语日渐增多了。不光是对家人，对客人犹是，像倾盆大雨似的倾诉。我们曾向他建议，不要抢客人的话，人家说三句，你最好说两句，而不要相反。父亲笑着满口答应。可是他见了客人后，话语还是那么多。

于是，我知道了，父亲自1977年起逐渐出现的变化，来自他思想的飞跃、眼界的扩大，他的品格和人生意义变得越来越高尚、高大了，犹如后来傅吾康先生所说的那样："他具备了一个现代学者所应有的完美的人品。"

此后，我还联想到了邵望平先生写过的一段话，很切合我所知道的真实情况："苏秉琦先生不是那种一生与青灯黄卷为伍、著作等身，到头来却'高处不胜寒'、怆然孤寂的学者。他全身心地投入考古实践、贴近田野、亲近基层学者，凡是事业需要他的地方，都留下了他的足迹、汗水和心血。拜访他的海内外学人多多，都是他的座上客，从无高下之分。他倾听来客的报告和需求，因而能对考古学进展有及时、精到的理解，准确把握考古学发展的脉搏和学术生长点。苏先生更不是那种急功近利、看风使舵，到头来追悔莫及的虚荣学者。先生有坚定的信念，耐得住寂寞，宽容误解，自然能高瞻远瞩，完成大业。先生对考古学、古史研究的贡献不是在一个'点'上的突破，也不是一个'面'上的成功，而是贡献了一整个全新的古史架构。他的著作理所当然地获得了国家图书最高奖，他的理论能浸润史学研究的每个层面、每个分支，特别是对各地的考古实践和研究一直发挥着、必将继续发挥指导作用。考古事业每前进一步，人们就会感到苏先生推动力的存在。他的生命已同事业融为一体、与事业共存，永存不朽。"

1992年，为纪念北大考古专业创建四十周年，北大召开了国际学术讨论会，父亲建议会议的主题为"迎接21世纪的中国考古学"。他不仅做大会发言，更乐意在会下和各界代表交谈。

"世界的中国"

1983年5月22日，父亲应邀出席了在郑州召开的"中国世界古代史研究会第二届学术年会"。在他的学术报告——"中国新石器文化"发言底稿中，有这样的话：

> 林志纯主编的世界古代史，和苏联的多卷本世界史，两者相比，后者把中国部分写进去了，但这并不意味着苏联学者特别重

视中国史在世界史中的重要地位,而是恰恰相反。我这里想强调的是:

第一,不包括中国部分的世界史不足以代表全人类的历史,那只能是相当支离破碎的部分(历史),尽管它相当"庞大";

第二,如果把中国史的研究独立起来,不把它摆在世界史中去研究,恐怕我们的研究也很难深入下去——要认识它自身在全人类史中的地位和作用;

第三,为什么外国人早已注意到世界史研究中应把中国包括在内,而中国世界史学家反而有时感到踌躇呢?……是什么环节出了毛病呢?……其障碍是,我们不能突破传统史学观——中国中心,因而未能把它放在世界史中研究。

第四,据我的看法,我国近代考古学在建国三十年来已在向建立中国特色的、马克思主义的、现代化的中国考古学,迈出了决定性的一步。但是大成果的取得,重大课题的突破,队伍的壮大成熟,不能不经历艰苦努力的过程。没有这些,一部真正以考古学成就为其骨骼系统的、反映我们文明古国大国历史的、真正能反映它在全人类历史中的地位和作用的中国史,将是难以想象的。

1983年5月在郑州会议上
(左一王振铎,右一夏鼐)

他在家说过,别把世界史想得那么复杂。世界史,其实就分三大块:欧亚大陆的东部以中国为主,西部是欧洲,此外还有新大陆。在国外的世界史,都是把白种人当作主角,有色人种是配角。美洲,原本是有色人种,谈及历史却总是从哥伦布发现新大陆说起。

他在世界史研究上特别强调中国要有话语权,本是世界史专业人员理应具备的业务灵魂的底线。"如果连自己国土的历史特点都少有认识,怎么去和国外交流中国古代史。"他曾有些激动地说,"如果只是拿出了自己国家的第一手原始资料公布于世,却没有自己的看法,还一味地显示客观、广泛征求人家(白种人)的意见和主张,甚至自己也模仿着人家的口吻再来说道中国历史,似乎谦逊民主,却是最后落个别人说了算——从人家的意识形态、喜好和利益来'帮助我们'写我们的历史,把我们的历史'归顺在他们的历史旋律之内'了。这样能把我们国家的历史和它在世界史中的真实地位说清楚,研究透彻吗?有的外国人对我们的历史稍有了解,下车伊始就对我们说三说四,而我们还信为圣旨。我们这样的史学家,能受到世人、后人的尊重吗?这么做下去,我们的学术研究不仅会白白地绕一个大圈子,而且还会贻误年轻一代呀。"

20世纪90年代,父亲再次说:"任何研究和实践,都要有明确的指导思想,即便是对客观情况的客观描述也绝不例外。我们既然当家做主,就不能只是提交素材,听奉别人的话,然后还洋洋自得地说不主观。这个病菌在独立自主的国家里蔓延,那怎么成啊。"

在此之后的十多年里,他又曾多次提起过"世界的中国"的话题。按我写作时收集到的部分材料,可依出现的顺序罗列如下:1989年5月,在湖南长沙召开的中国考古学会第七次年会的会议闭幕词中,提出了学会第二个十年里的任务是走向世界;1992年8月,在河北石家庄召开的"第四次环渤海国际学术讨论会"的讲话中,提出了"把区系观点扩大为世界的观点,从世界的角度认识中国"的方法论,即"区系的中国—区系的世界—区系世界的中国";同年同月,在为《考古学文化论集（四）》撰文时，又明确提出了"世界的中国考古学"是环渤海考古的新起点。

父亲这些讲话里的潜台词，或许和他在90年代与我的一次聊天有关，他说："你注意到了吗？外国人绘制的世界地图，都是以欧洲为中心。可对于研究世界历史而言，或许用以中国或亚洲为中心绘制的世界地图，更为方便也更为符合实际。"我听了说，那会有很多技术困难吧。不想，为了我国地质—地震等工作的需要，我工作的地壳应力研究所于2014年制成了大篇幅的全球地图。它是以北极为中心，南极在左端中部，我国在中心右侧偏下，得以让我以新的视角来审视中国和四邻疆土的联系。

日本京都文化博物馆的量博满教授，于1992年12月第二次见到了我父亲后，次年1月12日给我父亲的信里用流利的汉语写道："我有幸再次聆听先生的教诲，这使我感到欣喜万分和无上的光荣。苏先生是我年轻时代起就一直崇敬的先生，这次有幸长时间听取先生的指教，并与先生亲切

1992年在家中再次会见日本学者量博满，之后父亲把照片中人的名字写在旁边（左一《考古》编辑部张静，右二量博满，右一内蒙古文物考古研究所苏哲）

交谈,作为学习中国考古学的外国人,我向你表示衷心的感谢。从先生的教诲里我再次感受了先生深厚的学问功底及世界观,……同您当时的论文一样。回到日本之后,我们总在反复回味,思考先生一席教诲的含义。我离开北京之后,到杭州参观了反山、莫角山,及河姆渡,看了许多出土文物。我同严文明教授一起讨论了有关将来中日共同研究事宜。"

三星堆:"真正的巴蜀"

1984年3月,父亲和几个同仁一道,去成都参加了国家文物局召开的全国考古发掘工作汇报会。回来后依旧沉醉在他的收获和喜悦之中,说难得这个机会,看了许多,收获不小。

原来在正式开会之前,他们到省展览馆参观,看到了很多新鲜的东西。特别是到了省文物局的仓库,父亲更是高兴。据说他在仔细观看材料之后的会议发言中,还讲了些似乎和会议主调("写好发掘报告"与"要有献身精神")不怎么沾边的话,可他自己却很是满意。他说:

> 我今天下午看到的是一个新的巴蜀,跟我以前看到的不一样,跟展览馆里看到的也不一样。巴蜀是什么呢?如果说,在中原看到的是五千年以来的中国,那么我们在这里看到的是五千年以来的巴蜀,而不是表面上看到的美不胜收的几件特种铜器、特种陶器、画像砖墓等——我们毕竟是做研究的,不是搞收藏的,外国人也常常是欣赏我们文物之美,而并不注意和关心我们自己的历史。……值得庆贺的是,四川的两个姓陈的人,用了两年时间,花了两万元钱,发掘了2000平(方)米,拿回了摆放七八个架子的物品,地上还有竹筐子装满陶片,这些太可贵了。他们之所以了不起,是因为我在这里看到的是连续的系列,是五千年的古文化、古城、古国。……这次会议,不少发言强调,发掘完毕

后一定要写好报告。这话不错。可我们该在此基础上，再向前思考些什么。我们不是古董商，我们要从中得到课题。巴蜀文化就是响当当的课题。我强调，要抓学科的生长点，最新、最重要的东西就是学科的生长点。如果抓不住生长点，学科就没有生命力了。……早在30年代，有个美国人格维汉，他在华西大学教书，来到北平就和我讲过三星堆的发现，还给在日本的郭沫若写了信。郭沫若很重视，但那时候也只能是说说，郭先生没能看到真东西。这一次我看到的不光是东西，而且有断面，有了断面就可以把早的、晚的连起来了。早的是五千年前，其余是五千年到三千年前的，跨了这很重要的两千年。郭沫若若有知，会很兴奋的。……这次来蜀我明白了一点：巴蜀，是两个（族）人而不是一个。巴是巴，蜀是蜀。前者在宜川到重庆，后者在重庆之西。巴人很善战，和西面的郭沫若、东面的屈原的秉性都不同。

会议之后，他的发言被整理了出来，父亲将它冠以"提高思想认识，提高工作质量"的题目发表了。我问父亲，这个题目也太一般了，平淡无味，没有点出真正内容、特点和个性啊。他苦笑了之后说："题目真是很俗，还连写了两个提高，可这里我是有用意、有所指的，'讲的内容可不俗'啊。"

后来我才悟到，他有意用最俗的题目包裹了或许有些刺目的内容。这个会议显露出，人们的认识还是有不小区别的。为讨论今后的工作规划，原来提交与会者的内容，主要是今后出书的计划。可他觉得，应该有学科的发展规划，这才是正道。

会议期间，他还深深地感觉到了文物工作中存在的一些问题。指出："我们的整理任务确实很重，是要强调写好发掘报告，要有献身精神，可是这样就成了吗？千万不要忘记，我们因发掘而'消耗了'诸多文物，如果不认真妥善保存，供后来人做进一步研究核对，就会既对不起前人也对不住后人。有位国外学者说的话，值得我们注意，那就是文物发掘本身就相当于一次破坏，所以必须考虑如何把这种损失降到最低。"

他还说："无论报告写得多好，也不是工作的全部。怎么理解认识它们（这些文物资料），需要深入再深入的思考，抽出理性的东西，已成了紧迫的大问题了。我们既然有资料，也有队伍，那么，好的指导思想显得格外重要，有了它才能更上一层楼。""我们做考古的，常对做历史的人说，我们凭据死的物件来做研究写历史，比你们凭据文字材料写历史更可靠，没有人为的干扰和歪曲。这话按说不假，可是我们拿着死物件来让它说话，照样有我们现今人的主观性在里面，没有做过滤的'纯客观'描述是不可能的。着眼点不同、观念不同、方法不同，效果和结果也会不同。"

父亲的言外之意是，发掘的文物在我们写了报告之后必须保存好，绝不能"过河拆桥"。关于这件事，他还在家说过："现在都说考古处于

在广汉由陈显丹介绍三星堆出土的器物（摄于 1987 年）

黄金时代,其实在半世纪之前也这么说过,我觉得本质应该是我们地处黄金地段,到处有'黄金'。如果开挖黄金和使用黄金时,浪费太多,那可就是大问题了。文物和黄金不同,前者不可复制,后者则即使丢了还可以从别处挖来补上。"他发言中的另一个潜台词是,我们考古文物工作者的整体科学素养仍需进一步提高,尤其是我们领导层面的认识水平、管理水平更要提高一步。

自此,他对四川的发掘进程和相关研究,有了更深切的挂念。

1987年4月末至5月初,父亲应邀参加了成都三星堆、十二桥古遗址现场座谈会,并在会上做了发言。其中讲道:"我们讲考古不能割断历史,也不能单纯地把某些发现的文物累积到一块,就说它代表了巴蜀文化。那就不对了,那不是学科,一个学科得成体系。……这次来,我又选了二十多件标本,它们大致可以跨越咱们这里从五千年到三千年左右的历史时期,能够看到从头到尾的那条红线,可以把这段历史串起来了。所以,通过我们的工作看到了巴蜀文化的自成体系。……三星堆和十二桥这两个地方可以连成一条线,这条线就是树立起来的巴蜀文化的一个学术标杆。"又和我们说,四川人的聪明睿智,在那些铜人凸出来的眼睛里表现得十分形象。

在这次会议上,他还讲到了在成都会议之前,"从1982年到1984年,我们连续召开了几个会议,核心却只有一个,就是'看到一个北方的古文化、古城、古国'"。我曾做过检索,发现他说的这几个会议,一是1982年8月在蔚县西合营乡召开的考古工作现场会,会上他指出:张家口是中原与北方古文化接触的"三岔口"和双向通道,并提议半年后去辽宁朝阳开现场会,以对这个北方与中原的交汇做进一步的探讨。二是1983年7月在朝阳召开的"燕山南北、长城地带考古座谈会",强调这一地区在中国古代文明史上的特殊地位和作用,建议在凌源、建平和喀左三县交界地带多做工作。三是1984年8月在呼和浩特召开的"内蒙古西部地区原始文化座谈会",正式提出了"燕山南北长城地带为

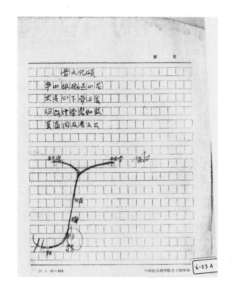

手绘"三岔口示意图"(绘于1982年8月)

河北蔚县西合营乡三关村考古座谈会(陶宗冶摄于1982年7月)

中心的北方"这一概念，并就这一广大地带的古文化区系类型问题谈了他最新的认识。

师生情同父子

父亲常对人说："我的成果，都是学生们逼出来的。"

大约是从1983年开始，也就是他离开了北大教学工作后不久，有几个学生多次前来向父亲提议，把他近二三十年来的文章和会议讲话，汇集起来成一本书，可以较集中地了解和反映他学术思想的发展脉络。父亲听了却并不积极，觉得当前大事不是自己写的文章，而是要把"众人拾柴"搞起来。最后，是在俞伟超和张忠培两位弟子一同登门的恳求下，他终于同意了一个"妥协"方案：先出版《苏秉琦考古论文集》，之后出个不定期的学术性刊物，让广大的专业人员尤其是年轻的一代人，就学术思想和方法一起参与讨论，共同提高，或许更有眼下的实际意义，也会有更长远的影响。

作为父亲对两个学生"妥协"的产物，他的考古研究论文集很快地编辑出版了，据说反响还不错，因此父亲对于学生给他出书的态度也变得积极认可了。有一次，他在家里人一起聊天时说："现在让学生们把我的文章汇集起来，规规矩矩地留在世上，也是我这个老兵对后人的一个交代。"

父亲晚年曾对我们说："俗话说善有善报，这当属迷信。但如果善心待学生，的确有善报。我走到哪里就能看到、摸到、听到哪里，难得的优惠待遇能让我脑子里留下一些难得的积淀。这些学生在实践里的思考和疑问，给了我营养，我们一起琢磨。所以，我是吸收、汇总了大家的认识，而形成的思路、观点和文章。"

从父亲去北大工作起，我们就逐渐体会到父亲对学生发自内心的爱，甚至超过了对自己的孩子。60年代，家里买了一台苏联产的14寸黑白电视机，学校里没有，于是不少学生在周末，大老远地来我家，做客、聊家常、看电视，父亲喜形于色。从一些学生的谈话里我知道，父亲的脾气好，学生们愿意和他聊天，没有距离感。还听说有位学生家境困难，他就暗暗给予了关怀，但绝不宣扬。

他对毕业学生的工作、思想情况依旧很关注。比如他几次去琉璃河博物馆时，得知那里很缺人手，又偶然听说有个学考古的在附近教小学生，就找人跑了几个部门联系多次，最后终于做到了人尽其用。这样的事例，还有很多。

父亲很尊重也很支持的佟柱臣先生，他的女儿佟伟华考入了北大考古专业。父亲对她更是格外的喜欢，鼓励她一定要念好专业，为她父亲争气，也多次邀请她和同学节日里来我家做客。父亲每次见到佟先生都会向他交代几句关于佟伟华的情况。可是她毕业后没有分配到对口的单位，那时父亲正在"五七干校"里，曾私下和佟老嘟囔过几次。后来佟伟华考上了我父亲和严文明的研究生，父亲很关心她，但是绝不放松要求。她毕业后，父亲说："她给她父亲争了光彩。"我曾分别听到不同学生诚挚地对我说："在我的心目里，都把你父亲当作我的父亲了，他确实值得我敬仰。"

邵国田，内蒙古敖汉旗文物管理所的所长。在文物调查中，团结了调查组全体年轻人，克服了多重困难，以小投入取得了大丰收。父亲得知这个成果很欣慰，主动和他联系交流，以后只要有机会都要和他见面谈谈，二人成了好友。父亲还在好几个场合，拿这个实例向人介绍。敖汉旗的工作意义，后来逐渐凸显出来了。我曾看到有文章说："在兴隆洼遗址（赤峰敖汉旗），考古学家发现了用真玉精制的玉器，标志着社会大分工的形成。在距今7000年的赵宝沟文化遗址（赤峰敖汉旗），发现刻有猪龙、凤鸟和以鹿为原型的麒麟陶尊，充分说明了社会分化已很明显。而在中原，这类最早的'艺术神器'则是距今6000年的河南濮阳西水坡的龙虎堆塑，要比内蒙古地区晚1000余年。"

陈晶，江苏省文物局的人，后来担任了常州博物馆的馆长，曾被称赞为"考古女能人"。她本不是父亲的学生，但好学好问，因此也就算作父亲的学生了。据她回忆说，60年代在山东大汶口工作时，她曾邀请父亲前去指导，当时条件较差，住宿只能安排在简陋的办公室里。父亲一住就是十天半个月，和大家一起分析陶器的形态演进过程，讨论分类分期问题，让她很是敬佩和感动。父亲曾对她说，资料少就更要细嚼慢咽。做文物普查期间，父亲告诉她要注意年轻工人的考古知识培养，而绝不要把他们当作劳动力看待。这事果然见到了效果，那里后来发掘出土的已经炭化了的我国早期人工培育的米粒，据说就是一位熟悉了业务的年轻工人最早发现的。

一次，有几个学生来家里做客，父亲便对他们说，你们既要听取各方意见，又必须有自己的主见。他还讲了个笑话：一个老爹带着儿子去集市卖驴。遇到路人甲说，哈，太傻啦，该骑着驴去啊，于是两人骑上了驴。又遇路人乙说，太不爱护牲口啦，于是改成了儿子一人骑。又遇到路人丙说，该尊重老人呀，就改成了爹爹骑，还是被人骂。最后爹爹明白了，咱们两个人抬着驴赶集吧。路人皆笑，爹爹对儿子说，哈哈，他们不再骂咱了，我们得到了最佳答案啦。

在80年代后期，有位湘潭大学的老师易漫白，为了提高有关考古和历史的教学质量，就与本不相识的父亲多次写信、电话联系后，带着三名年轻教师风风火火地赶来北京，请父亲每天下午在家里讲课几个小时，连续了四五天。那时，父亲正患有带状疱疹，疼得厉害，可他让母亲不要透露给客人，坚持完成了任务。这位易老师一直称呼父亲是老师，他说，我就是苏老的学生呀。事后有别的客人和我们说起这次额外负担（"秘密"讲学）时，认为父亲"不该允诺"。可父亲却说："人家虚心前来，我从中也得到乐趣，何乐而不为呢。"

师生情谊在生活上也是如此。1984年，俞伟超从美国访问回来，特地用他结余下来的生活费买了一个电饭锅，说你们老两口有了它可以吃得更可口些。我弟弟在美国听到此事后来信说：真是感谢，俞先生走到我们儿女的前面了啊。

在1988年秋,父亲住院安装起搏器期间,我第二次深切感受到了他们师生间的情分(第一次是1976年我家的厨房建设)。许多学生和同仁发自内心地前来探望,有俞伟超、徐光冀、徐苹芳、宿白、佟柱臣等,我看到有那么多的人在关怀爱护着他。张忠培对我带到病房的食品饮料等细心地查看了一遍,叮嘱我千万不要让父亲喝冷饮料。

在此期间,张忠培和黄景略察觉到我家里的保姆不理想,就委托内蒙古和辽宁的同仁,索性在那里寻找老实可靠的保姆,这件事一直维系了近二十年。每年春节,黄景略和张忠培来我家拜年时,都要再单独和保姆细细地嘱咐许多。

父亲曾多次访问侯马考古队,按照考古队的统计,到了1990年父亲已经去了十五次之多。有一次他偶然发现侯马地区产的大枣肉厚特好

观看陶寺的器物

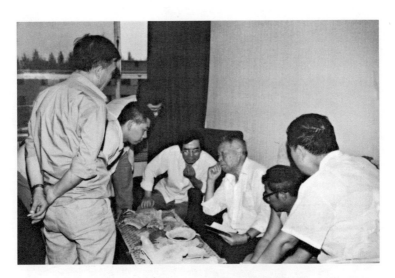

在忻州吉林大学的工作站观看器物（摄于1987年8月）

在西阴村采集陶器

参加张忠培的研究生的论文答辩（左一李伯谦，左三严文明，右三张忠培，右五黄景略。摄于 1988 年 6 月，故宫博物院）

吃，就买回来几斤。后来和杨富斗等学生们定了个协议，每年秋季他们给我家邮寄一包大枣，父亲坚持支付费用。这个惯例维系了十多年，直至北京商店也开始有了同样的大枣。

在晋南考察时，父亲说："大家总说我是来晋南指导工作，其实我来到这个重要地段后，也一再地从交流中汲取到许多露水（营养）。""在近期，晋南—豫西一带，还有山东，都会有重要发现。"

父亲曾告诉我们，晋南是中原文化的北沿，距今 6000—5000 年间的红山文化率先进入古国时代了，所以说这是中华文明的曙光。但到了距今 4500 年左右，最先进的历史舞台转移到了晋南，兴起了陶寺文化，"或许，最初出现'中国'概念的地域、中国这个民族与文化实体的所指，就在这晋南一带"。还说，你们的潜意识里，大概以为山西闭塞，没有什么古文化。其实山西的遗址很多，晋南更是"藏龙卧虎之地"。

1985年11月参加"晋文化研究座谈会"结束后,他再一次考察了晋南的陶寺遗址,并在侯马做了长篇报告,讲述了层位学与器物形态学的辩证关系,年代顺序与逻辑顺序当如何结合等一些有关考古学方法论方面的问题。

到了20世纪七八十年代,他的学生们也培养出了学生,并有了成果,这让他觉得心里很痛快,说:没有比这个更让我欣慰的了,"指穷于为薪,火传也,不知其尽也。别的学科如此,新兴的考古学也不例外"。

难忘的1985年

继重要的1975年之后,1985年不比平常,父亲有几个标志性的进展和收获。这一年,除了有《苏秉琦考古学论述选集》出版外,《考古学文化论集》也开始酝酿了,具体情况是在办刊的中心思想指导下,由童明康具体张罗,然后在1987年、1989年、1993年和1997年,分别由张忠培、俞伟超、严文明和郭大顺四个人依次主编了四集。为了筹集出版经费,父亲找过几个单位"化缘",他在一张纸条里写道:"出版这些文集,就是为重建史前史做基础。"

1985年1月,他去福州参加了全国配合基本建设考古工作座谈会,讲话的重点是要以课题来带动考古和文物工作。

1985年3月,应白寿彝先生的正式邀请,父亲担任《中国通史》第二卷《远古时代》的主编,先后召集了吕遵谔、俞伟超、张忠培、严文明、郭大顺一同讨论写作的要领和提纲。此书于1994年出版,发行量很高。这是第一次使用以考古出土的资料编写出的中国远古时代的历史。我认为这是"破冰之旅",要有勇气魄力面对风险(老者是掌舵人),要有力量和坚实体(有学术功底的壮年学者是动力与外壳)。2012年,该书更名为《中国远古时代》单独出版,增添了张忠培、严文明的新论文,补充了新的考古资料。这些新资料充实了而不是否定了编写者

碣石宫大瓦当拓片

的初衷。

1985年10月初,在俞伟超、张忠培、严文明等陪同下,父亲考察了辽宁绥中的姜女石秦宫遗址。他在姜女石遗址细摸了夯土,又在工作室看到了出土的大号瓦当(直径34厘米)时,就脱口而出"碣石宫",碣石遗址现又称碣石宫遗址。

和这次考察内容相关的,是次年7月,由俞伟超等陪同他考察了北戴河的金山嘴秦离宫遗址,父亲认为金山嘴到辽宁绥中县止锚湾的几组秦代建筑群,是秦始皇以为的"东大门"的国门所在。他再次提到大文物和小文物的概念,说现在更应强调和重视大文物,它们更能代表中华民族和中华文化的形象。

回到北京后,得知环太湖流域六个城市(常州、无锡、昆山、苏州、湖州、嘉兴)的博物馆要召开一个小型的学术讨论会,成员有古动物、古人类、古文化方面人员。父亲很爽快答应参加,急忙写出了讲话

参加太湖流域古动物古人类古文化学术座谈会(左为夏鼐,中为贾兰坡。摄于嘉兴,1984年)

提纲,说这个座谈会是一个创举,在于它跨自然科学与社会科学,涉及的太湖既属于自然地理范畴,又属于人文、历史的"区系"范畴,建议开展太湖流域古文化、古城、古国的课题研究。会议后,他又向福建省博物馆倡议,做"闽江流域古文化与古城古国"课题的研究。

1985年11月,他和张政烺先生在山西侯马参加了"晋文化研究座谈会",会议的议题既属于北方考古,又属于中原考古组成部分,是两大区块连接地带的晋文化的发展脉络。在这个会议上,他写了《晋文化颂》七言诗:"华山玫瑰燕山龙,大青山下斝与瓮,汾河湾旁磬和鼓,夏商周及晋文公。"会后,张政烺先生应我父亲之邀,倾其心力书写了条幅,找到了北京顶级的装裱技工来装裱。父亲一直把它挂在办公室里。

此后,让他自豪的是《华人·龙的传人·中国人》一文,曾被选作1988年度全国高考语文试卷中的阅读试题,充分表明了其文章所具有的科学性、逻辑性和公众性。而这个得意之作,不是发表在核心期刊上,更不是学术刊物上,而是在《中国建设》上①。他对这篇文章的满意,恰似他对1950年登报小文章的得意。这篇文章的内容是他经过漫长思索和孕育的结果,因为早在50年代中期他就曾经告诉过我"华山—花—华人—华县"之间的联系了。

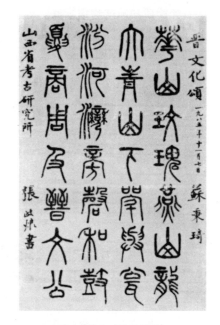

张政烺篆书《晋文化颂》

---

① 《中国建设》1987年第9期,《新华文摘》1987年第11期全文转载。

这篇得意文章问世后,父亲进而告诉我说:所谓的仰韶文化期,其陶制品图案多以条纹、花瓣纹、花叶纹和圆点为主。它的遗存中心多分布在华山附近,"华"就是花的意思。这与传说中,华族的发生及其活动中的分布情形相印证。因此,仰韶文化的"庙底沟类型"可能就是形成华族的核心遗存。花卉图案和彩陶可能就是华族得名的由来,华山则可能是因华族最初所属之地而得名。有位老友许顺湛,也有相近的认识:华山是由于在华族居住的地域中心而称为华山,华族是因为他们崇拜花卉而得名。由此,可以想象五六千年以前,生活在豫西和关中一带的先民,他们的图腾就是花,所以就崇拜花卉,把花的形状画在陶器上,让他们的后人能够识别,用以施福、保佑后代。

还是这一年,我父亲偶然遇见了多年不见的翁文波先生。他是著名的石油地质和地球物理学家,父亲和他同年毕业参加工作,后来他也到了北平研究院,也是顾功叙先生的好友。父亲告诉我,翁老自1966年邢台地震后就专注于地震预报问题了,他采用了综合信息方法,注意了事物发展的周期性,从事天灾预测已有上百个成功的例子。我回答说那是非主流的做法,和我的物理预报不是一个路子。父亲似不怎么同意我"无所谓"的态度,说登山的路线可以不同,但人家有创意,也有进展,你怎么就知道按上级安排行事,而对地震系统外的进展不给予关注呢?

搬到昌运宫

在1985年8月搬迁到社会科学院宿舍之前,父亲饶有兴趣地听一位北京文物局的同仁介绍了"昌运宫"地名的来历。赵其昌先生前来做客时也说,这个地名太好了,咱们走上了昌盛幸运之路了。父亲说,这里似乎在明末即有一个名为昌运的道教院落了,但什么时候改名为宫就不知道了。在道教里多称为观,例如崇元观、白云观,而称为宫则是隆重而少有的。有人认为是和康熙的十三子怡亲王曾在此居住有关。到了民国时期这里的庙宇破落了，只留下了村落，它原本就在这紫竹院立交桥南侧。所以，昌运也不过是个愿望罢了，社会总是在起落和反复中、在一步步的进退中得以前进，不是哪些人想着昌运，就能昌运起来的。

为迁往新居，母亲忙活了好多天，腿疼的毛病又加重了。可她着力隐瞒着。安顿下来后，全家第一次团聚在火锅旁准备吃晚饭时，母亲又想起什么，要回厨房一下，刚起身时费力得很。父亲感慨地说：你们的妈妈可真不容易，受的苦最多却有很强的坚韧力，很厉害呀。那次从昆明回北平的坎坷让人想起来后怕。这个家全靠着她维系，她却从没有说过一句埋怨的话。你们四个也从没拖累我，让我很放心，很满意。……我联想起抗战期间别的家庭，例如李济先生还是全家一起奔波的，在流离期间环境条件恶劣，两个心爱的女儿不幸去世；俞德浚家也损失了一个儿子，很悲切的。

他还聊到，"福"字现在又流行了。福，在甲骨文里怎么写？一个酒具画在中间，两旁各有一只手，也可以理解为左右各一个人伸出手，扶持着酒具。什么意思？瓦鬲一般较大，不是现在的碗或杯子，两只手或两个人抱着酒具，意思主要指献给对方喝或给祭祀对象——天地神灵、首长喝，不是自己给自己喝。所以在中国，幸福和氏族、和血缘的亲密关系很大，而不是自己为自己。中国人从老祖宗那里开始，就不是单为自己活着，不强调个人。甲骨文里的福字出现后，经历了许多变化，从篆书、隶书，直到方块字，意思和结构都没变。福字的左边是个示，就是祭祀的台子，右半边，就是酒具鬲。有一个时期，这个鬲字还写成了尖尖的底，更是指酒具了。

考古学的方法和目的

80年代末，我曾认真地向父亲提问：在我幼年时你就告诉我，一年分四季，贝多芬的第六交响乐可以理解为一年的四季，也可以理解为人生的幼年、中年、壮年和老年。长大了我又知道写文章的起承转合，中医里方剂的君臣佐使，诊断中的望闻问切等，都是四分制。可是现在你提出的学术思想里大都是三，你的文章也不是四段落。怎样理解？

他想了片刻，说：事物的组成可以是二（一分为二），可以是三（颜色可分为三原色，三国鼎立，桌子可以是三个腿，鸡蛋有蛋清、蛋黄和外壳），可以分为四（二再一分为二就是四），还可以再多（色彩为七，人有五个手指，等等）。常说的四阶段，多是指事物发展的总进程，四个阶段是客观存在的，掌握四分法是写作和思维的基本功。例如，1962年裴文中先生提出了人类进化可分为自然群时代、原始氏族社会时代、母系氏族社会时代、父系氏族社会时代四个阶段。国外将人类社会分为原始社会、农业社会、工业社会、信息社会四个阶段。但是，在社会生活的许多方面，特别是具体进程（局部的进程），又常可以分为三个阶段，这样更简洁，更易于运用。例如，河流分为"上游—中游—下游"，社会分为"初级—中级—高级"阶段，社会文明经历了"蒙昧时代—野蛮时代—文明时代"（恩格斯）等。

他还说："在被关押期间学《毛选》时，徐老伯和我的注意点不一样。他在比较几个版本的微小差异，我则发现，很多文章里对事物区分是按三分制。毛泽东也没有硬性按四阶段来区分。这些三与四的问题或许该是哲学家的事情吧。而马克思则列出了原始社会、奴隶社会、封建社会、资本主义社会、共产主义社会五个阶段。还可以注意到，中国传统文化里占据重要地位的'五行'说（金、木、水、火、土）是中国古代哲学思想的重要内容，始源于夏商，涵盖了古代思想、文化、自然、科学等多方面。我知道外国人对它不感兴趣，但我觉得它很值得不断研究呢，我们自己该有话语权啊。"

"三"！——这让我联想到涿鹿县的（三）合符坛、三祖堂，郭大顺的"三皇五帝"，徐旭生的三集团说，梁思成对三集团的新见解，以及在半个世纪之后我父亲提出的"国家起源三部曲""发展模式三类型"。学术思想就是这样传承和发展的。

他又说，分为三或四，是方法论的一部分。观点决定方法，遇到问题也得具体分析，不可过于机械。后来我在他的笔记里看到了他1989年用铅笔写的便笺，它对"考古学的方法和目的"做过如下解释：

四个步骤：
1. 层位学和型式学方法——考古学的基本方法；
2. 年代分期和文化特征性质——年代学方法和考古文化比较分析法；
3. 社会和文化的综合研究——社会发展阶段，民族文化发展变化，和两者的关系；
4. 认识世界和改造（顺应）世界——考古学的最终目的。

四个"原则"：
1. 典型的和非典型的——典型遗址、单位、堆积、标本，反映一事物规律性变化的材料——去粗取精；
2. 与本质有关或无关系的现象——属于直接与技术、经济、社会、文化几方面有关系的和其他无关的——去伪存真；
3. 局部和整体——由局部到整体，由整体到局部——由此及彼；
4. 揭露社会发展总规律——从现象到本质——由表及里（本质）。

和事物一分为几的言论（方法论）相伴随的，是他反复强调要注意基本理论和观念，"要有业务灵魂"。70年代末，父亲听到一件事很感慨，说有个学习优秀的毕业生被分配到一位很有成就的老者手下，当助手兼做科研，按说条件很好。几年过去，他勤恳，态度好，却只知为老者查找资料、画图，唯命是从，没有自己的想法和认识，更不懂得从老者的言行中体会和学习业务思想、工作方法，业务长进很差。父亲说，他若是在殖民国家，大概可以算作合格者、优秀助手。可我们是独立国家的考古，要为谱写、充实、改写自己的历史服务，没有了这个灵魂怎么成。于是，他在准备环渤海考古座谈会会议议题的纸上写道："要带你的思想来！"

"我们考古系统，这个问题也已很突出了，少有人关切。最近我和几个人议论过，需要从全局的角度，提出几个重大学术课题。不怕难啃，就怕你魂不守舍地不想啃。定下目标坚持几年总能有收获的。"关于这件事，到了90年代他又对我说："我们研究所写了庆祝成立四十年特刊，大篇幅讲述硬件建设的成绩，外事接待的交往次数，赴野外次数，发掘了多少大墓，诸此等等，这些都很重要，可是对学术思想和学科建设竟没有直接面对，读者只能从研究室名称和简况、介绍里看出一点，这怎么成。""一个学术带头人，或某个小范围的核心人物，必须有好的技术思路，必须有学术思想的红线贯穿。学术带头人，大家，那就是他头脑里有高深境界。境界，不是想拥有就有的，是长期工作中相伴随着的主动勤奋思考的结果，当然也和人的灵性有关，有的人就是不行。""我们1983年召开全国考古学会第四次年会上，张忠培等人提出，要开展些考古理论研究。就这么个提议，就是有人不理解，说：'咱们是个学会，短时间碰面交流些情况而已。怎么要在学会里讨论起理论。'他们就没想，既然是'学会'嘛，怎能没有学术？"

"我更喜欢勇往直前的精神"

1986年，父亲的眼光开始向西北延伸，8月参加了甘肃秦安"大地湾考古学术座谈会"，看到那里出土了五千年前的殿堂遗址很受触动，认为它为中国文明起源和形成的探索提供了有力的新线索。在临别前，大概他还觉得意犹未尽，因此又在宾馆里给两位所长和两位馆长写了一封长信,提出"大西北考古"专题,说"这样的座谈会既可以视作过去几次会议的延续,又是向新的科学领域的起步"。

  现在考虑的这些会议,实质上,触及当代中国考古学两大中心课题:一是中国文化起源问题。这么个大国的文化起源,不是以企图找到某一地方、某一地区是我们中华民族的总源头为目标,那是荒唐的设想。文化总归不是某一地、某些人的独创。有人的地方就有文化,文化的本意原本就是多种多样不同生活方式的产物。从文化意义上,各民族不分大小,都具有自己的特点,其文化都是属于全人类的财富。二是中国文明起源问题,实质上是涉及中华文明萌发,绝不是由哪里总批发到全国。文明的火花总归是从各色各样不同文化生活的人们,在特定社会历史发展阶段从低级进入较高级的产物。同样都是中华民族的、人类的精神、物质财富。这在要求两个文明一起抓,建设现代化中华文明时期,不能不认真对待,从遥远的历史去寻找中华民族灵魂,什么是精华、什么是糟粕的问题,考古学理应做出自己的贡献。现在大地湾会议上提了出来,全国各地大都有条件提出来,不但具现实意义,也是学科发展的需要。……大地湾的考古是长期任务,要有长期设想,要有具体措施,现在该是采取行动的时候了。想来会得到领导、社会的支持的……致以

  崇高敬意!

继1985年在绥中考察之后,1986年他又提出了召开向东延伸的环渤海考古专题系列座谈会。从他保留的一封发往山东信件的复印件里,我们可以清楚地看出的思路与做法:

  (杨)子范,(张)学海同志,你们好!

沈阳之会回来后①，还没有给你们通信联系过。沈阳会议期间，我们对山东召开一次既属省区范围的，又属于我们近期一直在考虑中的，在过去五六年中连续召开过的、以"南北长城地带为重心的北方考古专题系列座谈会"经验基础上，进一步扩大范围，开展多种形式的"区系"考古专题座谈会的又一设想——"环渤海地区考古座谈会"。最近我考虑，大致思路如下：

1. 依照你们原来的设想，以山东北部近年田野考古工作为基础，……这一地区从远古文化直到春秋战国，似自成系列，……把它作为一个专题（课题），……是有生命力的。

2. 落实到下年（1987年），由你们省牵头，召开一次这样的小型专题座谈会，尽量做到不追求形式，但要求真正达到促进学科、学术发展的桥梁作用。我初步考虑：（1）鲁北地区是否分为三个小块（胶东，潍坊地区、市，济南地区——大致与旧济南府概念相应），因为三者在"文明"起源上可能是各自走的不同道路。（2）三块各推一二个负责人准备会前工作。（3）具体要求是，把近年工作积累的最重要资料筛选过后，提出对这些资料的评价。就是说，对各地块内文化渊源、发展阶段，以及与邻境地区文化关系的观点。（4）把筛选出的材料摊开，大家可以一起看，由你们集中介绍，大家像医院会诊式地发表意见，因为约请参加的都是有资格发言的人，展开"百家争鸣"。（5）除省内工作单位外（包括北大、考古所），邻省市的（辽东挖过后洼的许玉林，挖过长海、旅顺郭家村的许明纲和苏小幸等，挖过辽西走廊的辽宁考古所，北京市平谷的赵福生，天津市挖过蓟县商周遗址的韩嘉谷，在河北沿拒马河流域做过调查的吉林大学，省文物局李小东等）有关单位和个人，也请他们把近几年工作做扼要介绍，着重于工作成果的学术观点。

---

① 指1986年考古学会第六次年会。

照此设想，参会人数大致控制在五十人左右。省内三块，我估计潍坊是大头，烟台、济南是小头。是否集中到潍坊市为宜，你们斟酌。让济南、烟台把部分重要标本运到潍坊市来？

……这个会的作用不亚于"长城地带"的五次系列座谈会。但为突出求实效，不务形式，会的名称用座谈会或是"工作会"，一切繁文缛节免掉。……大家都不必拘于形式，……尽量减少开支，希望万把元能够用。……意在总结过去经验基础上，再前进一步，使它真正成为学科发展与建设的尖兵。……

考虑你们都没有参加过"长城地带"的五次座谈会（第一次在河北蔚县，第二次在辽宁喀左，第三次在内蒙古呼和浩特，第四次在山西侯马，第五次在甘肃兰州大地湾），上述这些设想的具体细节你们二位可能感到和以往的"会"不一样，感到为难。请考虑是否请严文明同志到山东一行，你们一起商量具体细节？……文物局的黄景略、李季等同志，近期如有去山东机会，请他们出些主意，给些具体帮助也好。当此

敬礼

苏秉琦

1986年11月18日

参加中国考古学会第六次年会（摄于沈阳，1986年9月）

于是，便相继有了 1987 年在山东长岛召开的环渤海考古第一次会议，1988 年在山东淄博召开的环渤海考古第二次会议和 1990 年在大连、1992 年在石家庄、1995 年在天津召开的三次会议。

从 1986 年初冬开始，他自己、还有我们都发现他体力不足了，走路迟缓，和客人谈话也不那么滔滔不绝了。医院检查说，是心动过缓造成的。用了一阶段药物治疗，到了年底还是效果不佳。医生说，如果还不理想，就得考虑安装心脏起搏器了。

这个时候，白寿彝先生也是心急如焚，他俩心里都在思考着《中国通史·远古时代》这一分册几个编写难点的棘手问题如何处理，曾有多次电话和信件联系。

从这个时候开始，他的谈话有时涉及人生感悟，说："我很赞赏印度当年的爱国人士甘地说过的一句名言：'努力学习，犹如你会永远活着；好好工作，犹如你明天就要死去。'"后来我惊讶地发现，这和李济先生所崇拜的话极其相似："明天就死去又何妨，努力做你的工，就像你永远不会死一样。"

喜见科普工作已起步

父亲从 50 年代起就喊出了新中国的考古要大众化，考古是人民的事业等设想。那时我以为就是个认识、概念而已，但他很上心，他说过，要向古脊椎动物研究所的三位大将学习，而他在科普方面太落后了。还说：归根结底，历史是人民创造的，考古的任务就是要把历史归还给人民。

我在 20 世纪 80 年代专门注意了我国科普方面的一些动态，认为茅以升先生生前很注重科普宣传，可成效不明显，现在他的女儿"女承父业"，仍未形成气候，前景难测。父亲却说，你们总是想着赶时髦、喜欢搞短平快，我看那个女孩子比你们有胆识。

1983年，北京大学学生们酝酿成立文物爱好者协会，父亲知道了很高兴，还特意准备了参会发言稿。

1985年，北京科学教育电影制片厂的导演鲁明先生，从昆明拍摄青铜文化后找到了我父亲。第一次见面，两个人就考古内容的科教电影谈得很投机，父亲还说，我们交个朋友吧。自此，他们进行了长达十多年的紧密合作，鲁导演成了我家的常客。这里可以把父亲写给甘肃两位所长的信件抄录如下，由此可看出当时的一些筹划过程。

邦湖、学飞同志：你们好！

兹介绍一位不寻常的朋友，面谈一件不寻常的学术问题，望拨冗赐教为荷。北京科影制片厂鲁明同志，最近与云南省博物馆合作编导一部"云南青铜文化"科教片，对考古文物片算是内行了，他厂和他个人，以及厂领导愿在这个领域继续开拓，曾找我谈过，想以"仰韶文化与华人"为主题，试搞一套系列科学教育片。

他们对此既然愿做出努力，这对我国文物考古事业发展是个很积极的尝试，我表示赞成。这是上述设想的缘起。

但经过进一步的商讨，认为此课题现在确有一定学术、现实意义，也初具一定的可能性，但又认为有较大难度。为稳妥，积累经验，我建议他们可先从较有把握，学术、现实意义比较明确的入手，可能少走弯路，选一个既相对独立，又可纳入"系列"的片子，这样，经过又一次交换意见，向他们推荐尝试着搞一个"仰韶文化"的外围"马家窑文化"作为突破口。为此，我建议他们到甘肃和你们商谈合作，能否纳入你们工作计划，望予以积极的考虑。

你们知道，张朋川同志当年编写的中国彩陶，最后定稿阶段曾在京我们一起讨论过多次。在讨论整体结构问题时，我们共同的看法是，认为"马家窑文化"确有其较突出的个性，特别是狭义的

"马家窑"（甚至可以把半山、马厂放在它的附属地位）。这样，在时间、空间、内容三方面个性就格外突出。对于一部（集）系列片只不过二三十分钟的容量，较易驾驭资料，突出论点，可能更符合"科普片"的教育意义。

中心思想是：（1）它属于仰韶文化外围，但是密切；（2）从彩陶艺术角度，它有较高水平。从技法上看要比仰韶文化更高，甚至远远超过；（3）这恰恰可以从一个侧面突出仰韶文化对中华的重要性。因为围绕着仰韶文化的四面八方都有其独到的高明之处；中华是个"辐辏"概念，不是辐射概念；（4）因此，短短的几十分钟的一集电影，能讲出这样大道理，不是很有意义吗？

为了我们的文物考古事业真正成为人民的事业，这正是具有时代感而不是干巴巴的"死材料"的堆砌，又不是硬邦邦的"说教"，既深入富有哲理，又通俗易懂。这一炮如果能够打响，对我们的工作也会起到促进作用，这是我的希望，供大家参考。

鲁明同志会从他的专业角度考虑，出点子，希望你们能合作好，开个头。我看值得试试。

问大家好，问师宾好。

苏秉琦
1987 年 4 月 23 日

到了 1988 年，鲁明导演先写出了红山文化、马家窑文化、良渚文化、长岛文化，共四个本子。1989 年又写出了"揭开古文明之谜"的台本。鲁明导演越写越有经验了，随后连续制作了十几部科教片。

一次，鲁明先生根据父亲写给他的一些素材性材料，挑选出其中几句有震撼的话写在了一张纸条上："西方近代考古学的兴起，如果可以说是直接向神权和基督教义的挑战，我国近代考古学的兴起，不妨说是直接对传统史学观点的进攻。"他希望父亲把这几句话写成个正规一点的小条幅,以资纪念。但父亲只是顺手把他的"晋文化颂",写在了鲁明导演随手携带的大笔记本上了。

父亲没有按鲁明先生的要求把他自己说过的那几句话写出来,却把那张纸条保存在了笔记本里,这是怎么回事?莫非,他想再做些认真的思考,以便把这几句话表达得更加清晰准确一些?

又有一天,鲁明导演很高兴地拿着一封信前来报喜:

北京科教电影制片厂《中国文明曙光》摄制组:

遵瑞环同志嘱,我们观看了你们摄制的片子,从中受到很大教育,大家一致感到,这个片子是成功的,看后可以帮助人们增长这方面的知识,受到爱国主义的教育。对你们所付出的辛勤劳动表示感谢。

此片可提供领导同志观看,具体时间以后再定(如以后有录像带,望提供领导同志更好)。

此致

敬礼

中央宣传部、思想工作领导小组秘书组

1989年9月28日

这消息自然让父亲欣慰,也由此和我们唠叨多次:一旦电视普及了,那么文物与考古的科教片的作用、我们可做的事情也就很可观了。

还有一些科普活动与我父亲有关。一是北京大学创建了《青年考古学家》的自办期刊,学生们自己写、自己编、自己筹钱(勤工俭学)。父亲很满意,并给予了很大的支持和鼓励。二是有个"走向21世纪考古座谈会",父亲很热心地参加了两次[①],并给予了热情的赞扬。三是

---

① 参见《文物天地》1988年3月。

1984年北京大学文物爱好者协会成立,他被聘为名誉会长。他在成立大会上的讲话内容,后被严文明先生总结为"考古学的三个面向",即面向社会,面向人民群众,面向未来。

复旦大学高蒙河教授,曾在多篇文章中介绍了我父亲在考古学公众化方面的一些主张和观点。他说:

> 80年代初始,中国考古学步入发现的"黄金时代",考古学公众化复又成为苏秉琦考古理论思想的主脉搏。他几乎每提出和研究一个新课题,都要扣题谈到其与考古学公众化的关系。
>
> 1981年苏秉琦指出:"文物考古工作是能够为四化做出贡献的。考古这门学科的任务,就是要复原历史的本来面貌,利用考古新材料来复原历史的本来面貌,如果我们能恢复它的本来面貌,就会起到团结人民、教育人民的作用。这样有利于安定团结,调动一切积极因素,使大家同心同德奔向四化。"
>
> 1984年苏秉琦先生指出中国考古学的两个主要特点:"一是它同各门学科(包括自然科学和社会科学)的互相渗透。二是它要面向社会。就是面向人民群众,面向未来。"1987年又指出"考古不再是少数人的专业,它将越来越大众化,真正成为人民的事业"。所以以文物的发现、保护、利用、传播为核心的一系列实践性公众考古活动,与西方公众考古学理念是一致的。最近几年,考古界开展的公众考古活动较多,并成立公众考古研究机构,召开相关学术会议,取得较好效果。①

我父亲说,考古科普工作就是要把如下的思想深入到全体人民的灵

---

① 高蒙河:《苏秉琦考古学大众化思想研究论纲》,《苏秉琦先生百年诞辰纪念文集》,科学出版社,2012年。

魂深处："中华民族是个大熔炉，各区系也都是熔炉。民族及其文化不断地组合、重组。中华民族的形成与发展，又是多种因素结合而成的综合体。她根深叶茂、本固枝荣。根深、本固造就了强大的凝聚力；叶茂、枝荣造就了文化上无与伦比的丰富多彩。多元与一统，这几个字很厉害，很重要，多元——中华民族自生自长的根基，一统——这是结果，更是自立的保障，多元和一统是辩证的统一。统一是中国历史的主流、总趋势，不可阻挡。"

1995 年，我从一个友人那里得知，台湾的南投县正筹备建设一个"科学考古实验苑"。活动的主体人员是对考古感兴趣的退休教师，吸引广大青少年参加。父亲很感兴趣，要我注意继续了解这个动向，但强调说它的名称应该叫"科技考古"而不是"科学考古"。

辽西的考古事业

在提出了燕山南北、长城地带考古和环渤海地区考古这两大学术课题之后，辽宁西部地区的考古工作很自然地得到了大家主动性的关注和重视。作为父亲的优秀学生之一，郭大顺自 1979 年起，先后带领辽宁省考古工作队到朝阳、建平等地进行田野考古调查，发现了红山文化遗址二十多处，其中最典型的就是朝阳市喀左县的东山嘴遗址。郭大顺先生及时向父亲通报了情况，并开始了发掘。此时，我父亲对赤峰一带的资料进行思考后正在考虑如何寻找突破口，所以辽西地区新发现的资料对于父亲来说当然很有吸引力，他立即向郭先生说，中国文明起源可能会在辽西找到答案。随即建议国家文物局文物处处长黄景略出面，在朝阳的东山嘴召开一次考古现场会议，尽管当时大家都不怎么理解为什么要到一个小的遗址去开会。

1983 年 7 月 24 日，父亲急切地和 19 位专家来到了朝阳东山嘴，他高兴地说："山海关不是关"，这里大有可为。在随后召开的座谈会指出，喀左东山嘴，就像是提纲挈领，是今后文明起源研究的重要线索，因为它传递了一些其他地方不可比拟的文化信息。并特别指出，该遗址有里程碑的意义，中国文明起源有可能在此找到佐证，要"围绕着它来找遗址、找墓葬、找来龙去脉"，并预言："在喀左、凌源、建平县交界处，可能会有更惊人的发现。"他把这个三角地带比喻为"金三角"。座谈会结束后不久，果然在凌源和建平交界处的牛河梁，发现了规模更大、等级更高的祭坛、女神庙、积石冢遗址群。这一重大发现，充分验证了他的预见。

1985年9月，父亲到兴城疗养，在这里正式提出了"要将古文化、古城、古国这一理念作为辽宁考古工作的重点"。同年10月，他还参观了绥中的姜女石遗址和墙子里—黑山头秦汉遗址的考古工地，看到这两个体现了秦汉统一大业的建筑群遗址规模宏大，保存完好，四周是沧海，他很满意，提出要将发掘和保护、复原结合起来。他还说，这里和牛河梁，是辽宁省的两个最大的考古旅游资源。

在此期间，父亲和郭大顺更是联系紧密，电话、信件不断。后来我听郭大顺回忆当时的情况说："有位卜昭文是新华社的老记者，曾去找苏先生咨询辽西的发现。苏先生说，东山嘴、牛河梁发现的祭坛、女神庙和积石冢，相当于明清时期北京的天坛、太庙与明十三陵。卜记者凭着资深记者的敏感随即就与《光明日报》联系，马上做了公开报道，在1986年7月24日的当天夜里，新华社发了通稿，第二天上午包括中央广播电台、中央电视台新闻联播和中央、地方报纸、港台报纸都在显著位置刊登出来，《光明日报》头版占了通版，下午日本等域外各大报纸都加以转载并配有专家采访。都说牛河梁的发现，将中国文明史提前了一千多年。……在社会舆论的关切和推动下，学术界掀起了一场中国文明起源问题的大讨论。考古界与新闻媒体的关系也密切了起来。"

到了1986年9月，中国考古学会在沈阳召开了第六次年会。会后，代表们去东山嘴遗址进行了考察。这次，我父亲没有和大家一起去东山嘴,而是到了兴城边做疗养边观摩查海和辽西走廊早于红山文化的一些材料,以追寻红山文化新发现的渊源。10月,他在兴城做了"文化与文明"的讲座,有关裂变、撞击、融合这三种中华文明火花爆发的形式,就是在那次讲座时提出来的。

1987年9月4日,父亲由母亲陪伴再次来到了牛河梁,在考古工作站住了三天,高兴地向许多人讲:孙守道一脚就踩出了一个大人头。看了牛河梁女神庙之后,他异常地高兴,认为女神庙这种庙宇遗址,在中国不仅在史前时期是唯一的,就是夏、商、周三代甚至更晚,也缺少类似的发现,因而可以称它为"海内孤本"。其间,他不仅看了发掘现场,又多次在工作室观摩新出土的器物,还登上女神庙和积石冢所在的山岗。他在女神庙旁边的一片小松树林里和十多位考古人员席地而坐,休息聊天时说:我是从高阳走出来的,它永远令我怀念。我去过洛阳、安阳工地,在信阳劳动过,这些地方也都有个"阳"。现在又来到了朝阳,这个"阳"已成为我常常挂念的地方。多好啊!这些地方都有个"阳"字,都在我心里装着呢!

临走时,父亲为那里题字:"红山文化坛庙冢,中华文明一象征。"

在牛河梁工作站观看器物

父母在牛河梁工作站,这张照片一直悬挂在二老的卧室中

自牛河梁回来以后,在我父母的卧室里,挂上了他俩在牛河梁考古工作站住宿房间门口的相片,这是他俩最喜欢的照片之一。父亲还对我们子女说,你们现在都很忙,但我希望你们记住,等将来有时间了,你们还有你们的孩子们,一定要到那里仔细看看,知道我们民族的祖先,知道自己是从哪里来的,"不枉此生"啊。

辽西为什么会引起父亲的特别关注,甚至成为他头脑里的兴奋点?从他多次兴高采烈的谈话里,我们逐渐懂得,中国古文化有两个重要区系:一个是源于渭河流域的仰韶文化,一个是源于大凌河流域的红山文化,它们都形成于距今六七千年间,是中华文明起源的主脉络。

1987年,为庆祝中国社会科学院建院十周年,父亲写了《向建立中国学派的目标攀登》一文,刊登在1989年院内通讯特刊上。文章的最后一段,他谈到了红山文化坛、庙、冢的问题,但限于篇幅,刊登时删去了中间几句,现据手稿抄录于此(方括号内的字为发表时删去的):

下一步课题是对中华文明长河中每个"火花"或每个连接点,

应用唯物辩证法——对立统一规律，进行更高层次的理论探讨。[红山文化的坛、庙、冢是北方红山文化与中原仰韶文化结合迸发的文明火花；红山文化龙的产生，和仰韶文化彩陶花卉图案的产生，都是从其前身"裂变"产生的文明火花。]这已跨入哲学领域，把理论与现实、历史和创造中的历史连接起来。

考古先驱李济

我国现代考古第一人李济，台湾"中央研究院"历史语言研究所考古组主任，于1979年末去世。大约是1981年，李济先生的儿子李光谟前来我父亲家里，拿来了一份李济先生的生平传略。两个人顺便谈了许多两岸的学术情况。

这个谈话我不在场，后来听父母说及，谈话大意是，我们这边很多年在媒体和学术刊物上，都没提及李济的名字，年轻一代都不知晓了。甚至在五六十年代的学术刊物上，还对他有所歪曲。海峡的隔阂，政治的对立，把他忽略了，是不尊重历史，但这个状况总会改变的。他领导和参加了安阳殷墟、章丘城子崖等田野考古发掘，他和梁思永的努力，使得发掘工作走上了科学轨道，造就出了中国第一批水平较高的考古学者。南京和北平两地的考古工作，起点都很高，做事科学严谨。这些历史，总归会被后人认可和赞扬。

这件事让我明白了，我从50年代起，多次听父亲和他同事们说的"济之"，原来就是李济先生。

1984年7月，李光谟教授再次来我父母家，带来了他用两年时间编写的《李济传略》，请我父亲审阅。他们叙谈了许久。事后，父母向我们讲了一些我们不曾知道的事情。

1987年，韩国学者李亨求到台湾访问，受到了高去寻先生的接待。高先生曾参加过安阳的发掘，和我父亲相互都很了解。在陪同韩国客人参观了"李济纪念馆"之后,高先生特意请李亨求到北京见到我父亲时,把照片带给他。

1989年,文物出版社曾准备出版《李济文集》(2006年由上海人民出版社出版)。李光谟先生把样书送来我父母的新家,请父亲审阅。父亲很认真地翻阅了许多天,其间正巧鲁明导演来访,看到他正把大本书放在腿上,低头用放大镜认真看着,还仔细对个别文字做修订,鲁明导演很感动。

父亲就李济先生的贡献,也对鲁明导演说了一些颇为感慨的话:

> 中国现代考古,是他和梁思永等人开启了一个好头,功不可没。……两岸分隔了这么久,一代多人的光阴啊。这里似乎把他的名字和那么多的辉煌业绩的过去全盘抹掉了,这怎么可能呢?搞历史的人反而没能尊重历史、曲解历史了。……李济的文章写得真好,时隔四十多年了,现代人读起来依旧朗朗顺口,深入浅出,有些段落可以当作教材范本呀,看着舒服,读着圆润,这样的文风难得。……我有幸和他有过点滴交往,在我的努力中得到过他的鼓励,我记忆犹新,受益匪浅。此后虽然好久没能见面,思想却是一脉相通的。……尤其是,李济先生说的做考古的五个条件很好,现在依旧适用,尤其是前两条,真让我心动。……真想再和他交流,我有很多话要说,可惜都不能如愿了。

我查了一下,李济先生说的,科学的考古必须具有的五项条件是:(一)必须有问题;(二)必须有方法;(三)记载必须精确;(四)必须无成见;(五)必须有耐性[①]。

父亲告诉李光谟,他将去王振铎家,赶紧把这些情况告知。李光谟

[①] 引自李济先生1929年3月12日写的文章《第二次殷墟发掘》。

李济先生《小屯地面下的先殷文化层》手稿（第1页）（全文现存于陕西考古博物馆）

说，已经打听到他的住址了，这几天就会去拜访他的。

一个意外发生在2008年2月我母亲去世后，我们在清理一个樟木箱子时，出乎意料地在箱子最底层的一大张牛皮纸下，发现了李济先生写的《小屯地面下的先殷文化层》原稿，13大张。我不得其解，父母一直没和我们正面说过它啊。随后我又猛然想起，父亲在"文革"之后曾弱弱地却又是一字字地对我说过："你妈妈有时很有妙想，把几个重要的软纸文稿分摊开来，铺在了樟木箱最底层，再用厚牛皮纸盖上，这时你用手在牛皮纸上面摸摸，会觉得牛皮纸下啥也没有。"我当时听了，还以为他是指他和徐老伯的那两份软纸手稿呢。

李济先生的手稿，是用工整的蝇头小楷横写的，内有精心手工绘制的公式和表格。薄薄的软纸已经呈黄色，发脆了，我不得不赶紧到琉璃厂把它裱糊起来以作保护。它的开头一段很清晰、流利且通俗：

> 夏未亡，已经有了商；殷未亡，已经有了周；这是传统历史已有记录的。从文化的继承上说，这里面包含两组性质不同的问题：（一）在某一时期内，未亡的正统文化在地域上虽显有不同的中心，是否尚有交错的区域？（二）在这几个文化系统所达到的区域内，每一个地点文化的演进是否如传说历史所说的那个程序？这些问题显然都是考古学上的问题。

这文章令我再次感受到，老一辈考古学者就是这样一代代地辛勤劳作和传承着。我甚至联想，李济先生在20世纪40年代所思索的，似和徐老伯、我父亲所思索的"周人与秦人关系"这一课题是很接近的。这就难怪父亲和李济先生的儿子谈话时，提到了两个人学术上有"共鸣"。这也就能解释为什么李济先生愿意把他的这篇手稿送给父亲，父亲也很珍惜这个礼物，努力加以保存，现终于得以让世人一阅。

90年代，海峡两岸准备召开学术会议。1993年父亲接到了杜正胜先生的邀请函，他对此很上心，说那里有好几个老朋友呢，也有新人，现在很想和他们交往交往。在父亲去世后我整理他的书柜时，发现他的笔记本里，夹着一个便笺，推测是1993年写的："起搏器安装后的电池可以持续用十年，现在我刚刚用了四年多，应当没问题的。"但父亲最终没能去成。

我的时间不够用了

父亲在他生命的最后十年里，似乎是采取了一些"非常规"的做法。可能是他明显地感觉到，和想要做的、需要做的事情相比，自己的时日已经不多了，加上一些老朋友的相继离去，对他的信心产生了一定的影响。从他1986年给河南博物馆馆长许顺湛的回信和1990年写给郭大顺的信稿中（信未发出，郭先生就来北京见面了），都能隐约地看出这一点：

（许）顺湛同志：

你好，收到11月2日来信，因故迟复为歉。

你的设想（召开中华文明起源学术座谈会）很好，让我"挂帅"难应命。不是客气，是从实际考虑。年过七七高龄，当个"啦啦队员"还可以，做"领队"力不从心了。相信朋友们（包括你）会谅解的。对你的两项建议提两点意见，供你们参考。

第一，这个会议的发起单位可考虑和河南省文物考古所、考古所的河南队（郑振香、赵芝荃）协商共同发起。如果这样，然后再联名请文物出版社参加，共同作为主办（共同发起的）单位。

第二，将来邀请单位和个人，要在事前共同协商，要在邀请信中申明，不要空对空的论文（提法委婉些）。对象要经过仔细斟酌。这次会和前次纪念仰韶村发现六十周年不同，那次是纪念性的会，热心者都可发言，论文也不拘一格。这个会应该反映时代气息、学会发展脉搏，最忌泛泛谈，引经据典，东摘西凑，脱离实际。现在的工作，像万里长征的赶路人，没有闲时间扯皮"争鸣"，各人谈个人观点就是我们的共同语言。否则意义不大。

谈到拟发起"黄河文明学会"，我意"黄河文明"是个课题，"学会"有些形式化，不如"座谈会"实际、实惠。你意如何？

以上意见，仅供参考。

此致

敬礼

苏秉琦

1986年12月6日

父亲给郭大顺先生的信稿：

大顺：

……（谈身体情况，略）。

（我）近期活动：

（1）7—8月间，台湾"史语所"、台大，有两个团来访问考古所，是私人旅游名义，（都是）中年人，其中有没有见过面的人，像杜正胜教授级，也比张光直晚十几岁。所里安排，来人中提出愿意访问我的，由所长陪同，到我家来，（我）不参加集体活动。

（2）考古所四十周年，在故宫布置展览，开幕式（我）准备参加。

（3）环渤海会，所里准备出两个人，我做去的打算，大原则是少参加集体活动。……是否参加大连会议，徐光冀、张忠培都很操心。说良心话，我怎能不去大连呢。但事前考虑周全是必要的。我一心牵挂的是，我们现在对辽河东西古文化该有个系统的看法了，我的心能够平静吗？……

（4）童明康8月上旬去美，要和张光直谈些今后的学术交流意向（我和张光直都是剩余岁月有限的人了），尽量都珍惜这段岁月做些对学科、后人、国家有意义的事。（注：以上是7月23日写的）

今（8月24日）接着写。三周过去了，时间像插上翅膀，简直是对老年人的讽刺，前面谈的事情已经过去。考古所四十周年纪念活动，过得算郑重有分寸，我参加了。我正式会过两个团的部分成员。8月4日所里招待离退休同志，徐光冀、徐苹芳讲话后我发了言，十分钟，讲了三个历史时期："有所（建所）以前的20年，老一辈学者提出了为恩格斯'起源'写续篇；过去的40年间，继续摸索道路，走出一大半，可称作考古学上的'邓小平小道'，初步认识到'续篇'该是啥样；今后20—21世纪间的20年，该走出一条大路。我不敢想我能再活20年，但我似乎看到这个时期了。这个内容是我和《中国文物报》记者对小童谈过的内容。"（注：此信写到这里搁下笔了，估计已见到郭先生了）

1986年的一天，他对来访客人说："形势变化这么快而好，新材料都很诱人，我越想越觉得要做的事情做不完了，我的时间不够用了。"又有一次他对家人说，真想再看些书，可没这个时间和力气了。我猜这句话和他1985年订购了一整套《满清全史集》，却没能翻阅几次有关。在此之前，他还请童明康帮他找过一些满族入关前历史的书籍。

这一时期，父亲对来访的客人变得更加恋恋不舍。我多次碰到在客人起身告别时，他恳切地说："怎么这就走了？再坐一会儿吧！"

看材料、看书、会朋友，可能还不是他"时间不够了"的全部。1994年，他曾对高炜说，"论文集"毕竟不是书。言下之意是应当写一些"真正的"书，但那时父亲已感无此精力了。他曾对我说："我相信下一两代人，他们会拿出新的'大东西'的。"

有学生很幸福，有真正懂自己的学生更幸福。《中国文明起源新探》是父亲在身体衰弱而头脑清晰之际，亲自口述，经学生记录、整理而完成的谢幕之作。

毕生一役，无怨无悔

（1988年以后）

人老念故情

在父亲可以大有作为之时，陆陆续续传来一位位老朋友去世的噩耗。前面已有了白万玉、徐旭生等先生，现在冯家升、俞德浚、胡隽吟、王振铎等也相继离去了。每逢此时，全家都跟着父亲悲痛和叹息。他往往是长叹一两声，默默少语。屋里空气都仿佛凝固了。多少天后，他才会说上几件关于逝者的事。但我也感到，这时的他并未因老友们驾鹤西去而削弱生命活力，反而更加懂得自己的责任，这种承受力来自他经历过的磨难。

冯家升先生走的时候，是1970年的"文革"时期。那时，冯先生才66岁，家里只留下了妻子张秀玲和身有残疾的小儿子，生活相当艰难。在他去世前些天，父亲还和他一起打扫院子，接受造反派和群众的监督劳动。只见他面容憔悴，低头不语，父亲不便和他谈话，也没太在意。事后看来，他内心定有很多痛苦。

那时，父亲告诉我们，冯伯伯虽然家境贫寒，但学业很好，更懂得勤奋努力。他长我父亲五岁，父亲初入北平研究院时，他于燕京大学硕士毕业，同是在1934年进入了北平研究院。他最初做名誉编辑，与顾颉刚先生一道主编《禹贡》。"七七事变"后，他去了英国，后应邀在美国哥伦比亚大学中国历史研究室任研究员，担任辽史研究工作，同时又在该校人类学系进修，成绩斐然。他懂英、日、法、俄好几国外语，对古回鹘文、突厥文有深入研究。不料他的妻子在山西老家病逝后，留下了两个孩子由奶奶抚养，很是艰难。1947年冯先生回到北平，继续在北平研究院工作，住进了这个宿舍大院，还把母亲和两个孩子都接来了。

1949年解放军入城后，他满腔热情，希望自己快速成为新人。当时的华北大学（中国人民大学的前身）负责突击培养南下干部，他果敢地报名参加了，和年轻的工农学员住在大礼堂那种大集体宿舍里。清晨跑步出操，整日紧张地学习马列主义，开展批评和自我批评。可他是个书生气十足的洋书呆子，外语很流利却不太会普通话，越是自我批评揭盖子，越是显得思想问题、认识问题多，会上会下一再成为众矢之的。那个时期，单位里遇到国家有什么重要事情，都会组织游行。有一次，学员们参加了全市的一个大游行，每排四五个人手挽手地大步前行，意气风发地唱歌、喊口号，其中也有他。大家从西郊走到市中心，路过我们宿舍大院门口时，院子里许多人包括我都见到了他。可结业时，听说他却弄得挺被动。抗美援朝开始，他说他懂几门外语，还精通美国俗语，一再强烈要求赴前线做翻译，教化美国俘虏，但未获批准。

1950年，冯伯伯和画家张秀玲结婚。1952年他调到中央民族学院任教，后任少数民族社会历史研究室副主任。工作刚有些顺心，家里的婆媳关系，继母和两个大孩子的关系却处理不好，给外人留下的印象是"研究了多年民族矛盾，却不会解决家里的事"。到了"文革"时期，他更是不知所措，内心惶楚，就这样默默离世了。据说，教研室的年轻人对他遗留的资料无从下手，导致我们国家在突厥文研究方面损失了许多。

到了90年代初期，苏联解体，有些民族矛盾开始显现时，我和父亲再次回味了冯伯伯在五六十年代的心境。他是研究少数民族和古代史的，自建国起，自然关注苏联"发展了马克思主义，成功解决了历史上的民族问题"的成就和经验,查看了许多苏联的书籍资料,却总是不得要领,觉得其中似乎有问题。他的家在大院西北角,来我家要路过徐老伯家和王静如先生家,但他大概觉得徐老伯说话很严肃、原则性强,王静如先生家里没有我家安静,所以还是常来我家,和我父亲聊天。两个人都觉得民族隔阂问题历史悠久,错综复杂,不是短期能化解的,对各民族的语言、文字、风俗等更需尊重,不可轻率给予弱化,而苏联给出的政策似乎很粗鲁,却说圆满解决了。50年代后期,他参加了苏联科学院民族学研究所组织的中亚调查队,到乌兹别克斯坦、塔吉克斯坦等五个加盟国,进行了为期三个月的学术活动,尽管回来后写了论文《民族研究方面的中苏合作——中亚调查三月纪略》,但内心依然怀疑那边是否真的有"铁幕"存在[①]。他多次对我父亲说他百思不得其解,内心长期处于极度矛盾困惑之中,常为这事和家事严重失眠,苦不堪言,抑郁不已,这或许导致了他的早逝。记得王静如先生对我父亲感叹地说过,(咱们)不能太傻乎乎的啊。

1985年末,家里突然得到消息,父亲的校友俞德浚先生的胰腺出了问题,我陪着父母赶紧到人民医院探望。只见他卧在床上,面色难看,但神志很清醒坚定。父母一再劝俞先生既来之则安之,俞先生边听边点头,可过了一会儿又脱口而出:"现在正有好几件大事在心头困扰,不能不想啊。"他孱弱地讲道,目前由于山林的大肆开挖和对环境的污染,西南地区的物种数量正在迅速减少,光是黑龙潭就已经比他们在那儿时丧失了十几种植物。他认为问题还严重在,一个植物品种的消失,会牵扯到几种甚至十几种物种的退缩和消亡,这种连锁效应有的品种明显,有的会缓慢些,近来又有外来新物种在侵扰。照此下去,几十年后会冒出很多生态环境恶化问题,将对农业生产和植被保护等带来难以估计的破坏和损失,要

---

① 20世纪50年代,西方国家说苏联把许多内部矛盾掩盖起来了,称为"铁幕"。

及早做出应对才是。"你说我能不挂念吗？"他看着父亲说。

回家后，父亲对我们说：当老者（学术领头人）敏感地发觉某个问题时，也许周围人还没有察觉。如果老者已无身体力行的能力，又缺少能跟随与继承的接班人，那他的内心会更加郁闷和焦虑，尤其是他预感到自己离世后该领域的发展将会面临更多的曲折甚至是反复时，那种痛楚，不是常人能懂的。

父亲又讲：你注意到了吗？俞先生说到了植物因环境条件的变化，自身也在变动；每种生物与环境的相互关系也在缓变、调整，这就是动态生物学啊。他的一生都在做植物编目，一边登记植物的户口，一边想方设法去发现未知的新品种，那是静态植物学，现在他发现了它们都在变化着。对我们考古而言，我们要搞动态考古，不再局限于物件的静态描述。文化，是地域的产物，是块块分布，却总和时间坐标轴关系极大，呈现时间序列的"条条"。几年后父亲又继续对我说，少数的稀有植物品种，仅仅生长在很小区域，例如某个山坳里，相当于一个点；有的分布在一个长条地带，例如某个河流沿岸，某个山脉，那是条线；有的在一个较大的区域甚至很大区域，那是面，是块块。

没过多久，俞伯伯的噩耗传来。母亲赶紧去安慰俞伯母。到了90年代初，俞伯母的精神已很差了，她感到最愧对俞先生的，是他突然离世后，有那么多的植物调查数据和文字材料从此沉寂无闻，没能很好地贡献给社会。父亲听了这些，一直沉默不语，若有所思。

如今，俞伯伯在昆明植物园的工作室已年久失修，塌陷了，那些在原地静静残留着的碎砖瓦块，也埋没在了树丛中。听说，只有植物园里个别老者知道，那里曾是俞德浚为国家做出过许多研究成果的地方，这些瓦砾是对他科研活动的纪念。而在这堆碎砖瓦西边不远处，便是他的老朋友蔡希陶先生的纪念碑，由省政府为他对云南省经济发展所做杰出贡献而立。旁边的绿色草坪上，青年人沐浴在阳光下唱歌、嬉笑、休闲。

在俞伯伯离开我们几年后，1988年底的一天夜晚，母亲突然接到傅吾康先生妻妹胡玲英的电话：傅先生的妻子胡隽吟回京探亲期间，于12月7日突发心脏病去世，享年78岁。而在此之前的十几天，她还来我家串过门，谈笑风生，矍铄强健，还说要在京等候傅先生的到来呢。而突然发生的噩耗，令人措手不及。父亲连忙让母亲第二天去邮局给傅先生和他的两个孩子发慰问电。此后，父亲在几次给傅吾康先生的信里表示，十分挂念他独身后如何克服困难完成既定的研究，希望他们三个人能共同渡过失去爱妻和母亲的难关。

我父母知道，傅吾康夫妇这对佳缘实属难得，他一生的成绩和妻子的贡献密不可分。妻子不仅是他出色的助手和秘书，还能做自己的研究工作，在家里又是贤妻良母。我后来得知，年迈的傅吾康先生以一人之力，又出过几部新作，算是对他妻子最好的纪念吧。父亲说，德国汉学研究不久后必然会进入新阶段了，一个时代有一个时代的特色和印迹，但其走向如何，在傅吾康先生之后，可就难以预计了。

告别同乡挚友王振铎先生是在1992年。"文革"期间，他和父亲都得知对方的日子难过，为了少惹麻烦，也就鲜有往来了。1976年之后，"文革"劫难散去，他俩复又相见频仍，喜形于色，畅谈起来，只是王伯伯说话迟缓了，人也变得深沉了许多。到了80年代初期，我父亲发现王伯伯的言语更少了，不解其因。1985年，王伯伯的家迁到了北郊安贞里外，他和王伯母的身体也都多有不适，和我父亲的走动开始困难了。王伯伯于1989年1月写了一封信，诉说了这些情况。心中不安的父亲在1989年初，独自冒着寒风转乘几趟公交车去探望了他。

父亲回来后对我们说，他的司南和地动仪复原模型原本只是原理性演示，现在各个方面都来要求它们具有实用性能。他的老朋友、地球物理学家傅承义也来询问此事，司南和地动仪复原模型从国家博物馆展览厅移到仓库里了，只有1958年研创的苏颂的水运仪象台复原模

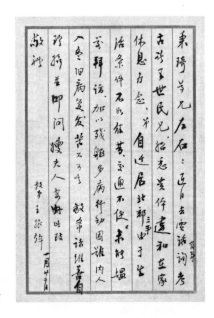

王振铎先生给我父亲的最后一封信

型仍旧陈列着。于是,他一再苦思复原模型的灵敏度欠佳的症结在哪里。他对父亲说他近二三十年来,多是行政琐事缠身,心里有许多要做的业务干不了,煞是羡慕我父亲能有较多的时间安心做自己喜欢的事。还很感触地说了不少"是你,是我,是你我,都是塞翁失马啊"之类的话。

后来,王伯母不幸去世,王伯伯自己的身体也不好,内心甚是焦虑。1989年春,在一次会议期间两人相逢后,父亲又安慰他说:我坚决相信,中国古代的发明绝不是传说,绝不是摆设,必定有实用性。你要坚定信念,只是我们目前还不知道当时的技术细节。为此他还向王伯伯讲述了两个例子。第一个例子是父亲50年代在河南听说的"烽火狼烟"——将狼的粪便混合到烽火台的柴火里,点燃之后冒出的黑烟能竖直向上,不怎么怕风吹。这一诀窍到了民国时期才公开,显示了民众的智慧。第二个例子是70年代马王堆汉墓出土的两件素纱襌衣,形如蝉翅，很轻很薄。文物局曾立下课题，复制两套。其中遇到的一个难题是找不到那么细、那么轻的真蚕丝线，国内外都没有。照说可以如此下结论，中止这个课题了。然而经过仔细调研，从民间了解到，正常的丝线是蜕皮三次的蚕吐的丝，如果这蚕处于某种病态，那么在两次蜕皮后就吐丝，这时的丝就是细而轻的丝线了。

我自以为还有机会见到王伯伯。不料，1992年他突发心脏病，带着许多未完成的事业和缺憾，撒手而去。我们全家都知道，这位挚友的离别，对父亲的打击定是深重的。多年以后，我父亲才说起，在他们最后的谈话里，王伯伯曾告诉他说："你三十多年前送给我的那句话，我一直铭记在心，现在我再退还给你用吧。那就是你说过的：'（你）就这么干吧，你肯定会比我做得好。'"

这句话是王伯伯对我父亲的最后期望与嘱托，父亲说他一直没忘，由此也引发了他诸多的思索。他慨叹说，一棵大树倒下了，原本可以结出的大果子，没有变甜就不再长大，消失了。所以果园要定期把老树砍伐换栽新树是正确的，是为了腾出地盘和取得效益。但也有个例：河北深县出产大个水蜜桃，就有那么几棵树很老，却仍能产出极好的果子，而在它周围栽种的桃树就是比不上它。曾有国内外专家前来探寻，却没得究竟。我又补充说，广东的增城，有几棵荔枝树产有蓝色血丝的荔枝，肉大核小很甜，专门拍卖给香港富人，也就是那么几棵树产的。

在父亲离世后，我们逐步整理他的书房，在一个装有旧信件的纸箱子角落里，意外地发现了一张宽幅的合影："国家领导人会见全国文物工作会议代表合影，1989.5.6"。父亲被安排在前排的中间，和领导人紧挨着，而在前排端部才是王伯伯，两人没有坐在一起。我们拿给母亲看，她说绝对没有见过，父亲也没说过这张照片，只是知道他参加了文物会议，见到了（王）天木。父亲没有把这张合影让家人看，更没把它放在明处，是为什么？是不愿意看到他和王伯伯的座位拉远了？还是对这些"场面上的事儿"不屑一顾？还是为王伯伯临终前的意愿未能实现而伤感？

就在父亲这些相处了大半生的老友前后去世期间，他的身体情况也渐渐孱弱起来。1988年初秋，父亲和全家共同商定，在这不冷不热的季节，到协和医院给他安装起搏器。那时，他的身体还不错，安装的过程很顺利，一周后出院，精神又和以前一样了，大家都特别高兴。尽管如此，父亲和疾病、和衰老的抗争还是进入了更艰难的阶段。

在他出院前夕，我问道：您去过华山和泰山，五岳中最重要的两个，更喜欢哪个？他说他两个都喜欢。"你注意到了吗，华山是民间和道教维系起来的，泰山是官场维系起来的，各有特色。论感情我更偏于华山，华山的特点就是个'险'字，犹如学术征途需要胆量，风光无限，四周的村民很朴实可爱。而从大遗址保护角度看，似乎又对泰山思念得多些，那个地区本应有大型的城郭遗迹，才能理解和解释有那么多而重要的出土器物，是后期人类活动把地表的遗迹都毁灭殆尽了？我仍在惦念着。"

在身体恢复期，父亲还和我们聊起英国古典电影《红菱艳》(The Red Shoes)，说这剧本的本意挺好：那个导演拿热爱艺术做幌子，欺骗和控制着女主角拼命地跳舞来给老板挣钱。但我觉得女主角穿上红舞鞋就情愿为艺术献身的精神，终有可取之处。随后他的话题一转，又是联想他自己了："还记得吗？当年你和妈妈种植老玉米时，西南角缺乏阳光缺乏照料的那棵最弱小的玉米，只长有一颗小玉米棒，它竟然能顽强地长出了一粒大个头的玉米粒。我要做的事太多了，只能以有限精力做一件最要紧的事，其余都排除在视野之外吧。"

支持环境考古和科技考古

1986年3月底，父亲难得有机会去昆明参加"全国文物普查考古发掘工作会议"，哪知因日程紧迫，未能故地重游。此后，他多次说深感可惜。

同年秋，我去昆明出差，回来后和父母谈起那里自然条件的变迁，我感叹道：冬季也下雪了，我又去了黑龙潭咱们常去挖蘑菇的那个小山坳了，却没有了蘑菇的踪影，土地明显干枯，也显得苍老了，"缺少了湿气和灵气，是那里的最大变化"。父亲听后，略带伤感地说：变，是这个世界永恒的主题啊。我们考察的空间越大，就越要考虑环境的差异。考察的时间越长，就越要考虑环境变化的因素。

同年，我再次去西安出差，回来后说起半坡遗址的环境。我1977年第一次参观半坡时，周围还是自然村庄，在馆内参观时还能联想到，先民们居住地周围有壕沟防御野兽侵扰。可这十年过去，遗址四周紧紧地被高楼大厦包围了，成了"盆景"状，当年挖掘的原始壕沟更是看不到了，简直就像在一个水泥屋子里看模型，看假的古迹。父亲说："一个好的画作，必须让它的四周有个空白地段。干什么？和四周的其他物件隔离开来，形成过渡带。如果没这个过渡带会很不舒服。我们做遗址保护的人本应有这基本知识。如果只把稀有动物锁在小铁笼子里再摆到水泥广场上，给它们好的吃喝，就能算动物园、甚至是好的动物园吗？"他又说："文物的价值，它的展示意义与社会功能，和它的环境密不可分。"他还举例回忆道："刚解放时，有个文物展览，一个文物的说明牌子却写着：出土地点不详，这就大打折扣了。"

许多这类的事情，反复地刺激着他思索。他说从六七十年代起，"环境考古"新学科的概念逐渐传入我国，它涉及了人类学、历史地理学诸多学科。可惜那个时期没能很好地开展，尽管在我国历史上，古人也有过关于人类对自然环境的依赖关系的探索，也有天人合一的思想理念。

在日常谈话里，他常常会表达出这样的理念：环境考古作为考古学的一个分支，包含着三个时间层面的内容：第一个是回头看，即人类的起源史。人类既然是生物进化的产物，那么人与环境的相互关系当然是人类学和考古学面临的重要课题。自然环境的差异必然导致人类起源地区的差异，文化、文明进程与特色的差异，发展进程的差异。在世界史和中国古代史研究中不可忽视。第二个是看眼下。文物保护工作不可忽视的文物大环境和小环境，对文物诞生发展变化的作用，这就是"大文物""大遗址"概念提出的缘由。不仅要把它变成全社会的共识，还要研究和注意环境的恶化对地下文物安全的威胁。第三个是往前看。自从人类学会用火，尤其是现今大量消耗煤和石油，大气层的组成也改变了，植被被过度掠夺，地形地貌正急剧变化和恶化，正在影响整个人类的生存条件，这些都难以逆转，已成为当下全民关切的首要课题，更是侯学煜、俞德浚等众多植物学家非常在意的大事。

从这些谈话里，我才理解了他之所以要在办公室弄张特大号的地形图，是为了不断思考自然环境（河流、山谷）与先人居住地、文化分布和文明传播的紧密关系。

中国科学院地质研究所周昆叔研究员，曾在80年代对平谷上宅村古代人类的生存环境做过研究，并开始和我父亲有了交往。1990年10月，他邀请了国内地质、考古学者，在西安市临潼县召开了首次"中国环境考古学术讨论会"。会刊写到"有考古学家苏秉琦、地质学家刘东生、历史地理学家侯仁之、古人类学家贾兰坡先生分别题词，事涉四个学科"，这里把我父亲的名字写到了最前面，可能是为了表达考古学在环境考古中具有最重要的位置吧。侯仁之院士的题词是"史前环境考古是历史地理学必不可少的延伸，历史时期环境考古更是历史地理学的重要内容"，受到了与会者的赞同。父亲的发言手稿，则偏重于未来，他写道："地球在缩小，社会进步在加快。当代全人类面临的重大问题是一个。核武器的威胁或许成为过去，而环境与生态恶化的威胁已不是杞人忧天而是当代主题。拯救人类，拯救我们这个星球已不是宗教里世界末日将要来临的呼声，而是人类科学理智的警告。全人类如何避免全球被毁的灾难，重建人类的新文明已成为现实社会全人类的共同课题。……20世纪与21世纪初是个伟大时代，严峻时代，对全人类如此，对中国如此，对中国考古这门学科、这个事业同样如此。"

父亲在另一个便笺里还曾写道："人类文明的开始就是对自然生态平衡的破坏。环境考古之所以应该成为当代中国考古学的重要分支，就在于它可以对人与自然的关系从理论上给予科学阐述。从历史角度提高认识，更自觉地尽力建立人与自然的协调关系。"

中国地理环境的特殊性对中国文明史特点的影响，是父亲和周昆叔接触中谈论最多的内容。1992年，周先生给父亲的论文《中原古文化与环境》说的就是这个话题①。他认为随着黄河向东的贯穿，我国大陆的生态环境逐步变化，人类的居住、文化和文明都在向东迁移，这引起了父亲的注意。特别是父亲到了晚年时，对此做正面的思索较多。我家有位邻居，是中国地震局地质研究所的徐道一研究员。他曾告诉过我：中国的历史地理环境，人们只是注意到了长江、黄河，却忘记了青藏高原，它是地球的"第三极"，它在近一二百万年以来一直在隆起，大约每年一毫米量级，这使得原来向南流淌的河流才变成了现在向东出口的长江、黄河。这个高原和印度洋、西大西洋决定了中国大陆的地质与环境条件。以前，渭河中下游和汾河下游都是碧波的湖泊，西安东边的灞河、浐河的水都是流入湖泊的。我把这个信息告诉了父亲，他很兴奋，并让我注意搜集这个研究成果。可惜徐研究员的文章在2004年初才正式发表②。他认为，中国的古文明，是长江、黄河与青藏高原环境的文

---

① 参见《中国生存环境历史演变规律研究》，海洋出版社，1993年。
② 参见《青藏高原的剧烈隆起对中华文明产生的影响》，《古地理学报》2004年第2期。

明，是中国文明的特色。从地质地理学家的角度出发，他在文章末尾感叹地提出："罕见的中国大陆自然环境孕育了罕见的中华文明，罕见的中华文明需要中国学者来继承和发扬。"我想，父亲看到这篇文章的话，一定会有许多共鸣的。

我注意到，自80年代末期开始，父亲已经十分留意自然科学方面尤其是新技术类的信息了。他说，现在既然是信息时代了，提出科技考古，当然很及时也很重要，把各种新技术手段用在考古研究和文物保护上，可以把考古与文物工作提升到新阶段、新境界，能得到更多更准确的信息。作为信息时代的必然产物，多数情况下"技"字比"科"字更突出些。有人机械地把外文翻译过来说成科学考古，那就很容易被误解了，似乎是说以前的考古是"非科学考古"了。犹如，我们总不能把西来的医学称为"科学医"，而和"中医"相区别吧。

1991年4月，父亲出席了"全国第三届科技考古学会讨论会"并致辞。此后他还曾接到一位从事历史学研究的年轻人的来信，说我们国家对新技术运用于考古学很欠缺，很薄弱，太落后了，似乎说父亲的理论会排斥新技术的运用。父亲跟我说，绝不是这个样子。此后父亲在说及别的事情时还曾说道：现在不少年轻的医生，动不动就让病人做全盘的化验检查，而不愿或不会望闻问切。原本依据经验和常识就能做出基本判断的小病，现在甚至不愿多看病人两眼，大动各种检测，"杀鸡偏用宰牛刀"，浪费太大。所以我们在大力使用、提倡新技术手段的同时，还应对经验技能更加重视："无论仪器如何智能，还是需要人的思想和理念来支配。无论信息技术如何发达，总不会代替你的大脑回答所有问题。人的思想和灵魂，始终要起主导作用。"

"告状信"

1979年在西安的会议后，父亲随部分代表参观了兵马俑。回来后，出于职业的视角和敏感性，许多代表对那里的文物保护现状深感不安，例如把出土的兵马俑破碎件分发到每个整理工作者手中，任其独立修补，难免会为了赶进度而忽视了质量等。父亲和许多同事议论后，联名向上级单位写了意见书。

改革开放初期，我国在文物保护宗旨和具体实施上，曾有过偏差，这让他很忧虑。1981年10月，在国家文物局内部的一个会议前夕，他写了一个铅字打印的公开信要求会上散发。具体内容是：

  ××局长同志并转咨议委员会各委员：
  收到你局办公室定于本月31日召开咨议委员会会议的通知，并仔细阅读了附件。我因应山东省文物局的约请，日内动身，不能出席，让我首先向你请假。
  读过附件（1979年7月国务院批发文件），心潮起伏，久久不能平静。出于一个文物考古工作者的良心，有些不成熟的想法，不得不吐，仅供同志们参考。
  （一）"文件"从整个精神到具体条文都大成问题，和我们这样一个社会主义大国精神、我党的历史传统以及设置专管文物事业的国家文物局的目的极不相称。现在我们国家内有"文物市场"，世界上有"国际文物市场"，这是事实。但这是旧世界留给我们的一个"负担"，而"文物"自身不能成为压占我们库房的"废品"，更不应该成为市场上的商品，更不要说让它成为出口商品。在任何一个现代化国家，任何一个文明的民族都会知道应该如何安排它的用场，使它发挥它应该和可能发挥的作用。道理不需要我在这里多讲。博物馆藏品可以分等级采取不同的保管方法，供进行爱国主义教育和科学研究之用。但作为"文物"这个统一的范畴，不论是秦砖汉瓦，还是陶瓷碎片，和那些珍宝国宝一样，作为商品流通，投放市场，甚至出口，都是对一个文明国家民族自尊心的玷污。如不加禁止，任其泛滥，是最不得人心的蠢事。

（二）咨议委员同志可以对此问题交换意见，供领导参考。我完全赞成。但我感到，我们这个组织范围太小了，代表社会面太窄了。像如此重大问题，应该拿到更大范围去，听听广大群众的声音，岂不更好？

（三）这个文件发出到现在两年多了，我是第一次看到，过去也没听到。我感到遗憾，也感到内疚。但现在拿出来让我们大家讨论也有好处，实践是检验真理的唯一标准。1979年、1980年的第一、二届中国考古学会年会上曾由到会全体代表对国内近年来盗挖、倒卖文物的现象向社会发起过呼吁。事实教育了我们，歪风不但没有刹住，而是愈演愈烈。现在，今年的年会正在积极筹备，不少同志正在苦苦冥思，究竟我们采取些什么办法才能对此起到些实际作用。现在事实教育了我们，让我们不得不提出这样一个疑问：这个文件，以及由此而产生的一系列措施，究竟对这个歪风是起到了某些抑制作用，还是起到了"推波助澜"的作用？

（四）原来文物商店的设立，是想将流散民间的文物，设法收集起来，由公家保管，所以当时是归文物局流散文物管理处领导的。后来成为买卖文物的商店，已非初旨。现在又扩大为出口文物的商店，更为不应该。试行办法说，在近几年内，每年搞两三次，似乎还想以后更加扩大规模来出口文物。后患无穷，请加考虑。

（五）文物特许出口管理试行办法，似乎是文物商店代拟的，其目的是广辟货源，不是保护文物。所以才会有：1. 除传世品以外，也应包括发掘文物；2. 除流散于民间的以外，也包括公家博物馆藏品；3. 请示报告原定三级以下，办法中定为包括三级在内（这使标准变成二级以下的了）；4. 不限于文物商店收购的文物，还要各地文物部门提供出口文物（这完全是从商店角度规定的，如果从文物保护角度来看问题，这一定会产生灾难性后果）。

这两三年来，盗挖古墓的风气死灰复燃。博物馆被盗的案件增多了，并且会影响到各地主持考古单位的优良传统，不是为保护文物和研究文物，而是为采集可作为商品的文物供赚钱之用。作为一个中国考古工作者，我认为这样做是完全错误的。我们要对祖先的文化遗产负责，我们要对将来需要文化遗产的子孙负责，千万不要为了少量的外汇而损失我们的国格。即使是人家愿出更多的外汇，我国的文物（指古代文物）对外国人而言，也是非卖品。

以上几点，有不当之处，请同志们指教。总之，这种关系重要的事情，还请慎重再三考虑，不要匆忙做决定。

此致

敬礼

苏秉琦

1981年10月29日

1983年，国家文物局成立了国家文物委员会，父亲是委员，对承担这个差事他很乐意。此后几年里，文物管理状况有了改善，父亲和委员们对此也很满意。但是，到了1990年新一届领导上任后，按父亲的说法，情况又有变坏，新领导"不称职"（武大郎开店），在公开的场合上说了些令委员们和父亲都认为很不合原则的怪话。父亲心急如焚，连夜写出了措辞激烈的"告状信"，让母亲第二天一早用挂号加急邮寄给上一级领导，希望尽快制止。这个信有一草稿，原文达5000字以上，现将部分内容抄录于此：

这是一封反映重要情况和意见的信，为节省时间，下面简短介绍我的职称职务，中国社科院考古所研究员，国家文物局文物委员会委员。我和国家文物局的业务联系可以上溯到文物局成立之前，和历任局领导以及大部分同志是多年朋友，一向接触较多。但是，像此次直接给你一级领导写信还是第一次。

情况特殊，不言自明。说来简单，还是出在怎样对待文物局主管业务是保还是卖的问题。仔细想来，确也奇怪，也确是真事。既然是真事，发展下去，车要出轨，现在到了需要大喝一声"站住"的时候了。

记得前任局长任质斌同志任职期间曾对我说过一句话，文物局的大事无非两个字：一个是"人"（干部），一个是"物"（文物）。所以要紧的，一是抓干部培训，一是保护好文物（如建库房）。

这件事情发生以后，父亲跟我说，有些人的言行已经深深地戳到我的良心上了。在香港开设文物咨询部门是可以的，但其目的首先而且主要应该是如何刹住文物的走私的风气，抢救回国宝，减少损失。可现在胳膊肘往外拐了，开始帮助买到走私文物的买家鉴定起真伪来了。面对这样的事，我还能麻木不仁、保持沉默吗？我坚信多数民众都会有同我们一样的良知，不会接受这样的蠢人、恶事。

此外，他在90年代初期，还曾为解决好几处古人类遗址的妥善保护问题，和贾兰坡先生一起通过文物委员会办公室向上递交过联名信。

我当时很有感触：一个幼年时乖巧、上大学时有些腼腆、工作后几乎没和人吵过嘴的人，竟能在退休之后主动站起来遏制坏事情了！

八十忆孟真，谈学科建设

到了80年代末，脱离教学工作多年的他，头脑里依然关注考古教学、专业建设和学生培养，并从更宏观的角度进行着更深入的思考。我从国外做访问学者回来，说到了国外大学的情况，他说：我们整个社会都没有足够重视个性的保护和发挥，蔡元培的"教育者，养成人格之事业"，似乎也少有人理睬了。北大有个年岁不大却很有作为的校长，可能就是因为有些个性吧，竟然不得不提出辞职了。想想傅斯年（字孟真）、李济、梁思永、徐旭生、向达、尹达、唐兰、冯家升等老者，哪个没有脾气、个性、缺点？你把第一届人代会、政协会委员里的文化界人士名单拿出来，和现在的文化界名人比一比，后者大多没有什么个性，也少有惊世之作，远比不上过去有个性的名人，差不少呢。

他还说："你以前在大学任教，想到过什么才是正确的学生培养目标吗？现在大学的建校宗旨出现了严重偏差，引导学生把注意力放到应对官场上了，把人生目标世俗化了。大学成了只知道金钱的优胜劣汰的练兵场了。……要知道，你们这代人和再下一代人，与我们和我们的上一代人相比，丢失了不少不该丢弃的东西呀。不要以为国家的经济上去了，一切就都好了、都有了，满不是的啊！"他有些激动地说："我想起了那位反法西斯战士——尤里乌斯·伏契克，在话剧《绞刑架下的报告》里最后振臂高呼的一句话：人们，我爱你们，你们要警惕啊。换到这里，我的话是：年轻人啊，我爱你们，你们要努力啊。"

我联想到1979年他谈到国家四个现代化时，内心的潜台词是"必须有管理现代化"。而历经了十年后，他进而想到的是我们的上层建筑应该如何适应生产力发展，因此要做必要的提前准备："大学的社会责任、历史责任不能轻视。"

在他的学生和同仁们忙着为他筹备80岁生日聚会时，他没有表现出特别的高兴。后来他说，他总是回忆起昆明四十多年前的"一二·一事件"。

事件发生时，他刚离开昆明回到北平，但依然很是关注。1945年11月25日开始，西南联大学生罢课，上街举行"反内战"民主活动，于12月1日同当地军警发生了流血冲突。时任北大代理校长的傅斯年赶到现场，见到对惨案负有直接责任的关麟征（时任云南警备司令。他于11月25日召开记者招待会，声言军队"有开枪的自由"。"一二·一事件"发生后，他被迫引咎辞职）劈头便说："从前我你是朋友，可现在我们是仇敌。学生就是我的孩子，你杀害了他们，我还能沉默吗？"父亲说，他在那次关键时刻，能耿直勇敢地站出来庇护学生，尽到了一个父母官、一个师长的责任，他的气节很难得、很可贵可敬啊。

父亲说，这个傅斯年学问做得很好，北大和联大的校长当得也很不错。例如他能振臂高呼，大学要有宇宙之精神，谁能相比？他爱生如子，更值得我们现在的校长们学习。可偏偏到了后来，走错政治路子了。

我顺势把几年前听来的关于父亲讲课的缺点说了说：您既然脱离了教学，说说无妨。您的两个学生跟我聊天时说，虽然苏老师的讲课内容有些滋味，但他常是撇开了讲稿信口游说，而不按讲义的顺序讲，跳跃较大，绕了个大圈子才归正题。说您讲的那些铺垫，大家都懂也爱听，可说到核心和关键处，反而声音变小了，听不清了，也许只有高才生才听进去了。父亲听了一笑："哈，我的缺点呗！"但当我们换到别的话题后不久，他又说起了教学，说他很怀念教书的环境，每每看着那些入校不久的年轻稚嫩的学生，就会联想到自己入大学时的情景，说他们才是未来和希望。

他又说："我这些年来，难免有所反思，想到考古教学的种种不足。但是你也要知道，现在我们的大学授课方式有点退步了，像中学讲课了，太注意讲课的收敛性了。把学生当成孩子，灌输死知识，学生们也习惯那样了，只关心考试成绩，整个学校在按部就班，死板生硬扼杀个性，活像个'现代化的养鸡场'，必然培养不出精英——有益于社会进步的杰出人才。你说的那两个学生我能猜到是谁，他俩人很好，就是死板了一些，我当年没注意开发他们的观念，不然他们此生一定会有更富于创造性的成果。西南联大，连教学计划和大纲都没有，老师'随心所欲'地讲，和学生心对心地交流，是发散性教学，这才培养出了许多杰出人才呀！难道不该深思吗？

"对研究生，我更是不愿死留作业和读物，而是要让他自己去找食吃。我也明知道有人对我这种'放羊式'的教学法有异议，但我不在意。现在看来幸好有这个缺点，才没明显地误人子弟。"

我那时并不赞同父亲的说法，因此说了些反对的话，他不吭声了。我原以为，他接受了我的意见，至少接受了四五成吧。可没想到几年过后，他看到了一篇《文摘周报》的报道，便立即拿给我看。原来有位中学模范教师，讲课水平被普遍称赞。有个外国教师参观团前来访问，请他们旁听了这位老师的课。当下课铃声一响，他的最后一句话刚好讲完，最后写在黑板上的字也正好把黑板的空间填满。"天衣无缝"的表演，让参观团的人全都惊呆了，说这哪里是讲课啊，分明是把自己和学生当机器人，在传送死的资料。看了这个报道以后，父亲小有得意地对我说：整个社会如果都是你那样的想法，问题可就大了。

这个时期，也是他开始思考重建中国史前史的时期，那时我曾觉得他头脑里想的时间跨度太长了。后来我才悟到，他要重建史前史的目的，不就是为了"大政治"——为了武装我们现代人和下几代人、乃至我们民族的民族魂吗？

80岁生日那天，他是拿着准备好的讲稿去参会的。可是到了现场，他却完全脱稿演讲。那么，他事先准备的讲稿内容是什么呢？是"学科建设构思"。现抄录如下：

> 学科怎样才能和社会、时代的发展保持同步？青年考古学家怎样才能和学科建设同步并成为最有生命力的队伍？当前思想上还缺乏一定程度的共识。解决这问题要有个过程。一个要点是，在理论与实践结合上，有一个清楚的共同的纲领性文件。
>
> 下面是我的设想：
>
> 当代中国考古学任务之一，是寻找考古与历史史书的连接点，是长期、念念不忘的，却不是可以一次解决的课题，重要的是有赖于以下任务的协调配合，以把考古与传统史学连成一体。
>
> 任务之二，是"走向世界"，把中国史与世界史连接起来，主

要是西方与东方两半部,其次是新旧两大陆连接起来。最大的任务是把中国的多元一统格局和中国文化系统这个工程骨架,在世纪之交树立起来。区系类型是个纲。但施工细则,要科学规划,"走着瞧",靠积累。一辈子完不成一项大工程,这是常识。规划要有总工程师,但还要有集体。官办有困难,私办要有几个核心人员,官方支持是必要的。

任务之三,是"面对未来"。中国文化传统不是以百万年计的细石器时代,也不是四五千年的文明起源问题的研讨,重要的是一万年前从农业起源到秦统一帝国的建立,约八千年,从野蛮到文化,从城邦到帝国,中华民族逐步形成,文化传统绵延不断,丰富多彩的占人类五分之一的完整历史经验,当是未来世界全人类的一份精神财富。

赵其昌送来了贺词,说了不少情感洋溢的真心话,离开我父母家时,他在门口紧紧地握住我的手说:"我很有幸能有这样的好老师,我们作为学生和晚辈,格外地爱戴和尊重老人啊,我们的评价要比社会对他的评价高上许多许多;拜托你,代替我,探望二老更勤快些,给二老的温暖更多些……"

八十大寿,俞伟超送来的生日贺词:"人生八十自建稀,赤子之心更为贵;莫道科学多迷宫,已是建瓴高屋时"

铜绿山古矿冶遗址保护

1989年9月底,父亲应邀出席了由国家文物局文物处主持召开的"湖北省铜绿山古矿冶遗址迁移与保护论证会"。10月,华觉明先生把父亲的发言纪要寄来,父亲给我看了,还告诉我,华觉明是王振铎先生的研究生呢(时任中国科学院自然科学史研究所副所长)。原来早在1981年,夏鼐所长就曾带着父亲等人一起考察过铜绿山古矿冶遗址,它经历了发现—研究—前景几个阶段。到了1989年国内逐渐形成了两种意见,以北京的单位为代表提出了将遗址迁移的保护方案,而湖北的几个部门(包括设在武汉的冶金工业部安全环保研究院下属的古矿遗址专题组)则认为不宜迁移。会议之前,这两种意见的书面材料都送到了父亲面前。

父亲说,这个问题棘手,难以抉择,是由于迁移方案所指的距离并不是很大,而且两方都做了细致调查和分析,都是本着科学态度的。只不过角度不同,对近期和长远的利与弊的分析与结论也就不同。父亲的发言稿里写道:"我觉得首先要明确的是:一、它是世界上迄今发现的规模最大、历史最久、保存最完整的古矿冶遗址,是全人类的财富;二、还需要进一步地辩证地看待和处理,再进一步调研权衡,寻找最恰当的处置方案,不是绝对化地简单说可以或不可以的问题。"(这两句话在他的发言纪要里并未纳入)。他的发言纪要说:

> 人类的文化和文明本身,既是一种建设又是对自然面貌的变更,从一开始就是对立的统一,问题在于如何把这两方面很好地结合起来,使用得协调。铜绿山古矿冶遗址的保护也是这样,要从我国的实际情况出发,兼顾文物保护和生产建设两方面的需要,尽可能做到两全其美,协调发展。
>
> 我自己的看法是,在确保文物安全的前提下,原地保护和搬迁

保护两种方案都可以考虑，经过充分的科学论证和分析比较，择善而从。同时，必须按照《文物保护法》所规定的程序，最后经国务院批准，方可实施。

按目前的方案，搬迁的距离不大，并没有脱离矿区的大环境。遗址的内涵没有改变，应当承认它还是遗址，仍然保持了它的文物价值。

文物不是图腾，它是人类创造的文化财富，看问题不要绝对化。元大都压在今北京城下，明代修建新城，往南移了一段距离。前些年拆西直门时，发现明城门体里包着元大都和义门。辽宁朝阳市也曾发现在辽塔中包着唐代的塔。人类创造文明不能离开一定的环境。长城是依山巅建造的。康熙在营建承德避暑山庄时依山建造宫墙，保持了塞上的意境。矿井是和矿体结合在一起的。搬迁以后，环境有变化，要动点脑筋，采取一些措施，构成一种意境，使之和原来的自然风貌相近，让人们犹如身临其境的是当时人生产、生活留下的实际而不是拍的外景，现在拟迁的这个点是否最理想，有无更好的选择，还是可以探讨的，在搬迁技术上更得周密研究和精心设计，确保安全无虞。

搬迁不是应急措施，不是权宜之计，它本身就是对文明的创造。这件事如果办好了，将是当代中国以至世界的一项重大文物保护工程，是了不起的创举。

父亲并没有因为华觉明是王振铎先生的学生，而偏向于他参与制订的迁移方案。这个论证会结束后，国家文物局在北京又正式召开了一次会议，最后较一致的意见是，不得移动此遗址。会后父亲曾感慨地说：运用好辩证法真是不易啊！我这辈子一直努力地运用马克思理论——其实我只是抓住唯物史观和辩证法，可辩证法说着容易做好了很难。又说：现今从国家、从长远战略角度来看，需要左右权衡的大事情太多了，都涉及了辩证法。如我们是大国，在国际的和国内的纷杂事务中如何发挥大的长处、压低大的弱处，防范各种分裂、破坏的阴谋、策划，又如对待文化传统的态度和做法等，都需要恰当地掌握和正确地运用辩证法。

华觉明先生 2008 年在"皖南古文化研究会"上的讲话指出："以前，学术界都以为黄河流域是中华民族文明的起源地。20 世纪 40 年代郭沫若则认为华夏文明起源于江淮流域。现在看来，郭老很有远见。80 年代，苏秉琦先生认为两河同时起源。铜陵古矿冶遗址的发现意义十分重大，它对探索中国冶金史和青铜文化的起源、发展，都有着十分重要的价值。"

在许多地方，我都能体会到父亲在辩证统一思想指导下的思考。例如 1984 年 4 月 3 日，郭大顺邮寄来"大南沟"书稿，附带的信里说，目前感到"夹砂筒形罐的分型、分式"有两个问题："一是，墓葬分布为前提，找出分型式的规律，再反过来确定墓葬排列的先后，这种逻辑是否合理？再有，器物型、式及组合的比较，同墓葬分布的结合，那种论证是否可以？"父亲在信纸的下端顺手写道（大概是准备面谈时使用吧）：

1. 历史的，与逻辑的统一；

2. 层位的与型式的统一；

3. 层位的关系与墓地分布关系性质相似，它们各自都有种种我们不可能估计到的情况；所以，我们不能钻牛角尖，要持慎重态度、掌握分寸，能肯定多少肯定多少，留有余地；

4. 之所以提出如上意见是：正如马克思主义的一个论点是说，人是社会关系的总和，一个考古材料的单位（如墓）的问题也是考古学整个学科研究课题所涉及范围。整个马克思主义没有哪一点是可以简单化地理解的。但理论与实践的统一则应是我们一刻也不能忘记的。

长者为尊：白寿彝

父亲和白寿彝先生，有着长达半个多世纪的诚挚友情。记得是1983年冬天，白先生第一次来我家，找父亲谈《远古时代》一书的编写问题。那时我家拥挤不堪，父亲说我这里是真正的陋室啊，只能在床边招待你了。两人谈话间，不知怎的竟谈到了彼此没合过影的话题，随同的秘书记住了此事。几天后，白先生再次来我家时，秘书为他们拍下了一组珍贵的照片。事后父亲看了很满意，还说：如果把其中的四张串接起来，不是很有情节吗？于是就在四张相片的背面，依次写上了"陋室相聚""切入正题""越发起劲""谈兴仍浓"的字样。

白先生为了孕育他主编的《中国通史》的总体计划，曾多次和父亲交换意见。在1987年到1991年的动手写作期间，二人又有过多次见面和细致的商量。两个人都已是暮年，白先生说自己年龄稍小，坚持要来昌运宫拜访父亲；父亲则说白先生的身体不如他，因此坚持要去北师大拜访白先生。但最后还是白先生在秘书的搀扶下，多次前来昌运宫，对此父亲心里总有些不忍。

父亲曾向白先生建议，这个巨著的书名可以请王振铎题写。于是由父亲出面和王先生商议并确定了方案。王先生题写完书名后，给我父亲写了封信，说他是在九宫格上面写的，那绿色的底线务必在制版时抹去。

1992年，适逢北师大举办九十周年校庆。父亲在大会开幕后，发现白先生没有到场，很不安，就自己一人步履蹒跚地走到了白先生家里，叙谈了许久。再回到会场时，只见负责看护这些老校友的王淑芬老师，正在四处寻找他呢，还急得出了一头的汗。

白先生承担《中国通史》巨著的历史使命时，他的腿脚已经行动不便，双眼也几乎处于失明状态，困难是常人难以想象的。助手刘雪

父亲和白寿彝

英帮助搜集资料,一字字地读,有的重要段落甚至读十几遍二十几遍,他再一字字地口述、记录成稿,再对文字和标点符号一一核对。许多工作甚至是他在医院病床上进行的。在此期间,我父亲的身体也开始走下坡路了,1988年还安装了心脏起搏器,这让白先生十分惦念,两个人互相鼓励加油,说争取干好最后一场,"交出个好答卷"。从白先生的七八封来信里,我能明显看出,随着时间的推移,他写字已显得很吃力了。

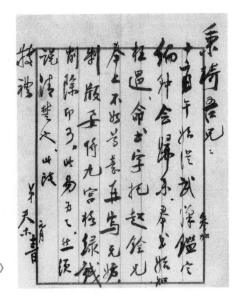

王振铎先生为题写《中国通史》书名事宜给父亲的信

一次，白先生来到家中，两人好像是专心讨论到了一个什么难题，父亲很兴奋，像个孩童般"纠缠"不放，秘书赶紧提醒他俩应该休息一会儿。白先生端起茶杯，很感叹地慢慢说道："这茶是极品，喝到这会儿，算是品出点妙味儿了：妙者，少女两字也。可老者，才会真正懂得做学问的妙处啊！人到70岁了，才懂得了该如何做学问啊。"父亲微笑着连连点头称是："这也算苦尽甘来吧。"我送走了白先生后问父亲："你们这些有重要成果的人，都是在30岁前后显示出才华，并开始拿出显赫成果的，怎么又说年七十才懂得了做学问呢？"父亲回答说，到了你的这个年龄，就很需要懂得这点了，但能真正体味到这一点可不容易呀，许多人是永远也不会懂的。有少数的老者，一生所沉积下的精神和思想意识不能低估啊！它可不等同于几个或是几十个普通中年人的智慧与成果的总和，不等同于一个好的学术会议的结论，或一个大攻关课题的汇总成果，而是可能含有质的飞跃。一个经历战火培养出来的将军，常优于十个师长智慧的叠加。进而还说，老者在学术研究和学科建设中有不可或缺的作用，这种作用就是前瞻性，即他人没有看到的未来的趋势、方向和隐藏的问题；高瞻性，对事物的本质核心、症结看得准确；凝聚力，结合总体情况，给出集中力量、或恰当处置的方法；不畏惧，敢于坚持真理，"无欲则刚"。

父亲还说了与此话题相关的另外两点：一、终身挚友难能可贵。他举了《论语·子罕》里的话："可与共学，未可与适道；可与适道，未可与立；可与立，未可与权。"意思是说，人之间共学容易，共学后不一定能共同达到道的境界；能够共同达到道的境界的人，不一定能共同坚持；能够共同坚持的人，不一定能权衡实际情况适当运用。可见，人生中的终身挚友是很难有的。在编写《远古时代》时，由于是写没有文字的时代的历史，难度大，需要权衡抉择的地方很多，但两个人的配合很默契。二、唯人品第一。作为长者，尤其是长者当了某个范围的带头人时，他的思想境界如何，就成了至关全局的紧要大事。

1997年，我父亲去世的讣告送到了白寿彝先生的秘书那里。秘书第一时间给我家打电话表示慰问，但同时又告诉我们，白先生身体已很虚弱，她很犹豫是否应把这个噩耗告诉他老人家。我们商议后，还是决定不要告诉他为好。此后，秘书一直设法瞒着此事，白先生至终也不知道他的苏兄已早于他而去。1999年，他90岁时，十二集的《中国通史》得以全部完成。之后不久，他大病不起，病逝。有人说《中国通史》如果还没有写完，白寿彝的生命也许还将顽强地延续。中国五千年文明的"精气神"凝聚于他的身上，使他能够为自己的祖国写出一部气势磅礴的中国通史。

谁先到达美洲？

《人民日报》的军事记者连云山先生，有着很不平常的艰难经历。

"文革"时他被打成"黑笔杆子",受苦不少。但他克服了常人难以逾越的种种障碍,查阅了中外资料四千余种,潜心研究,分析核实,对世界定论史进行了挑战,写出了小本著作《谁先到达美洲》。书稿完成后,他分别送给了周谷城、贾兰坡、赵朴初和我父亲审阅。他们看后,都欣然命笔,题名作序,给予了较高评价。此稿后由中国社会科学出版社于1992年正式出版发行。

1992年10月底前后,贾兰坡先生来我父母家做客,说他已经为连云山的书稿《谁先到达美洲》写好了序言,拿来复印件要和我父亲交换意见,也顺便问问父亲的序言写得怎么样了。父亲说只写好了序言的开头。

同年11月10—12日,"环太平洋区域文明的起源与传播"学术讨论会在北京召开,会长是周谷城,与会人员还有于光远、贾兰坡和我父亲等。会上,连云山的报告引起了广泛的关注。相关的还有王大有的报告,讲述的是数支中国的先人早在距今12000—3000年,沿不同路线到达了美洲。

在"环太平洋区域文明起源与传播"学术讨论会上发言(摄于北京,1992年)

父亲对我说，这本书有一定的资料论证和根据，而不是空想，所以几个相关学者都愿意题名写序，这样的事少有啊。父亲在序言里说，他看了之后，浮想联翩，内心激动不已，很值得深思。有这样几点触动了他：一是，类似这样的重要课题，我们专业人员应给予更多的注意。要有职业的敏锐性，把这个课题深入和扩展下去，它直接涉及世界史的基本观念。在清朝时，国内状态让我们的人没曾关注国外的论述，那时国外已有少数人提出可能最早来美洲的是中国人，现在我们该正面参加这个讨论了。二是，作者勇于创新，不人云亦云。坚持调研多年，克服了旁人想象不到的诸多困难，并有了初步结果，为以后进一步的探索论证奠定了好的开端，值得祝贺，史学界要有这样的精神。在国外，欧洲中心论的观念很强烈，总是以这样的概念来摄取或抵制资料，我们要用历史事实来发表看法。

三是，贾兰坡先生介绍了美国的亨利埃特·默茨女士著的《几近褪色的记录》。此前只是略知一点，她是位老小姐，孤身一人，千里奔走，就按着《山海经》里面的方位和里程。果然，诚实有好报，美洲的四个大山和《山海经》说的一样。《山海经》里面有许多神妖鬼怪，我们总以此对它全盘否定或置之不理了，没人再做细想。其实《山海经》里面的那些鬼怪东西，也包含着古代人的崇拜，有研究价值。人类有许多非物质文化遗产，应当包括它。不要等着外国人重视了，我们才醒悟，然后再跟着洋人跑。现在全世界共有三本相关的书，虽是三个内容，却共同证明了一个事实，即中国人不仅最先到达了美洲，而且是美洲印第安人的祖先。亚美之间，一线相牵，这一点是不能否认的。

四是，中国东晋时代高僧法显，为宣传佛法，歪打正着，在公元412年到了美洲西海岸（哥伦布是在其1500年之后到达的东海岸），于公元413年再渡太平洋回国。表明我们的古人，活动的空间很大，做过很了不起的事情，远远超出了我们的预想，应当把类似的调查研究课题抓好。例如，丝绸之路，海上丝绸之路，郑和下西洋，成吉思汗出征，等等。远古时代的先人，也许就是因为生产力落后，寿命也短，为了求生存，寻找水源草场，用直觉辨别方位和空间的天性与本能等优于我们现代人，这才创造了不少长距离奔波迁移的历史。

使我感到惊异的一件相关小事是，在1986年（那时还没有看到连云山先生的书时），他对辽宁小孤山出土的一件小器物——骨质缝衣针的重要意义，有了比较明确的认识。他说古人有了缝制衣服的能力，就能抵御严寒，就能渡过白令海峡。这表明他从别的渠道（即贾兰坡先生序言里说到的默茨女士的书），已经注意到中国人从白令海峡东移的可能性了。他还说过，我们国家从来就不是闭关锁国的，近代虽有过这种愿望和自上而下的措施，但从来都没有锁住。由此看来，他常常思考中国史和世界史的紧密关系。

桑干河，东方文明的一个摇篮

1992年5月2日，我父亲为中国历史博物馆建馆八十年活动写了题词，明示了他对中国历史基本框架的最新构思，即"超百万年的文化根系，上万年的文明起步，五千年的古国，两千年的中华一统实体"。在后面的注中他还解释道："这是我国的基本国情。"

8月22日，他又在石家庄"第四次环渤海考古座谈会"的开幕式上，对这一构思做了公开明确的阐述。他说："今年五月初我为纪念中国历史博物馆八十周年题词：'超百万年的文化根系，上万年的文明起步，五千年的古国，两千年的中华一统实体，这是我国的基本国情。'字面上看，是对国史的概括，实质上是从宏观角度，世界的角度，从理论与实践结合上提出的新课题、新任务。……趁此次'国际学术讨论会'之际，在河北这块宝地，禹贡九州之首的冀州，最具典型意义的地方，提出这个倡议，我认为是再好不过的时机。"负责操办这个讨论会的谢飞局长说："这一科学论断，是对中国考古学界半个多世纪所取得的辉煌成就的总结。"

1993年,父亲又做了进一步的阐释。他说:"在渤海湾西侧,阳原县泥河湾桑干河畔有上百米厚更新世堆积的黄土地。在更新世黄土层的顶部有一万年前的虎头梁遗址,在更新世堆积的底层有一百万年前的东谷坨文化。它们代表着目前已知的旧石器时代文化遗存的一头一尾。而且都是以向背面加工的小石器为主的组群,代表着中国旧石器文化的主流传统。值得指出的是,东谷坨人已能选用优质的燧石为原料,小型石器的类型已较固定,打制技术也较熟练,已具有明显的进步性。因此东谷坨文化并不是中国文化的源头。真正的文化源头还要到超百万年的上新世红土层中去寻找。过去所写的中国史没能认真对待这一课题,也没有条件认真论证这超百万年的文化源头。或许现在也还不能说出更多的内容。但这个超百万年的起点是确实存在的,不能忽视。"他把泥河湾的发现放在了他的四句话的第一句。

到了1995年,在泥河湾的虎头梁遗址陶片的地点附近发现了新石器早中期房址和墓葬群,姜家梁遗址出土了一件玉猪龙,这些让父亲和贾兰坡先生都很高兴,他们在电话里聊个没完。父亲说他和贾老有许多共识,说他写的"上万年的文明起步,五千年的古国"竟然能和"超百万年的文化根系"一道,在泥河湾这一个地区连续展现了出来,真是让他高兴万分。(注:2001—2002年,这里又向下发掘出了三个堆积层,发现了旧石器时代的堆积层。这样,泥河湾成为我国乃至东亚地区人类的发祥地之一,也是最重要最典型的研究场所和科普教育基地。)

父亲向我讲解:现今的桑干河上中游,在几百万年前是一大片湖泊、沼泽地,那时黄河还几乎没有——黄河是由于青藏高原的隆起,才使得原本向南流去的河流改向东流了,成为现在的黄河。长江也是如此。这湖泊旁,一定很适合人类生存,因而有着很漫长时期的文化遗存。裴文中、贾兰坡等认定,泥河湾是"最初人类的脚踏地"。父亲则多次说过:"张家口(地带)是中原与北方古文化接触的'三岔口',又是北方与中原文化交流的双向通路。"

上述谈话也正好解答了我的一个疑问:埃及文明诞生于尼罗河流域,巴比伦文明发生于底格里斯和幼发拉底两河流域,古印度文明发生在恒河流域,而中国黄河流域的文明在大陆上并不是最早的,原来黄河没有其他河流的岁数大。我也懂得了,中国大陆由于地质地理的环境变迁,使得文明的诞生和发展中心不会自始至终在一个河流附近。

郭大顺先生在其所著的《追寻五帝——揭幕中国历史纪元的开篇》一书中说:"张家口地区作为中原与燕山南北古文化两次接触的对接点,同时也是两方对向交流的双向通道,都距古史传说的黄帝战炎帝、黄帝战蚩尤的涿鹿县不远,这就从考古学上为分析理解这两次著名的部族间的战争,提供了一条所应遵循的重要思路。"

从1992年开始,父亲与河北省文物局谢飞研究员有过多次业务交往。谢飞介绍泥河湾说:"泥河湾作为世界巨大的科学宝库,蕴藏着异常丰富的科学信息,她已经成为中国乃至世界第四纪地质、哺乳动物、古人类和旧石器考古研究的圣地。……近百年中外科学家的发掘研究证实,在涵盖阳原、蔚县、涿鹿、怀来、宣化的泥河湾一带,有着二百万年不间断的文化传承和积淀。坚实的考古学证据和可信的古文献记载表明,这里不仅有可能是中华民族的根系所在,也可能孕育了中华民族五千年的文明。"父亲的学术思想和这里的研究进展密不可分。

谢飞先生曾撰文说:"上世纪70年代末,著名考古学家苏秉琦先生提出中国考古学文化的'区系类型'理论,'燕山南北长城地带'是六大区之一,在中华文明形成过程中占有重要地位。而当时这个地带考古工作开展较少,苏秉琦先生提出沿北纬40°考古的建议。为探索冀西北长城地带先秦考古学文化,1979年至1984年,在国家文物局支持下,吉林大学与河北省文物研究所合作,在张家口蔚县壶流河流域开展了为期五年的田野调查和发掘工作。调查面积数百平方千

天津"泥人张"现场制作父亲的头像

米,发掘面积数千平方米,出土了丰富的遗迹、遗物,时代上自新石器时代后岗一期下至春秋早期,共分19段,树立了冀西北地区先秦考古年代序列标尺。"

有一次,父亲对谢飞说:咱们的河北省真好,又有西柏坡——新中国的起步点,又有涿鹿——黄帝、炎帝的据点之一,还有泥河湾——东方人类的起源地。

说到河北,就不能不提到天津。父亲曾于1970年、1974年和1982年,多次到天津参观过。他认为虽然单单看天津地区的资料都是边角料,但边角料也可以做时装。在他的心目中,河北、北京和天津的考古工作应该是一体的,至少应该联系在一起考虑问题。1994年,他在徐光冀和邵望平的陪同下,访问了天津市文物管理处,在那里仔细地观摩了蓟县新出土的新石器时代遗物。

槐树,涿鹿

我在80年代曾随口问他:许多人都在晚年为家乡做了些事,您想回去吗?他说:倒是多次想过回去看看,却总是没这精力和时间了。可我绝不想回去光宗耀祖,一来我没有光彩来炫耀,二来那样做很无趣,你不觉得那样做也太小家子气了吗?母亲在事后则说:你爸自认为他是"大爱无疆"呢,决不愿落入那种俗套,我也觉得衣锦还乡很没意思。再说了,那么个大家族都烟消云散了,也就不想回去看那些引发伤感的破落了的厂房了。

1996年10月,体质衰弱的父亲听说我要去南方出差,立即想到了

在山西（摄于1982年）

老家。他跟我说，你回来的时候半路上下车，到咱高阳看看吧。我懂得父亲这一期望的分量，便满口应允。

我回到北京后，拿出了我拍的一摞相片，向父母汇报。这一次，我只身一人没有通过任何干部，只四处打听，找到父母结婚时居住的房子。那是六十多年前我奶奶专心组织修整好的小院。五间大北房，房顶装饰有欧式的圆环图案，两个大炕用上等好木料做的炕围子，表面已不知被多少人用得滑溜溜的。没有东西厢房，一切布局依旧，只是显得沧桑了。屋外右侧有个小院门（后门），圆形拱门也是欧洲古典风味，它的外面是条小路，路北就是全和工厂的大院门。

当父亲突然从照片上看到，他亲手种植的小槐树已经长成一棵远超过了房顶的大树时，很是惊奇："这槐树这么高了呀，我当年栽种它时，还是一人高的细细小树苗呢，它多坚强啊。"随后又很仔细地端详了每一张，问了些具体细节，大概他联想到了许多人和许多往事，猛然地又想到："这路边的一个大水塘，怎么没啦？我还常在里面游泳，还摸到过莲藕呢。"母亲说："听三哥讲，你那时只会'狗刨'，不算是游泳，你的蛙泳是大学学来的。"母亲还补充说,奶奶还多次取笑父亲书生气呢,那次父亲把摸来的大莲藕拿回家,奶奶说这是藕,父亲却执意纠正说书本上说是莲藕。父亲转而又问:"你走在村子里,听到了织布机的声响了?""听到了,到处都有啊。""真好,我就是喜欢它的声响,清脆有节奏,催人奋进。虽然单调,我却一点都不觉得是噪声,我是在它的声音中诞生成长的。"

母亲立即补充说:你是在鸡鸣声和织布机声中诞生的。

沉思了一会儿,他闭着眼睛缓缓地说:"河北梆子很不错,那就是激昂慷慨。"又说:"河北冒出过多少英雄人物,他们的故事可歌可泣。我们保定人常自称是燕赵儿女,燕赵儿女的特质是慷慨悲歌、好气任侠,此风代代相传。""站在燕下都的旷野上,似乎还能看到各地贤才外出的身影,似乎还能听到'风萧萧兮易水寒,壮士一去兮不复还'的绝唱!"父亲说的可歌可泣、绝唱,就是把爱国、爱家、爱事业融合在一起,是一往无前的献身精神。

父亲还说到一些事:咱们高阳也是人才辈出的地方,名人不少,盖叫天就是高阳人。李鸿藻也是高阳人,他的一个儿子就是李石曾,现在该对他做肯定了吧,他在外赚来的钱又全部返还给社会,没有带回自己老家,这才是人家李家的好家风呢。常说富不过三代,那是指财产,而李家靠着家风家训,靠读书,出了许多名人。

我很感叹,父亲1934年和李石曾有了交往,到了1964年才吐露了点滴往事,如今才正面说起,我这才知道我家竟然和李家是老乡关系。我也联想到他此前也说过的,不要小看了河北。在近代,因为有京、津两个重地从河北省的中心挖了出去,所以显得这个省的各方面都不起眼了。可是从研究历史的角度,该把京津二市也合在河北省里一起看才清楚。确实,他一向对于北京文化历史研究、文物保护很关切,许多地方都留下了他参与视察讨论的足迹。

让我感到很意外的是,父亲的头脑突然跳出了老家,转而又想到几百公里外了。我没能记住当时的原话,但和他写的下述未发表的手稿内容相近:"张家口地区是我国古代东方和西方,中原民族和北方民族文化交流的孔道。……张家口地区,是从西拉木伦河到永定河,从燕山到太行山这一广大文化区的西翼。这地区的古文化既有自己的特点,又有这一广大区域的共性,它反映了这一地区以及它和邻近地区古代居民迁徙及文化交流、融合、分化的情景,同时从区系类型的角度看,是中华民族的一个熔炉。"他又说:"源于陕西关中西部的仰韶文化,在距今约6000年前分化出一个支系,……其影响面最广,最为深远,大致波及中国远古时代所谓的中国全境,从某种意义上讲,影响了中华历史的全过程。而这一支系的主流正是通过山西省境,到河北省的西北隅,和源于辽西的红山文化的一支会合,源于当时种族与生存环境的局限,以及部落首领权力的归属,而逐渐发生了彪炳史册的大规模战争,促进了民族的融合与分化,奠定了中华文明的基础。"

1995年12月的一天,为探寻河北涿鹿地区古文化而来访的两位客人离开我家之后,父亲提醒我,"逐鹿中原"成语里的这个"逐"字,和涿鹿县的"涿"字不同。不过,常说的逐鹿中原,或许真的和这个涿鹿(涿州)有关系。又让我注意,现代概念里的中原,和史记里的中原已经有了偏移。现代把黄河中下游作为中原,而以前却是包括了黄河中下游以北的广阔空间。

这两个客人是河北省文物局的范成玉和地理科学研究所的邸明慧。过了些天,又有张家口地区博物馆馆长刘建忠与韩宗礼来家。他们带来了一些涿鹿古遗迹的文字资料,还附有几十张照片,想听取父亲的看法。原来涿鹿县境内发现有二十多处与传说中的炎、黄两帝活动有关的地点,有黄帝城、黄帝泉、蚩尤泉、蚩尤坟、阪泉、炎帝营等。他们来探讨黄帝城遗址的研究与开发利用。父亲说:这些资料都很重要,我很高兴,要是有机会一定去看看。不过要注意,全国有好几个地方都有关于黄帝、炎帝活动过的遗迹与传说，如陕西、河南和山东等，所以你们要从手里的原始资料出发，一定要继续搜集、整理，还要多注意你们区域外的资料，做综合分析，现在还有许多未解之谜，要细究的问题很多，所以把眼界放宽很必要。咱们都想象不到，那时的古人竟能有那么大的活动区域。

父亲还很有兴致地向客人讲述了红山文化，说不仅仅是你们说到的泥河湾—蔚县—涿鹿—沙城—宣化这个广义的泥河湾地带，而且要注意到涿鹿以北、以南，也是很大一块古文明发祥地，这里是草原文化和农耕文化的接壤区，是古代史、文明起源研究中很重要的地带。

谈话间，他们还拿出一份文字资料。我在一旁粗略地得知，他们的思考脉络是黄河流域180万年前芮城人用火遗迹与裴李岗8000—7500年前的文化，两者之间的断裂带（空白），可以从桑干河区域的如下文化遗迹连接成一个文化链：50万年前的北京人—10万年前阳原地区泥河湾的许家窑人—1.8万年前的山顶洞人—约1万年前的涿鹿地区新石器时代文化。据此串联和确认，桑干河流域为中华民族一摇篮。

父亲说，你们的核心思想有道理。的确，桑干河流域的涿鹿，涿字有猪，有鹿，又有水，很适合人类居住繁衍，自然是文明的大摇篮，也必然是个必争之地，这里浩大的时空架构是最有条件演绎出那段为期漫长的壮丽史歌的。

父亲还说，这几个地方的发掘与研究工作还在继续，泥河湾也有了近百万年的文化遗迹，所以古文化的发展传播脉络可能不那么简单，我们要把眼界的空间加大，综合考虑才能看得更清楚。

客人临走时，说他们的县领导将要带着"涿鹿文化资源总体开发高级顾问"的聘书前来专程拜访。父亲说：你们把我当外人啦，咱们是同乡呀。你们从涿鹿地区的大局出发、做总体开发的设想很好，我特赞赏这"总体开发"四个字。至于什么顾问就不要了，有事情你们尽管来，聊聊就好，比搞那些红本本类的形式强，也无须让领导为此专门跑一趟，你们地方政府，重视自己本土的古文化财富，以此拉动全县的各项建设，这个眼光和魄力了不起。

1997年4月初，父亲因身体虚弱住进了医院，但见到再次来访的涿鹿客人时，他仍很高兴。按照客人的要求，他半卧在床上，为他们写下了：

开展涿鹿考古研究　　促进涿鹿旅游事业

这竟成了他最后的题字，也是他在去北京协和医院急诊室之前最后一次见到外地客人。十年后的2006年，中央电视台纪录频道播放了五集科教片《发现黄帝城》，表明涿鹿县的遗迹所揭示的五千年前古文明的历史，正在为专业人士所认可。

西周燕下都遗址的小典故

从70年代初开始，父亲去了几次北京南郊的琉璃河。那里发掘的商周时期遗存，是三千年前的旧城址，即北京城市的发祥地。他对我们说，既然你们成了北京人了，更该去看看，里面的学问可不少啊。例如，这里既然叫作"燕下都"，那么"燕上都"又该在其北面的什么地方呢？延续到了元代，又有了元大都（北京）、元上都（在锡林郭勒，恰位于北京中轴线的延长线上）和元中都（却是在张北县）的格局，两者有什么关联呢？……虽然父亲这么说了，但我还是一直拖延着没去。

1996年初，我的一位日本朋友、地震学家来北京进行学术交流，拿出了一本日文的北京导游手册，要我陪他去琉璃河的西周燕都遗址博物馆参观。日本人对这个遗址很重视，有点像许多美国人对西安半坡遗址的重视一样。那天我和他到达后，看到大门外立墙上的馆名字体有些眼熟，走近细看，才知道是我父亲的题字。在此前，隐约听母亲说过，曾看到了他的题字。

几天后我问父亲："这个遗址怎么竟然由您题写馆名啊？"他对我说了很多，也让我知道了不少故事。

据史书记载："周武王之灭纣，封召公于北燕。"但三千年前燕国受封立国的都城在哪里，近代人一无所知。早在我父亲进入北平研究院之前，在1929年到1930年间，就由冀察古迹考察委员会和燕下都考察团对易县的燕下都遗址做了现场考察，参加的单位除北平研究院外，还有北京大学的调查、勘察组和北平的古物调查团等。据传，此前北大本想和南京合作搞考古研究，不想南京那边可能觉得北大没有出过国的人，未予响应，所以北大才转向了北平研究院并有了实际性的合作。这个背景已少有人知晓了。

1945年末，父亲刚从昆明回北平不久，突然有位陌生的中年人提着书包来他办公室。他是中国银行的吴良才先生（注：和兰州的吴良才同名，也是在银行系统工作），是位难得的文物爱好者。不久前他行使公务，去琉璃河水泥厂办理发放贷款事宜。这个水泥厂原是日本开办的，现已划归国有了。他在去往水泥厂的小土路上，偶然间看到地头处有个陶器碎片，就拾了起来，细细端详不似现代的，就继续寻找，果然又找到了好几片。带回城里后，打听到我父亲正好是摆弄陶片的，于是就找上门了。

父亲细细观看，习惯性地摸了一番之后，惊奇而肯定地说："好呀，这少说也有两三千年。"接着，详细询问了发现的经过，并把陶片留下，认真地记下了他的姓名。父亲通过这个事情，也再次感悟到了普及文物知识对于大众的重要性。

可是，那个时候百废待兴，没条件去调查或操作，父亲只是给徐老伯等人看了陶片，然后便存放在办公室的一个玻璃展柜里了（和他在宝鸡陈仓故城一带拾到的大约一二十个青铜箭头摆在一起，我曾抚摸过它们）。建国后，父亲立即把这重要线索告知了北京市文物局，并把陶片移交备案。50年代初，父亲常去故宫，又和马衡先生专门讲述了此事。他们还得知，陶然亭公园在清理湖底时，意外地挖出了大面积的居住区。于是，把北京市区的南部—琉璃河—易县连接起来，使"燕文化"在田野考古发现方面首次得到了认证。

到了1958年，全国开展文物大普查，在琉璃河一带进一步得到了不少线索，琉璃河遗址已初现端倪。北京市文物局和我父亲为此有多次业务交谈。从1958年到1959年，北京大学考古专业要制订实习计划，父亲立刻提议：就到琉璃河去。

1962年，北大考古系师生来到这里，正式调查了董家林古城，并在刘李店和董家林开掘了一条很小的探沟，发现一些灰坑和大量西周陶片。1963年，黄土坡村村民施友在挖菜窖时，发现两件青铜礼器：铜鼎和铜爵。这两件青铜礼器的出土，表明这一带应有较重要的西周时期的墓葬。根据这一线索，1972年秋，北京大学历史系考古专业师生及北京市的文物工作者来到董家林村，对遗址进行发掘，发现了大量西周时期的陶器及重要建筑物上才能用的板瓦。北京大学邹衡教授首先认识到，这个遗址很可能就是西周燕国的始封地。以后又陆续发现了许多文物，但父亲最关切和惦念的，是它周围的城郭和如何做好保护的问题。

父亲还告诉过我们：现在的发掘资料，显示了燕文化内涵的丰富性和复杂性。《史记》对"燕世家"的记载原本很简单，但发掘出来的实物内涵却很丰富。在一个集体合葬墓葬中，死者个个都持有铁的兵器，这和晚于它千年之久的西安兵马俑坑里士兵也持有铁兵器完全相同。由于别的地方还没有发现这种铁兵器，因此"燕文化、燕国史，若即若离"。

1995年起，西周燕都遗址博物馆作为爱国主义教育基地，正式对外开放。

在琉璃河遗址（摄于 1983 年 11 月）

难忘的 1994 年

父亲对我们说过，1994 年是难忘的，但在 1993 年也有许多值得说道的事情。例如，那年 5 月北京大学赛克勒考古与艺术博物馆开馆，并举办了父亲题名的"迎接 21 世纪的中国考古学国际学术讨论会"。在那次会上，父亲做了专题报告。

1994 年，父亲 85 岁。"难忘的重要年"——1995 年春节，全家一起团聚时他如是说。他很舒畅并有些得意地列举了发生在 1994 年的四件大事。

第一件大事，是海峡两岸考古学开始沟通了。1993 年，他接到了台湾的邀请函，请他参加 1994 年在台举办的两岸考古学交流会。台湾提出的会议题目是"中国考古学与历史学整合国际研讨会"，并决定在会议后出 10 本书，总题目是《中国考古文物之美》[①]。父亲在序言中提出中国历史上国家形成的三个模式。我知道，经过了多年的隔离，他有

---

① 光复书局，1994 年出版。

与赛克勒夫人、宿白在一起

不少久久思虑着的学术话语想和那边已经所剩无几的老朋友倾诉。他对这事很重视，也很上心。这个情景和他抗战胜利后，旁人劝他出国，他死也不去形成了鲜明的对比。填表、写申请、拍照片等手续办理得很及时。但是上级很担心他的身体，建议不要去，僵持了些时日。

第二件大事，是有三本书投入社会。第一本是1984年出版的《苏秉琦考古学论述选集》，在这一年的春天获得了国家图书奖。他说："和钱锺书、巴金等当代文化、学术界巨匠同获此殊荣，已不是一个人的光荣，而是本学科的光荣，标志着中国考古学从初创到开拓，现已达到学科的成熟。这本书中提出的问题，有它的时代性，是王国维那时的人们连做梦也想不到的。"第二本是这年秋季出版的论文集《华人·龙的传人·中国人——考古寻根记》。这本论文集是1984—1994年十年学术思想的总结，又是一个新的开始。第三本是白寿彝先生主编的《中国通史》的《远古时代》分册（有张忠培和严文明参加）在这年出版了。"这是一本真正的书"，把远古时代没有文字的历史第一次写出来了，"由考古学家来写远古史，有条件也有难度，但总归开启了头。……不久的将来会有新资料补充、又有新的难度，将一步步地充实改写它"。

第三件大事,是"这一年拉开了三峡考古的序幕,这次的考古不是被动配合基建,而是主动与课题研究结合了起来,一个季度的调查便提出许多前所未知的问题,譬如西北高原的黄土竟然也飘到三峡地区了,尤其是通过三峡的工作扩展了对巴和蜀的早期历史的研究,通过三峡可以重新认识长江流域考古"。父亲将"抢救性的三峡考古工作",列入他难忘的1994年的时候,三峡工程即将开始启动。他认为可以借此机会主动地做些有益的课题,以认识三峡(的文化)。甚而想,将来三峡成为旅游胜地时,就可以顺势再盖个大的考古博物馆。俞伟超先生是三峡考古的负责人之一,常在第一时间来我家向父亲介绍许多抢速度发掘的见闻和巨大收获,以及遇到的问题困难等。

父亲那时的谈话显得很高兴,可我则出于地质专业的角度,对于蓄水170米后带来的水土流失和环境自然平衡的深远破坏等顾虑较多,并对他俩婉转地说过一些不合拍的话:本来嘛,抢救必然是以挖宝为主,相应的发掘与研究必然会有不同程度的粗糙,不可复制的地下文物或者被遗漏或者有损伤,总的损失必定惊人,这可是和你们一贯的原则(大遗址概念,文物资源不可浪费,重视研究质量,不搞"大波轰"等)相违背的。他俩似对我的话不予重视。但过了几年后,我发现他们两个人的热度,似乎都有所降低。俞伟超带着一丝伤感地对我说,我们的田野考古一方面要和盗墓贼、文物贩子抢文物,另一方面要和建设部门抢主动权、也就是抢时间,其实我们还是很被动,我们抢到的时间决定了文物保护的数量质量,以及现场调查研究的质量。父亲也感叹地说,有时确实很难。但又补充说:被动中再寻求主动呗。

第四件大事,是10月4日,北京大学举办了上百人参加的他85岁祝寿活动,有学校领导出席。活动由宿白先生和李伯谦先生主持,童明康先生念了父亲写的《六十年圆一梦》(《华人·龙的传人·中国人——考古寻根记》自序)。父亲觉得,大会"来的都是同学、同行,热烈,亲切，畅所欲言，这我很高兴。这个会又是第二本论文集的首发式。概略起来，九四年的这几件大事的主题，便是六十年圆一梦"（从1934年去宝鸡发掘到1994年，正好六十年）。

俞伟超先生送来了生日贺词（现保存于北京大学考古文博学院）。父亲很得意地把这幅字挂在了客厅的墙面上：

  历史已逝，考古学使她复活。为消失的生命重返人间而启示当今时代的，
  将永为师长。

外行的我，看了它也很有感触，并对父亲说："真有水平，用通俗易懂且感人的语言表达了考古学的任务和在社会上的作用。"父亲说："就是这样，但我要再给你补充半句：这个话不是对我个人，而是对这个学科。"

10月5日，张忠培来我家，和我父亲热烈交谈了一会儿之后，特意对我说：我们的考古学会，夏鼐先生是第一、第二届的理事长，是现代考古的奠基人之一，他建立了考古学会的工作章程。苏先生是第一、第二届的副理事长，后又是第二届后期的理事长，又是第三、第四届的理事长，他每次在闭幕式上的讲话都成为考古学会的灵魂。又说：我国现代考古学有三个里程碑，第一个是安特生所立，第二个是梁思永所立，第三个是苏先生所立。

在和张忠培的聊天中，我回想起一件小往事：父亲在和我谈到老者的作用时说，他在1945年返回北平后曾去探望过梁思永先生。梁先生说，他已拜读了徐旭生先生的《中国古史的传说时代》。徐先生在书里提出了"三集团"一说，而梁先生也有自己的版本。但十分遗憾的是："他当时没有说出它的具体内容，此后的八九年也没来得及找徐先生谈论，就撒手而去了。人生多憾事啊！"

对于上述的第一件大事，海峡两岸的会议主题是"历史与考古的整合"，父亲特别让我注意它的巨大含义，说这是学科发展的必然。"你注意到了吗？当年的北平研究院不就是这个思路吗？你徐老伯一贯重视历史资料的搜集整理，并与考古相结合。所以，我说过：徐旭生—斗鸡台考古—周人秦人，这是'好的课题，好的老师，好的切入点'。六十年过去了，现在看来依旧很前卫、不过时，这可不简单。"

1994年，的确是个丰收年。我由此也逐渐总结出，父亲的学术生涯可以分为如下几个阶段，而且其节点年份的个位数几乎都是5：一、起步期：1934—1945年；二、成长期：1945—1975年（这个时期竟跨越三十年。1955年总结了西安周围的文化遗存，1965年发表了《关于仰韶文化的若干问题》，也应是两个小的节点）；三、成熟期：1975—1985年；四、发光期：1985—1997年。

然而，也就是这一年，在他准备赴北大参加庆祝活动换鞋时，我们突然发现，父亲的脚面出现了浮肿，这绝非小事。次日去医院检查，说是长期高血压导致的肾脏功能失调。这一情况，让全家人心里一震，隐隐有些不祥的预感。尽管父亲总说没有什么，但我们明白他是在宽慰我们。

父亲从1972年开始和高血压搏斗，到了1994年已进入和疾病进行顽强抗争的阶段了。

《圆梦之路》发表前后

1995年8月，父亲的《圆梦之路（上）》访谈录终于得以发表，它追述了自己作为中国考古的见证人和实践者的追梦经历。写回忆录原本是顺理成章之举，却需要冲破坚冰，于是《圆梦之路》的背后又有"发表之路"，犹如二十九年前《关于仰韶文化的若干问题》的背后还有"若干故事"。这不妨从我在21世纪初才注意到的两份旧资料说起。

20世纪80年代中期,有油印本《中国考古学简史》在内部传递,是为大百科全书考古卷的编写做素材用的。我纳闷的是,此文在叙述建国前南京和北平方面的考古工作情况时,所用的笔墨分别为33行与5行半,悬殊有过。父亲曾在此文的前后勾画,却偏偏在这个部分未做任何触碰。另一份资料是父亲在1987年写的《中国考古学从初创到开拓——一个考古老兵的自我回顾》,在这篇文章里他原本可以很自然地写上一段北平研究院在20世纪三四十年代的工作情况,但他却选择了沉默。

这让我回想起一个少有的现象。我国从1980年起启动了大百科全书的编写工程,这显然是件大事。父亲单位里不少人和父亲都被邀请为"考古卷"的编写委员,随后是聘书的送达,供有关人员交流的通讯刊物、多次会议的通知等材料陆续寄来,直到1987年"考古卷"正式出版,又有纪念章的发放等,挺热闹的。可在这期间,父亲却很少向家人唠叨这事,这和他往日对其他重要事情的热情谈吐不同。我在21世纪才听说,大百科全书里对北平研究院的工作少有笔墨,对徐旭生先生领导的我国第一次科学考察团的工作也有多处纰漏,以致徐老伯的子女们不得不实地考察和调查二十年,专门写书为中国的第一次科学考察"平反"。我估计父亲只是一百多位分头执笔人之一,话语有限。例如,关于要不要把20世纪50年代举办过考古训练班一事写入百科全书,我听说也是到了编写后期才算定了下来,写进了正史里。几乎是同一时期,父亲在家里却高兴地诉说了另一件相关的事:社会文化事业管理局(前身为国家文物局)于1985年12月,对培训班的总计四批、303名学员,授予了"从事文博事业三十年纪念章",颁发了证书,对他们为新中国文博事业所做出的贡献给予了肯定。对这不算小也不算大的事情,三十年后做裁定,这就叫历史吧。

那么为什么在多年之后,父亲才在《圆梦之路》里第一次正面地谈起了20世纪三四十年代的陕西考古,还有建国前后酝酿成立考古所和文物局,以及在50年代初开办考古训练班的系列往事?我只能理解为：父亲继经历了参加大百科全书编写的孤独感之后（此时原北平研究院的人只有他一个人了），又受到了王振铎先生去世的震动，他感到时间不多了，该做最后一呼、说出多年憋在心头的历史真情了，也算是对世人的交代，对他人的一些文章书籍的总结所作的必要补充、回应吧。

1994年末，《圆梦之路》访谈录的稿子送到了南京《东南文化》准备刊出。此文的缘起是1991年4月，时任考古所副所长的徐苹芳拟了提纲，请邵望平和高炜携录音机分数次来我家采访父亲，重点谈"重建中国史前史的思考"。这部分内容成文后刊登于《考古》1991年第12期。但父亲在访谈中还唠叨了许多陈旧往事，这些内容则由高炜和邵望平整理后另行成文。一次偶然的机会，邵望平与时任《东南文化》副主编的汪遵国谈话，汪说我们正准备刊登一些长辈的回忆录，不知苏先生是否同意。邵回京后询问我父亲的意见，父亲连声说"好"。汪随即将原访谈录分了16个小段，冠以标题，准备分成4次刊出，每次4段，并将文章题目定为《圆梦之路》。

这个消息传到北京，有人很敏感，急忙向南京送话：不能发表。而不同意的理由大致是：苏没有在南京工作过；这个期刊发表长辈回忆录得有个排序，第一个人不该是苏；苏的此文动静也太大。为什么横向提意见的人如此地受不得别人？我的解答是：一贯只写学术文章的父亲，一反"常态"地说起学术以外的事情了，叙述那些历史经历中的所见、所闻和所做，不可免地显露了叙事者的"当年勇"，这恰是让个别人感到异样而不能容的。这倒也从一个侧面说明，此文内容必有其特有的史料价值，父亲之所以迟延多年才说是因为他明白有阻力，它不是来自学术分歧，也不是来自政治立场，尽管里面全是对人友善的怀旧之言。如果将它拿给现今的年轻人阅读，他们不会理解，这篇叙事文出世前竟险遭封杀。这也说明了我们社会二十年来的进步。

在刊登遇阻的僵持阶段，曾有好心人急切地来询问父亲：人家说如果发表了就会让我们吃官司，怎么办？父亲明确坚定地说："怕啥，我在说真话又能咋的，巴金就讲真话。""讲真话"，就是还原历史的真实，这恰是父亲一生的追求和秉性。父亲没有表现懦弱，使得汪遵国等编辑更加奋力周旋，终于在1995年8月和1996年2月，分上、下两篇发表了原稿中最核心的八段。此文刊出后除了受到好评外，却也出奇地风平浪静了。事后我还看到，父亲在刊印的文字旁又加写过几段话，大概是想再增加一些锐气吧。

我还联想起两个小情节。一个是1984年我要出差去陕西韩城，父亲建议我顺便去参观司马迁墓。我回来后向他叙述到那个墓地的冷清令人感叹，与合肥包公墓地的热闹形成了鲜明对比。他却说这就很好了，这才是正常的。墓地安静没遭破坏，历代人对他有较一致的赞扬，实属难得。又说，对事对人的最终评价，历史不会特公平也不会特不公平吧！

我对他的最后一句话不以为然，并联想到爱迪生：在他努力发明创造时一再遭到学术界的鄙视，虽然在1911年被提名为院士资格，但直到1927年才得以批准。直到现在依旧评价不一。父亲说：任何工作，努力坚持就是了，不能总以旁人的脸色为转移。理工科总归好一些，在社会科学里复杂些，要"听得住不同的声音"。或许，父亲此时又想起了黑龙潭那位住持授予他的话：心静则空，空则立。

第二个小情节是1994年末，他忽然问我：能不能找到罗西尼的歌剧《威廉·退尔》序曲磁带，给他再听听。说这是抗击侵略者，最后乘胜前进、势如破竹的进行曲，很动听，能激励人上进。父亲竟能把它的四个乐章讲述得很清楚，那是他上大学时知道的。事后我陪着父亲听了这个进行曲，但我不知道他此时想的是什么，是回忆着他的追梦之路，还是他正享受着摆脱乏味的干扰的喜悦、思考进入更深更开阔的新境界："国家起源三部曲""发展模式三类型"。我才逐渐理解了他说的"1994年是难忘的"，但也让我深感后悔的是，如果在那时能和他多聊一些，或许能更加走进他宁静以致远的内心。

进入新世纪，随着中华文明探源工程大项目的启动，各种不同意见涌现是很自然而合理的。父亲也一直很热衷良好气氛的学术交流。李伯谦在《中国文明起源与形成研究需要注意的几个问题》中这样说：

> 其实苏先生本人，生前从不认为自己的观点是不能讨论的。恰恰相反，他十分乐意听到不同意见，尤其是反对意见，因为他很清楚，只有了解不同的观点，他才能想方设法使自己的观点更完整，更圆满，更能去说服别人。苏先生的胸怀像海一样宽阔，他对待不同意见的豁达态度以及对不同意见正面交锋的积极支持，永远值得我们学习。

天地君亲师

我在1964年参加天津农村的社教运动时，看到不少农民在家里中堂正面墙上挂着"天地君亲师"大牌位，红色油漆做底，竖写黑色大字。前面还有个长条案子摆放祭品，很感好奇。回京后向父亲说起，他说，这在多数农村以至中小城市都有。此后他没再说起，我也就逐渐淡忘了。没想到二十八年之后，1992年他和我再次谈起了这五个字："现在，社会出现了种种的负面现象，人心浮躁到'无钱不说事'，连同许多官员也以为有了钱就能把一切摆平。全社会像是丢失了信仰，道德基准下降。大学、研究所的管理思想体系也变得混乱不堪，如此等等。现在上上下下都需要明确：想做强国，社会科学必须是世界一流，否则全是空谈。美、英、法、苏联等，还有德、日两国，社会科学都有深厚功底，原始资料搜集浩瀚，都属国际一流。为此，塑造国民的高尚灵魂、极大地提高素质是紧迫任务，各个学科，大学都要出大力。"又说："归根结底，要国家强，我们民族的心灵必须强。"

有意识地做了如上铺垫之后，他话头一转，直奔主题："我常思量，这'天地君亲师'五个字，有很长远的历史，里面积极的因素多于消极的成分。对于这些所谓的旧传统，如能重新审视，做出正面的理解，使之融入现代管理和国民素质教育中，必有益处。……这五个字，属于中国人骨子里面根深蒂固的传统思想。例如，我们过春节必须全家团圆，这已经让全世界人看到中国人对家的眷恋之情，而不是以个人为单位。现今，如果我们将现代的健康思想加入这五个字内做引导，还是个不错的信条。多少外国学者历来弄不明白，中国和其他国家一个明显差别就是没个宗教可做国教，中国人心里却有个无神的教，即道德崇拜远胜于宗教崇拜。"

"这首先是对天（客观规律）、地（大自然环境）的崇敬和敬畏，而不是对神鬼，这由来已久，很了不起，也极可贵。牛河梁出土的三层圆祭坛，和天坛的圜丘祭坛多么相似啊，竟绵延了五千年。其次是对君（政府和头领）的尊重，而不是无政府主义思想，哪怕到了全球大同的'终极社会'，也还得有为全民服务的政府和公仆，公仆不是皇帝，必然更会得到全民、全社会的敬仰和尊重，因此才是有序的社会。还有就是对教师的尊重，教师是有涵养和好思想的能者，对他们的尊重体现了尊重科学、尊重能者。最后是对血统、亲人与长辈的认可和尊重，体现的是亲情。我觉得把'师'放在'亲'之前或许更好。"

他又说："在中国农村里甚至有些很偏僻的地方，民众没上几年学，但他们不愚昧，懂得做人的基本道理，懂得道德至上，这是世代相传、口头相传的道德力量。"

"五四运动七十多年了。它是春雷不假，但毕竟还存留下了许多含混的问题需要后人来取舍和总结，大变动的现在尤其重要。""现今的我们需要珍惜传统文化中的'世俗'内涵——世俗是相对于宗教里的神圣而言的。中国是世界少有的具有深厚世俗文化内涵的大国，有少数人对我们的这一点有所焦躁，恨不得赶快让某个宗教来填补'真空'地带。其实我们国家从没有过真空，我们在传统上是以儒家为代表的世俗文化，在当代则是以马克思的辩证唯物观作为国家的意识形态。马克思主义能在中国扎根并中国化，也和中国的世俗文化传统基底有很大关联。中国的世俗文化有很强的包容性质，中国的多元一体、中庸、和谐、朴素的道德观与辩证观，也表现在对各个宗教的宽容性，而不是奉行这个而排斥那个。于是在中国，是由世俗文化主导宗教，而不是由宗教主导世俗，佛教进入中国扎根也是受到了中国世俗的洗礼。中国的包容性很厉害，导致在国内事务中少有宗教负担，也导致了在对外事务中一贯采取'协和万邦'态度成为友善之国 。所以在对待传统文化上，我们必须谨慎辨别，不可激进鲁莽。"

我听了这些，觉得很新颖，也没有料到此后他把这些看法写进了《中国文明起源新探》里。至今二十多年过去了，我惊喜地发现社会上已有许多人想到了对传统观念的新评价，和它在现代社会的实用价值。

《中国文明起源新探》出版前后

80年代中期之后，随着《人民中国》《瞭望》《辽宁画报》和香港《明报》等记者的采访报道，以及《华人·龙的传人·中国人——考古寻根记》一书的出版及获奖，引起了香港商务印书馆对内地考古新成果和新思想的关注。他们打算把这些新发现和新动态，在海外进行大力宣传。于是，到了90年代初期，父亲和出版社之间中断了几十年的关系，才总算又接续上了。

香港商务印书馆，一向以出版高规格的学术书籍而著称。这次，他们想出版一本能够反映新时代新发现的考古学新书。时任香港商务印书馆总编辑的陈万雄先生来北京和我父亲交谈后，看到我父亲的头脑依旧清晰敏捷，于是当即提出，能否写个雅俗共赏的书在他们那里出版。一个出版社能有如此敏锐的学术眼光和决断魄力，的确令人赞叹。

1993年，适逢台湾倡议召开"海峡两岸考古学与历史学学术交流研讨会",我父亲很想参加,并开始了多方准备。此时香港中文大学的杨建芳也来信,希望父亲从台湾归来途经香港时停留四天,进行讲学和参观。遗憾的是,因种种原因,这次出行的愿望未能实现。

到了1995年初,父亲又接到香港中文大学新亚书院院长的邀请函,希望他赴港讲学,并主持几本书的发行仪式。父亲为此也曾做过积极的准备,题目亦定。本以为借此机会,还可以和香港商务印书馆直接面洽关于编写出版考古著作的具体事宜,但由于健康等原因最终还是未能成行。

父亲40年代时不肯出去,现在想出去又不成,他仍强烈表示期望出去走走。我很难说清身体虚弱的父亲,为何如此执着。1995年末,郭大顺先生接到香港商务印书馆的电话,说负责全部旅行安排,就及时和我父亲联系。父亲希望能有个合适的环境写作。他说的合适环境,一

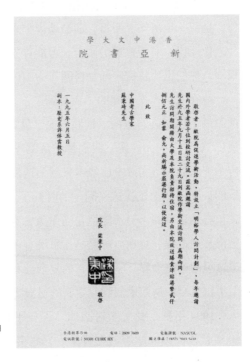

香港中文大学新亚书院院长的邀请函

是有合适的人，便于深度沟通；二是干扰少，专心致志，所以到香港去最好。

可那个时候，办理赴港手续特别麻烦，于是退了一步，改成了去深圳。郭大顺先生和一位护士长陪同，为期四十天（1996年1月8日至2月20日），半疗养半工作，聊天中追忆往事，郭先生全程记录。我一再体会到他这"最后一搏，隔海相望"的心境。

这四十天一切顺利。之后，郭先生"穷数月之力，整出了初稿"，功不可没。

回京后父亲对我们说，这本即将问世的书，多是"点到为止"，读者可参阅其他文章书籍来审视和补充，也可尽量发挥自己的思考，自行判断，或舍或取。他很舒畅地说：不论对它如何评说，无论将来有怎样的新进展把这小书和我的思想叠压在历史的堆积层里，我总算对后人有个完整的交代了。又对《明报》记者说，这是"一本我的大众化的著作，把我一生所知、所得，简洁地说出来了"。

他还说：对于普通的读者，可能首先映入眼帘的，是书里说的两个怪圈。你们也要将摆脱两个怪圈作为阅读此书的起点。

他在晚年多次说到的"我看到了下个世纪的中国考古学"，也是以摆脱两个怪圈为起点的。摆脱怪圈，就是摆脱错误的"思维定式"。他说："对于中国大一统，我们都是从书本、老师、已有文献里一直这么传承下来的，可实际上已经越来越多地发现它与大量的实际资料是相矛盾的，到了必须正视这些问题的时候了。……马克思的社会发展规律，其核心是正确的，但不能把它当作历史本身。各个国家有其生动多样的历史发展进程、特点。可惜马克思没有东方国家历史发展的资料，不知道这里的丰富多彩，不知道它的复杂性和特殊性。在中国，奴隶制发育似不很完全，从奴隶制到封建制的过渡也不似欧洲那般明显。"

1994年秋，我父亲对高炜、邵望平口述历史时就说过："上世纪50年代，向苏联学习的大背景下，北京大学考古专业学生们的思想活跃，提出考古学要'见物又见人'，但无论是合写考古教材，还是我到中国历史博物馆做陈列，我手里拿着考古器物，脑子里装的总是马克思的社会发展史，以为两者叠加起来就行了。这种穿靴戴帽的做法，把中国历史简单化了，各项工作或研究必然是干巴巴的空壳……使得'修国史、写续篇、建体系'的三个设想，哪一个也没有取得重大突破。"又说："要以考古学来修国史，探索中国文化和文明的起源，说来简单，做起来难，首先碰到那两个'怪圈'就很容易钻进去而钻不出来。""考古学要想独立研究历史，探索出中华文化和文明的起源，就要建立本学科的方法论。""我和一些同仁的观点的差异，即所谓的大乘和小乘，其实是方法论的差异。"

他还对我说："我们研究中国文明的起源，目的要明确。不是定出个严格的标准后和外国做比赛争名次。其实所谓的文明，是相对于野蛮而言的，研究的本质，是私有制、家庭、剥削的起源。所以，城市、文字、青铜器这三者固然是文明因素，但不必把它们说成是'三要素'。"对于三要素："'要素'者，缺一不可。世界各地和中国的考古发现一再说明，各地情况不一，有一些文明是'三缺一'，甚至缺得更多，但却有其他现象说明当时社会已经完成由氏族公社到国家的转变。因此我常说，不要只从概念出发，还是要'具体情况具体分析'。有什么文明因素就是什么文明因素，然后分析其综合发展程度能否说明当时已进入文明阶段，看看各区系的文明因素经过'辐辏''辐射'的交流，有哪些逐渐变成中国古代文明的共同因素。这是一个由浅入深、由个别到一般的研究过程。正如不必急于把'坛、庙、冢'说成是'中国文明因素'一样，也不必急于把'稻、蚕丝、玉器'说成是'中国文明因素'，更不必在中国史前史上另划出一个'玉器时代'。当然，也不要贬低甚至否定'坛、庙、冢'或'稻、丝、玉'在中国文明发展史上的地位。玉文化也的确是我国古文化的特色之一。它们最终都成了具有中国特色的古代文化、文明的重要因素。"

俞伟超先生认为,《中国文明起源新探》一书,是20世纪中国考古学的一个里程碑,它"集大成式展示出的苏秉琦考古公众化思想,集中反映出苏秉琦时代中国公众考古学所达到的理论高度和发展水平。从考古学科到知识界乃至社会的各种解读和阐释,更反映出普遍的共识"。"他是一个真正的理想主义者,终身一心为重建中国古史、为考古学的科学化与公众化、为中国考古学能更好地起到增强民族凝聚力的作用而奋斗不已。"

费孝通先生写道:"苏秉琦著《中国文明起源新探》,代表了我国学者对中国文化发展历程实事求是研究的传统,这是一本人文科学研究的成果,是中国人对自己文化的自觉。他用古代遗留的实物来实证中国五千年文明发展的过程,在中国人面临空前大转型的时刻在学术方面集中了考古学界几代学者的研究成果,得出了这样一本著作,意义深长……"

张光直与许倬云

改革开放以来,我父亲接触的第一个海外华人考古学者,是张光直先生。他是李济先生的得意门生,较早地接触了大陆考古界。他第一次来我家是在1984年到北大讲课期间,也就是父亲逐渐脱离了北大的教学工作之后。我家搬到昌运宫之后,张光直先生又来拜访过两次。其中一次是1990年,他特意给父亲送来了一个很轻便的钛合金拐杖。但父亲只是逛紫竹院时用了几次,正式场合没用过它。我问为什么,父亲说:它的底部是四个小爪子,显得太隆重了,还是这个简单的木头拐杖更适合我。等我过了90岁,再用那四爪的吧。

父亲告诉我,张先生自70年代中后期,和大陆有了多次交往,直到70年代末才知道北京大学有考古专业,还有个苏氏。父亲说他是一位很有个性的执着的人,也很难得地在向西方介绍宣传中国考古学,是追求真理而不顾其他世俗观念的人。他的学术成绩和沟通海峡两岸学术

张光直先生在北大

关系、培养学生、接待大陆年轻学者访问等作为，都值得赞赏，怪不得李济先生那么喜欢这个弟子。

父亲还说：他起初也信守"中原中心论"，对"多元一统"说不屑一顾，但他凭资料、凭逻辑推理来和你争论，最后在众多的资料面前，终于把他历来固守的观念抛弃了，是位难得的认真做学问的人。

当然，父亲和张先生在一些具体问题上，观点不尽一致。1986年，张光直提出"玉琮时代"说，认为"玉琮时代，代表巫政结合、产生特权阶级的时代，亦即《国语·楚语》所说帝颛顼令重、黎二神绝地天通的时代"，并认为玉琮时代介于石器时代与青铜时代之间，因而构成中国古文化发展的四个阶段，即石器时代、玉琮时代、青铜时代和铁器时代。父亲似对这四个阶段说并不热衷。虽然他对玉文化也很重视，但并不认为一定单独存在过这样一个玉文化的阶段。

母亲对张光直先生的印象也很深刻，说"他对你父亲由衷地尊重，但交谈问题时，说话总是很慎重的样子"。名词、术语、概念上互相理解起来有些费力，谈话中难免带有些紧张和严肃，但双方都有诚意。话题从怎样定义中国，什么算是文化、文明，直至中国文明的特点等。母亲还说，她注意到张先生有病还在坚持来大陆探寻究竟，一定是他心里装着些学术大事，所以才不肯放下。

1997年，当我父亲在医院和病魔抗争时，张先生也在医院做脑部手术（以期望将帕金森病的症状减轻）。遗憾的是，他们没能再次相见。

许倬云先生，是父亲熟悉却未能相见的海外学者。他们早就相互知晓。1994年，张忠培先生从台北"海峡两岸考古学与历史学学术交流研讨会"回来，向父亲讲述了会议上代父亲宣读讲话稿的情况，还有他与许倬云先生会晤、代表父亲和他相互问候的情景。父亲听后说：我们大陆这边就缺乏（像许倬云先生这样）有才干的做大学问的学者，他的心界和知识都那么宽厚，且能做出独特的思考，又坚韧地努力认真求证，实属难得。

1995年6月5日，父亲收到了香港中文大学的邀请函，请他参加在那里召开的一个学术会议，而许倬云先生正是那里的客座教授。父亲在邀请函里着重在许先生的名字旁画上了一个标记。但此次父亲还是未能成行，于是两人也就没能在香港相见。

1997年6月，许先生第一次来到大陆，在张忠培和郭大顺两位先生的陪同下，先去了牛河梁几个遗迹现场参观，准备此后再到北京和我父亲相见。许先生对张先生和郭先生说过，他和苏秉琦途异却同归，都认识到中国古代文明的多元一体，盼望着赶快到北京和苏先生会面。可几天后他在现场看实物很兴奋的时候却得知,我父亲已紧急住院了。

最近,我在读《许倬云八十回顾》(香港中文大学出版社,2011年)时意外发现,许先生和父亲有许多相似的工作习惯和认识。例如,他喜欢到现场看环境和实物,而且并不满足于看展览,常常是去过现场后再进展览馆;喜欢亲眼看器物和用手摸器物;不沾手文物买卖;和父亲殊途同归地发现,中国文明的"中原中心说"不合事实。他很感叹地说,苏秉琦的工作和成果"真不容易",很是敬佩。

另外,许先生在这本书里也曾提到,张光直先生"择善固执,直到书出第三版时,才终于承认中原中心论不如多元论妥适,全面据改"。

对"中国特色""中国学派"的学术情结

构建具有中国特色的考古学,创建中国考古学理论,建立中国考古学派,我原本以为是中国考古学无可置疑的总体奋斗目标。不想进入新世纪以后,直接或间接听到了一些议论。无论是当前不再提起它,还是我父亲当年的"学术情结",以及对这情结的不理解或曲解,我想都有其合理的成分。

在1984年召开的"考古发掘工作汇报会议"过后多年,我从一位客人那里听说,偏偏是我父亲在这次会议上讲的下述附带性的、并非核心内容的几句话,引起了不小的波澜:"我国的考古工作正将进入一个新的时代:我们有了可观的人才队伍,我们也有了大量的极其珍贵的发掘资料,外人都很羡慕。那么现在的重要大事,是在我国独有的丰富翔实的野外资料基础上,相应地建立起我们自己的一套工作程序和思想分析方法,从而建立起我国自己的学术体系和学科理论,构成中国特色。"

此后的一些文章和讨论,似未切中该讲话的核心,而是把讲话曲解后再做否定。关于中国学派的特征,父亲在和客人谈话的文字记录里,曾有较完整的叙述:一、有组织、有目的、大量的、协作式的田野工作成果为其沃土；二、马克思主义为指导的认识论，庖丁解牛式的方法论，综合研究历史，研究社会不同于"玩古董"的个别器物研究；三、区系类型为其基础理论；四、基本完整的古史框架；五、人民大众的科学，把历史与现实联系起来；六、认识区系的中国—区系的世界—区系世界的中国。

我能在日常闲谈中一再体会到，他对"中国特色"始终念念不忘。他的这个愿望的由来，主要和两件大事有关。第一件大事，是1959年9月在大批判的浪潮下，尹达先生力排众议，不赞同把瓦罐排队说成是资产阶级的，进而提出了要建立马克思主义指导下的中国特色的考古学，并召集了小型的座谈会，这对我父亲是难能可贵的雪中送炭。北大师生想要奋战四十天写出中国考古史时所遵从的口号，也是要建立马克思主义的中国考古学。第二件大事，是1975年8月中国科学院哲学社会科学学部部长胡绳同志在政法干校大礼堂召开的学部大会上做的报告。"胡绳特别强调，要有志气在许多学科建立自己的学派，要有中国民族气派、风格，要重视方法（论）。"父亲说，"这一思想对考古学发展起到了指明方向、目标的作用"。我觉得，这个讲话适逢父亲学术思想的转折期，对他后二十多年的工作和思考起到了关键性的作用。

对此，我将他的一些日常谈话串接起来，或许能够看出一些他的思想脉络：

一个人要有个性，要发现和总结自己的长处、优缺点。好的特点就可称之为特色。如果事事都首先依靠别人来议论，你只是将别人对你的议论进行综合，没有或自行丢弃自己的话语权，这不算你谦虚有度量，而是缺乏自信的表现，充其量是媚外。

在我们考古界，有人专长于田野考古，现场发掘很规范，报告也写得很好，以此为荣，我无可非议，也一贯主张研究所对野外人员的提职不能和室内人员等同地要求多少文章。但是，从一个单位、从整体研究队伍来看，必须有相应于野外发掘的学科性的理性研究，得出理性结论，这才是最终目的。我们总不能一味地把野外资料交给人家完事，听凭外国人来书写我们的历史，还以为这样最没有大国主义、民族主义，没有主观色彩，其实是没有民族自信心的"殖民地"表现。研究中国历史，首先要听听中国人自己的认识。外国要来研究中国的古代历史，我们热烈欢迎，但最好先学习中国的考古研究成果。当然我们也同样要学习他们。

懂得自己的文明史，懂得它的特点特色，也就能逐步有了适合这些特色的研究方法手段，自己工作方法也就自然地形成特色了。这两者是相辅相成的。必须强调和明确，没有特色就不可能达到世界一流。现在的问题之一是，我们总等着外国人表态，然后才说出自己的赞同性的意见。而对于自己的历史、长处和特色，没有足够认识或少有考虑（例如英国人李约瑟说，中国古代有许多科技创造被人称道之后，我们的人，才继而"承认"了）。我们缺乏、也不懂得话语权，这种骨质疏松症很危险。问题之二是，我们自己人对于自己历史、中国文明的特点不上心，不很了解或是认识得很肤浅，总照着外国人的说法来写。与此相关的，是我们在研究世界史中，又不注意中国史研究部分的比重。

关于我国古文明的特色，需要明确如下核心：中华文明的原生性、可信性、整体性及在空间地域上的广阔性。其中，地域广阔性，对于前面三者起了保障作用，并且使得中国历史在时间域上长期连续，也导致中华文明的形成既是多元的，也是一体的，即所谓多元一体化，中华民族的主流是由许许多多分散孤立存在的民族单位，经过接触、混杂、联结和融合，形成一个我中有你、你中有我，而又各具个性的多民族国家。自然灾害、战争，都不可能将这个总体完全消灭。文化思想和文字为纽带，维系多元一体的文化格局。世界上没有哪一个像中国如此之大的国家有始自百万年前至今不衰不断的文化发展大系。那么，面对这些特点，你的研究方法还不该有相应的特色吗？

文明的产生，是和人类对石器做多次加工（而不是简单的一次敲击）相关联着的，由此开始了和野蛮的对立，开始建立秩序，也必然的有了私有制，有了剩余物资和出现了家庭。国外根据他们的（欧洲的）情况，将"文字，青铜器和城市"作为了文明的"三要素"。其实我总觉得不需要这么教条，说三因素是可以的，是对的，说"要素"却不见得，我们无须刻板地跟着套搬。这如同我们可以提出和重视玉文化，但无须非要在石器和青铜器之间加入玉文化期不可，也不必把蚕丝、丝绸、造纸作为文明要素去苛求人家。具体情况做具体分析或许更好。

我常想，从文明的萌芽阶段开始，黄种人和白种人在环境条件、人种等差异的双向制约下，其体质、情感取向、生产劳动技能等方面就会显示出一些差异，有的小差异会随时间逐渐加大。植物学家侯学煜在他年轻时代的一个杰出贡献，就是发现植物品种及其繁衍状态，不仅仅和气候因素，还和土壤的酸碱度密切相关。植物如此，动物的、人类的个性发展更会和环境的多种因素相关。我们手巧，用比较差的石器做成了小石器，它需要配上把手才能发挥效益，所以比他们较快地进入复合工具阶段了。而白种人开始多为大石器，他们的斧子可以安上把手，也可以不安把手直接那么用，他们的复合工具出现得慢些。开始的差别或许造成了以后的种种差异。欧洲那里或许奴隶制度发展得充分，而中国的奴隶制度并不充分或表现为局部性，而且和封建制度多是掺和着的。有些国家的奴隶制度里，"初夜权"是个大事情，中国却很淡漠；他们曾有决斗的习俗犹如动物世界，而我们没有，我不是说哪个好哪个坏，而是要注意到差异。中国有了酒首先用于祭奠、通天，其次才是生活用，而他们一开始就是生活饮用。再往后，他们是向外掠夺，出现"掠夺文明"，而我们是农耕文明，不掠夺。再有，他们出现青铜器后，较明显地促进了生产力，而中国出现了青铜器后首要是用于礼仪活动。我们的鬲，是重要的生活用品，也是我们考古的重要的化石，他们偏偏没有鬲。我们的语言文字一直延续到今天没有隔断，举世无双，也是个奇迹。

我们从血缘、氏族，到家庭，到现在，家的概念根深蒂固，现在并无消灭的迹象和需要。我相信到了天下大同，也还得有家庭，有亲情。而西方世界，个人至上很深重，我们不必去反对，但也不必去效仿追求，反过来砍杀自己的家庭观。在我们传统的理念、品德风尚里，总归含有永恒性的东西，不要忽视，例如"己所不欲，勿施于人"的观念。还有黑格尔说的，中国人的历史感（归属感）较重，不忘自己的根、自己的家。所以我们必须充分认识到我们自己的特点，不能盲目跟着跑而忘却自我。现今，全盘西化的声音几乎没有了，但也保不齐何时又会冒出来。试想，你把语言文字和老祖宗都忘记了，世人还会喜欢你、尊重你吗？你的黄皮肤怎么改？身上流淌的血怎么改？

另外，父亲 1992 年 10 月为《沈阳文物》创刊的题词中，也能看出他对文化传统和中国特色的重视和关注：

沈阳市有"两宝"。一是七千年前的新乐遗址所代表的文化遗存，二是三百年前清故宫及清陵所代表的早期清政权文化遗存。它们凝聚着这一方古人精神文明和物质文明的结晶。深入一层讲，一是它的鲜明个性，二是它的开拓精神。它们对于这个城市的发展，对这个刊物的启示都是极为可贵的。

父亲一生都在顽强地关切着学科的发展趋势，建立具有中国特色的考古学派成了他爱国、爱民族的具体体现，也成了他生命的重要组成部分。他曾在一个散页上写道："一定要抓住特色不放"。2013年8月下旬在上海召开首届"世界考古·上海论坛"会议，英国著名考古学家、剑桥大学教授科林·伦福儒（Colin Renfrew）在《史前礼仪与宏伟性起源的比较研究》论文中，竟是以父亲的一段话来开题的："中国考古学家有三项主要任务：一、书写本国历史；二、将此扩展到没有文字记录的时代；三、建立自己的考古学派。"他还在文章中进一步指出："若是中国考古学家大力参与的东亚考古不能得到充分认识，就谈不上有真正意义上的世界考古学。同时我也坚信，要是没有对其世界性的充分理解，中国考古学家亦不可能完成苏秉琦所提出的三项任务。"这里可以看出，当我们拿着出土的新资料向外国人展示、注意倾听外界的声音时，外国人也注意到我们中国人的考古发现、研究重点、指导思想和追求目标。将这样的中国考古学与世界考古相接轨，找到自己的席位并成为世界考古的重要组成部分，正是父亲晚年所殷殷期盼和极力倡导的。

1909年，梁启超决心为我们国家编写自己的古代史时，他不会想到，他的梦想的实践竟会经历几代人的接替奋斗。而在中国将近百年考古学历程的人群里，不但有他的儿子梁思永所做出的里程碑式的贡献，还有另外的一个人——呼出了"重建中国史前史"强音、情系"中国特色考古"的苏秉琦。说来巧合的是，父亲就是在1909年出生的。当他1934年最初踏入中国考古学门槛时，他也不曾想到，他的众多弟子们就是在这个时候陆续诞生的，如1932年出生的严文明和1934年出生的张忠培,正是他们二位,后来执笔写作了父亲主编的《中国通史》第二卷《远古时代》。历史时有巧合,但这里的一代代学者为了复原中国远古史的前赴后继的追梦历程,更像是天作之合。

在1992年前后,当父亲情系中国特色考古并呼出了"重建中国史前史"时,他或许意识到,实现这个目标或将继续成为新世纪中国考古学的一条主线。所以他多次深情地说:"新世纪的中国考古学,我看到了。"我坚信,无论发展道路如何曲折反复,终会在正确方向上前行,他所期盼的、具有中国特色的新世纪的中国考古学,不但会在祖国大地上阔步前行,而且还会与世界接轨并在世界考古之林熠熠生辉。

对生命的总结

1997年春节过后,身体明显虚弱的父亲,曾有些间断却凝重的话。最重要且谈话时间较长的一次是3月下旬。当时,我陪父母一起吃完晚饭,照顾父亲洗漱,再慢慢地走过客厅。我问:"您是回里屋睡下还是先坐一会儿?"他答:"咱们先坐坐吧!"

他望着窗子外面说:"过不多久,紫竹院里的桃花、海棠花该开了,它们连成一大片时风景美丽极了。去年我跟你妈妈去看花,还赶巧又碰上了演员于是之,多年来我们和他在紫竹院见过几次面,交谈得很投缘,我原想和他攀谈一会儿,可他竟然不认识我了,让人心酸啊,他可显老了。人总得有谢幕演出的。"(我父母算是于是之的忠实观众,从1951年看过他在话剧《长征》里出演毛泽东起,对他出演的每个剧目都没有落下。)转而又凝重而感慨地慢慢说道:"(我)风烛残年,回顾往事,诸多遗憾也算不上多么遗憾,诸多收获也算不上多大收获。尽责了,无怨无悔吧!"

我静静地听着,牢牢记住了他说的每一个字。屋内一片寂静(母亲和保姆在厨房收拾碗筷)。过了片刻我又问:"是不是该进屋,吃药后睡下吧？"他让我搀扶着，起身慢慢走，边走边说："(我)跟多少客人说过要'保九（十）争百（岁）'，其实心里清楚，要遵循客观规律、随自然，妄图长久留在人间就是占据地方，那是自私。"

又过了几天，他突然想起他在大学期间熟读过的一篇英文散文，而且向我和母亲把原文前面的几句背诵了一遍，令我惊讶：他在履历表的"外语"一栏里，写的可是"粗读英语"。他让我设法把它找到，想再看看。后来我找到了它的中文译本，并念给他听：

青　春

【美】塞缪尔·厄尔曼

青春不是年华，而是一种心境；青春不是指桃面、朱唇、柔膝，而是坚强的意志，恢宏的想象和炙热的感情；青春是生命的深泉在清新地涌流。

青春气贯长虹，勇锐盖过怯弱，进取压倒苟安。如此锐气，二十后生而有之，六旬男子则更多见。年岁有加，并非垂老，理想丢弃，方堕暮年。

岁月悠悠，衰微只及肌肤；热忱抛却，颓废必致灵魂。忧烦，惶恐，丧失自信，定使心灵扭曲，意气如灰。

无论年届花甲，拟或二八芳龄，心中皆有生命之欢乐，奇迹之诱惑，孩童般天真久盛不衰。人人心中皆有一台天线，只要你从天上人间接收美好、希望、欢乐、勇气和力量的信号，你就青春永驻，风华常存。

一旦天线下降，锐气便被冰雪覆盖，玩世不恭、自暴自弃油然而生，即使年方二十，实已垂垂老矣；然则只要竖起天线，捕捉乐观信号，你就有望在八十高龄告别尘寰时仍觉年轻。

父亲深重地念叨着这最后一句话"一旦天线下降"，沉思片刻后我本以为他要休息了,他却又来了精神,要再和我说些学术方面的话。他先引用了一句成语,然后说:"人类历史的发展历程,固然有客观规律即必然,但绝不是平铺直叙那么简单,偶然因素和外界制约因素多,情况也就复杂了。同样地,人们对一些事物的认识更会随历史发展和历史状况而反复再反复,老子的《道德经》,六千多字,对它的认识现在也没停止,还有对《山海经》的认识。这就是社会科学的复杂性,和自然科学不同。"我补充说,在水的沸点就有个现象,一般是到了一百度必定沸腾,但当环境特别安静缓缓加热时,会超过一百度才突然而猛烈地沸腾;水到了零度必定结冰,但当水太纯净时(没有杂质做冰核),要到零度之下才结冰。现在出现了突变论来模拟一些社会现象了。

他接着说:"从一个制度转化到另外一个,可能反复多次。尤其是私有制的出现历程,当自然环境条件好些,有了剩余食品,私有制萌芽出现了,可疾病灾荒来了,私有制的雏形就又消失了。这个群体有了私有观念,旁边没有,互相也会有种种较量冲突。如此反复,进进退退,出现文明萌芽的地域缩小—扩大—又缩小,逐渐形成大面积的社会进步且自然环境好,才会逐渐稳定下来。许多新事物的进展能有像扭秧歌那样进两步退一步的前进形式就算不错了。"又说:"学术上的认识进步也如此,有时会反复,也会进进退退。马克思指出了社会发展史,很了不起,但是有一点:各个地域的具体发展历程和表现的形态,又有千差万别,忽视这些差异就会走弯路;注意到这些差异性就有收获,反复再反复,否定之否定……五四运动过去几十年了,对它的认识总结却还没有完。"

我这时猛然发现他已经疲倦、话语无力了,赶紧扶着他进了卧室。

几天之后,父亲又突然想起了逝去二十多年的李四光。问我:"你们单位是由李四光组建的,现在有了李四光学术思想的继承人了吗?对他的预报地震的核心思路有了掌握和发展了吗?"我觉得对这个敏感问题很难直接回答,就推说道:"可惜,李四光在那个年代自称自己的学说是革命的,意指其他学说是资产阶级的,现在他的学说不大被提及了。"父亲对我的草率回答并不满意,说:"我是在问你,他的预报理念有人掌握,甚至发展、前进了吗?还是被否定了?总该说清楚。"我答:"我说不清(其实我心里想,要说的太多了,也容易引人伤心)。"他说:"一个单位、一个系统,不能科学地总结过去,那又怎能科学地创造未来。"

4月中下旬开始,父亲头脑虽还清楚,但看上去明显感觉很疲倦,说话一多就会口干,吃饭也不香了。他曾对母亲说,还想去公园走走,却没这个力气了。我们担心他心血管出现新问题了,可是到了协和医院却未发现心脏有异常,说只能在家继续吃药休养。后经联系,有个空军总医院可以安排住院,环境较好,且有中医配合调养。

"五一"过后,去医院的前一天,我们兄妹陪着他在家吃完晚饭,他让我再把《威廉·退尔》序曲的磁带拿出来:"再把前面的第一段放两遍吧,我爱听,这个主旋律太美了,极其简洁却常在我耳边回响:瑞士的田野村庄,风光秀丽,呈现着宁静安详的生活情景,后来被侵略者打碎了……"

住进了这个安静的医院,平稳地维持了近一个月。到了6月初,他的疲倦感不仅没有改观,还出现了肚子痛、大便不畅等新情况。医生认为是肠梗阻,建议还是到协和医院挂急诊,这次他们(协和医院)总该接纳住院了。

6月5日早晨[①],我们把父亲转送到了协和医院的急诊处,做了大半天的各项检查,中午时被认定直肠有问题,需立即做手术。这天晚上,手术室门口楼道里,挤满了闻讯赶来的三十多位他的同事、学生

[①] 自父亲住进协和医院后,我们每天在记事本上做简要记录,所以这里讲到的时间较细致、准确。

和朋友。

手术之后,他住进了重症监护室,曾有四五天的时间头脑比较清醒,医院每天有控制地安排了短暂的探望时间,大家排成队匆忙地停留片刻就赶快让给后面的人了。父亲当时心情很好,对探视的人滔滔不绝地笑着说:"看你们紧张的,别那么快走,别像那个——像那个做遗体告别似的,我会好的,以后我还要和你们讨论些事情呢。"

"当年恺之在这里出生时,护士用一只手把他的双腿提起,用另一只手轻轻拍打他的后背几下,他哇的一声哭了出来,一个新生命就诞生了,那是多美的瞬间啊。"

"我很好,我出院后还能做事。"

"我哪会那么容易地走呢,我有事情要做,事情也不会放我走啊。"

他见到了俞伟超,更是高兴地抓着他的手说:"前几天我有嘴说不出话,有手也不能动弹,真是着急啊。现在真好啊,我终于又能和你交谈了。看窗外的阳光多好。生命,生命就是幸福啊。"

6月10日,身在辽宁陪许倬云先生做实地考察的张忠培,特意委派妻子马淑琴前来看望。父亲急切而执着地问她:"忠培呢?"她马上答道:"他正在和郭大顺先生陪着许倬云先生考察红山文化遗迹呢。"父

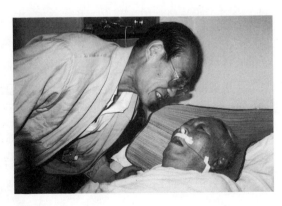

和俞伟超的最后一次交谈

亲好像有话要对张忠培说，眼光里透露着期望和期盼。就在这天夜里，父亲在迷糊中突然呼喊道："忠培，忠培……"我们知道，父亲一定是有话要对张忠培说。

6月13日，父亲从重症监护室转移到了普通病房，大夫特意告诉我们要仔细称量每天的喝水量与小便量，说他肾脏功能不好，血液里钠钾不平衡了。而且，要注意测量体温。但他身体虚弱，昏睡，每天只醒来片刻，虽还有些思维，但已没有多少言语了。

6月14日夜，他昏迷中似要努力地睁开眼睛，朝着天花板喃喃地说："我看见了，听见了，还想睡……"他一边说还一边想把手伸起来，再后面的几个字就听不清楚了，歪过头又睡下了，让全家人很揪心。这是父亲在病床上说的最后一句话。

6月15日早上，父亲的体温突然升到了39度，我们赶紧找了医生来，医生说是肺炎。用药，打针，每天如此。大家心急如焚，不断地测量体温，盼望着尽快恢复正常。他一直昏睡，很少睁开眼睛。

6月16日下午，许倬云先生由张忠培陪同，专程来到了医院。可是病房所在的三层没有电梯，许先生未能如愿，只好请张忠培夫妇代为探望。这成了父亲和许先生永远的憾事。又过了几天，台湾的杜正胜先生来北京做学术交流，特意请人对父亲致以慰问。

香港商务印书馆早就知道了父亲病重的消息，特意让印刷厂加紧印制《中国文明起源新探》一书，并特意派专人于6月17日带着尚未装订好的第一本样书火速赶到病房。此后一两天里，俞伟超、童明康等先后前来探望时，都曾拿起这本书向他汇报。但此时父亲的眼睛只是睁开片刻，也似能听懂一些，我们用大纸和水笔写上"你的著作出版了"拿给他看，却看不到他有什么反应了。

25日至28日的四天里，他在上午能张大眼睛了，每次持续一两个小时，好像能听到和理解我们说的话，但眼睛转动很少，更不能说话。在这个很重要的时刻，我们全家五个人一直站在他身边对他说，放心吧，你会好起来的，咱们一起回家。母亲握住他的大手说："回家后，我再给你做又薄又软的热面片汤吃。"我们看到，他的眼角竟有了少许泪水。我们百感交集，期盼着奇迹的出现。

6月29日白天，他没有睁开眼睛。我们隐隐有了不祥的预感，却毫无办法，只能静静地等候。到了夜晚，他身体偶尔有些轻微的摇动，我还以为他会有好转，便默默期待着。

到了30日的清晨1点钟刚过，他突然呼吸短促，监视屏幕上的心动图形异常，我赶紧请来了大夫，大夫说"不好"，连忙推来了救急推车，三四个大夫采取各种急救措施。我们子女都在一旁恳求地说，请尽量抢救啊，哪怕再撑过一天也好，明天就是香港回归祖国的日子了啊。大夫边操作边回答说，我们会尽全力的！到了1点半，大夫们停下了人工呼吸，关掉了心脏电击仪器，遗憾又无奈地说，确实没有办法了，我们尽力了。

那时我们不能及时和母亲联系。但这天晚上10点该入睡时母亲却觉心里不安，到了12点多硬要保姆陪着赶快打车到医院看看。保姆搀扶她赶来时，正好赶上我们四个子女看着医生给父亲做最后的各项处理，母亲立刻抓住父亲的大手，一连串的眼泪夺眶而出，滴落在床单上。

父亲安详地、有尊严地离开了人世，还没有到88周岁，他就永远地告别了这个世界。

我们陪着母亲回家，一路悲伤无语。医院的诊断书上写着：肺衰竭，心脏衰竭，肾脏衰竭。这时，我想起了傅吾康教授的女儿写到她父亲去世的话："（他）漫长的一生，精彩充实，富有尊严而令人敬佩，留给我们宁静祥和的最后回忆。"

回家后，我们按照母亲的指点在客厅布置好了灵位，挂上了父亲的遗像。我们劝她赶快休息，她说，我不困，我就守在这里坐着吧。我们打电话、接电话，一直忙到了天亮。接着便是接待来往的客人，同时也开始考虑善后的事宜。

奶奶曾在五十多年前对我讲过，父亲是属鸡的，是鸡鸣时分诞生的。如今快到鸡鸣时分时，他又走了。他对我说过的"风萧萧兮易水寒，壮士一去兮不复还"又在我耳边响起，震撼着我的身心。

遗嘱

7月1日一早，神情严肃的俞伟超先生拿着一个硬文件夹来到我家，探望慰问了母亲后，对我们说，现在，他要把存放多年的重要材料交给我们，这里记录了事情的经过和父亲的原话：

> 1991年9月19日上午，在呼和浩特开会期间，在住宿的宾馆里，苏秉琦先生曾与张学海、田广金谈话。谈话中途，苏秉琦先生忽然把旁边正在打瞌睡的俞伟超叫醒，对着俞伟超、张学海、田广金说："我立一个遗嘱。我死了以后，把骨灰撒在渤海之中。这是我的遗嘱。中国的海域很大，但许多地方却跟中国以外的境界发生关系，难以有界线。渤海湾在辽东半岛与山东半岛之间，正是中国的国门，所以我的骨灰要撒在那里。"

我们五个人对于俞先生带来的这个遗嘱丝毫不感意外。一来父亲和我们聊天时也曾说过，渤海湾是个好地方，是中国对外的一个门户。二来，父亲一向对他的诸多弟子们疼爱有加，赞扬和信赖有时胜于对自己的孩子，而且我们也隐隐感觉得到，俞先生这些年来对我家格外关切。

于是，我们四个子女随着母亲，和俞先生一起商定了具体的后事安排，并确定不久后由慎之到石家庄，和河北省文物局具体安排去渤海湾撒骨灰的事宜。

借着这个机会，母亲向俞先生说："他早就把出版两本书得到的近三万元的稿费让我单独存放起来了,说是将来给北大考古系的贫困学生用,还说过将来要把家里的存书,包括期刊,全都送给北大,这事怎么办?"俞先生答:"我也知道点,你们和北大的李伯谦先生联系吧。"

在这期间,我脑海里不断地联想到,美国教育家本杰明·梅斯写过的一首诗,我很爱它的风格,曾在几年前向父亲念过,父亲也很欣赏它。为了表达我失去父亲时的心情,对其文字作了少量的改动,也由此变成了我对父亲一生的概括:

人活着不是单单依靠食物。
而是靠着以下这些而活:
靠着和家人友人的感情与挚爱,
靠着人与人之间的谅解,
靠着和众多同仁的通力协作,
靠信心:对学术前景的信心,对自己和别人的信心,对祖国和民族未来的信心。

余音绕梁

魂归大海

1997年7月18日,许倬云先生给张忠培发来传真,说他按照杜正胜的嘱托,写了挽联,请代为找人书写成字幅,供哀悼仪式上悬挂。可惜许倬云先生的唁电迟来了一天。7月17日,在北京八宝山公墓,有

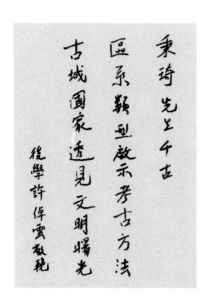

许倬云先生的唁电

六百余人前来为父亲送行,其中有不少人是专程从外地赶来的。俞伟超和谢飞代表了学生和家乡人,自始至终低头站立在一号大厅的门口两侧。场面凝重感人。乔石、李瑞环、李铁映、费孝通、卢嘉锡、宋健、胡绳、刘云山、邓力群等领导人和社会科学院、国家文物局、故宫博物院、历史博物馆、北京文物局、各地考古研究所和设有考古及博物馆专业的大学等单位或团体送来的花圈和挽联,从满满的大厅内一直摆放到了屋外。门外还悬挂有张忠培和严文明题写的大型挽联。

来自电视台和新华社的三台摄影机,同时在拍摄。一位摄影师事后打理行装时向我们家人说道:"能看得出这是位很值得爱戴、尊重的人,这么多人是自发带着真心前来的,这场面让我们也很感动。我们明明知道,没有头衔的教授的去世告别信息是上不了电视台的新闻的,当然也有领导觉得该破例,可那也不成啊。我们领导还是让我们来拍摄、先记录下来再定吧。其实,老先生既然生前没上过镜头,更无须在去世后再补上了,草民教授活到今天这份儿上已很不简单了。我们回去整理之后,定会拷贝一份转交给你们家属,也许留给后人会有什么用途。"(该录像资料保存在牛河梁遗址博物馆)

仪式结束后,母亲提出:"咱们再走到父亲身边吧!"她紧握住父亲的大手,许久,许久。这是我们和父亲最后的告别。

母亲把父亲的骨灰撒向大海

1997年9月27日早上，经过了几天的阴沉小雨，天气豁然晴朗，万里无云。在父亲几次来过的渤海湾，河北省文物局联系好的一艘航船，载着父亲的骨灰和参加仪式的一百余人，从秦皇岛向东出发了。太阳升起，阳光灿烂，海面平静，海鸥低空飞翔。仪式上，许多发言深深感动着我们家属的心。我代表母亲和弟妹们致悼词，末尾特意感谢对我父亲、对我全家多年来给予多方关怀的单位和个人。

仪式结束后，俞伟超先生跟我讲，他常常想起他的另一位好老师——沈从文先生。沈先生在经历了苦难年月后离世时，只有他的亲戚和几个朋友共十几个人前来送别，媒体的报道更是微弱。俞先生深感世态的不公，但只能这样安慰自己：历史终会给出裁定。

母亲离去

父亲走了，家里也逐渐变得冷清了，我们常去看望母亲。父亲的离世，对母亲是个重大打击，还好，她挺了过来，这是我们子女的福分。我们也借机多让她给我们讲些往事，记忆在心。时间一天天过去，她的身体逐渐衰弱，近视、白内障、听力差、胃不好，关节炎等问题逐渐显露了出来。但她心脏还好，一生没闹过大病，吃药也不多，也一直不愿给子女们添麻烦，是位很皮实、很顽强的人。1998年，曾就读于北京大学的霍丽娜（霍英东之女）专程前来慰问母亲，并对我们家属说，如果北京大学在实施"苏秉琦考古奖学基金"中遇到什么困难，请不要客气，和她联系。

2006年夏，时年95岁的母亲在家跌了一跤，手腕骨裂。自此活动受限，此事对她的精神也产生了一定的负面影响，不过她的头脑还算清醒。但是到了2007年，她开始变得迟钝了。2008年元旦前夕，她的反应突然变得更加迟钝了，一些不常见的熟人不认识了，和客人的交流也有了障碍，食欲也差，家里的护理已经跟不上了。于是在1月底，急忙住进了医院。医生认为,她的几个部位都出现了衰竭,只能尽力护理调养了。半个多月下来,似有一点好转。

2008年2月14日上午,突然地,母亲的心脏、肾脏、肺脏,都显示出明显的衰竭。尽管医生努力抢救,但还是于当晚10点,很平静地停止了呼吸,享年97岁。我们全体子女和我们的孩子们围绕在她的身边,为她鞠躬,向她告别。

一生跟随着父亲,一生操劳着这个考古之家从未歇息的母亲,就这样安详平静地离开了我们。这个自1932年结合、1935年在北平安家的为中国考古而生、从未停歇的家庭,经历了多少波折却又非常幸运的家庭,维系了七十五年后就这样安详平静地消失了。

父母在炎黄陵园的墓碑

遵照母亲的遗愿,我们把她的骨灰大部分撒在了渤海湾,随父亲而去。接着,我们又把两个人象征性存留下的少量骨灰,一起安置在了北京北郊的炎黄陵园,墓碑面对正南方,对着他们的老家;背后则是牛河梁。

余音绕梁

2009 年秋,在父亲生前日夜挂念的辽宁牛河梁,举行了"纪念苏秉琦百年诞辰暨牛河梁遗址发现三十周年大会"。会上,我作为苏秉琦的子女代表在发言中说道:

> 回想十二年前,在父亲弥留之际,我们曾想起一位哲人的名句:生命的意义在于和外界的联系,这种联系越是广泛紧密,就越有意义。每个人都有一个天线,用以接收外界的信息,和向外发出自己的信息。一旦这个天线降下,生命也就失去意义。在失去父亲的悲痛时刻,我们朦胧地觉得,他的一切都已结束。
>
> 然而十二年来,我们却有了诸多深层的感触。父亲的名字仍被许多人提及,这不仅仅局限于他的亲人、他的同仁们和学生们,更多的是未曾见过他的人。人们常谈论起他的学术思想与见解,他的工作方法,他的奔走足迹,等等。在这些谈论中,有的正在把他的理论认识深化、细化或是提升,有的正在按照他的学术思想和方法把具体工作延拓、发现了新的资料和新的线索,等等。所有这些表明,近十几年来,在努力创新、建设具有中国特色的考古事业的进程中,中华文明起源探索中,父亲的学术思想和理念依旧在被传播和运用,被传承和发展。他的敬业精神和学术思想没有逝去,他的生命意义还在这世上!我们在深深地感谢所有关心父亲未竟事业的人们的同时,也领悟了:当一个人把他的身心融合在他所热爱的事

业里,并持之以恒,那么事业的发展历程中也必定会留下他的印记,这个印记是对他最好的怀念和尊重。我们进而对于人生意义有了更深切的理解:在生命体结束后他的思想和精神依然对社会进步有所贡献,才是更有意义的人生。

会议期间,时任国家文物局局长张文彬同我谈道:苏秉琦的天线永远不会倒下,将来也不会,这是历史。他是集考古教育家、考古理论家、考古思想家和考古实践家于一身的人。又说:一个学科的发展,有没有学科自身的理论大不一样,但并不是每一个学科都已建立了自己学科的理论。中国考古学因为有苏秉琦先生为代表的一代人为建立学科理论所做的贡献,才少走了许多弯路,这是学科的幸运,也是中国考古人的幸运。

此次大会同时举办了"牛河梁国家考古遗址公园建设启动仪式",此后良渚遗址公园建设也启动了。父亲的大遗址理念正在现代化文明建设中开始得到实际运用。

纪念活动结束后,父亲的《中国文明起源新探》一书,又在三联书店出版了简体字版,后又由辽宁人民出版社再版。其中的几部分重要内容,由王涛先生译成英文,准备在国外期刊上发表。

2014年4月26日,在宝鸡的斗鸡台陈宝祠附近,当地政府和有关部门特意种植了纪念树,用以见证陕西考古八十周年,以及苏秉琦从事考古工作八十周年,缅怀在国家危难时刻还曾在那里默默工作过的考古人士。

2014年5月,北京大学赛克勒考古与艺术博物馆举办了小型的展览:"考古追梦人——苏秉琦考古生涯及捐赠图书展",展览的前言里写道:

> 苏秉琦先生六十余年的考古生涯中,他从一处遗址(斗鸡台)、

一类器物（瓦鬲）和一种考古学文化（仰韶文化）出发，成功地示范了如何开展考古学研究。他继而以"区系类型"为手段，以探索中国文明起源和重建中国古史为目的，完美地诠释了中国考古学的学科定位。他更呼唤与憧憬"考古学的新世纪"，宣传中国考古学"走向世界，面对未来"，以探索人与自然的和谐为最高目标，从而完整地定义了考古学学科的终极使命。

六十年考古，半世纪传薪，一生诲人不倦，桃李满天下。

苏秉琦先生有科学家的严谨、哲学家的思辨和诗人般的情怀。他是中国考古学的见证人、实践者和思想家。他献身于人民的事业，他缔造了学科的辉煌。

后　记

　　2014年，适逢父亲诞辰一百零五周年，母亲诞辰一百零三周年，也是父亲参加陕西考古发掘工作八十周年。本书的问世是我们子女对父母的最好纪念。我们以此书，向各个时期和各种环境下，对父亲母亲、对我们这个家庭给予过多方关切和帮助的友人、单位，致以由衷的感谢：没有你们营造的良好环境，就没有苏秉琦的人生和成绩。

　　往事如烟，中国考古学历史的篇章翻过了一页又一页，一代代新人在以创新理念继续前进时，还会提及父亲的言论和学术思想，这是让我们子女最为感激和震撼的。父亲把他的生命融入了所热爱的中国考古事业；离世后，事业洪流中仍流淌着他的生命。生命在事业中永存，这是他留给我们最大的财富。我们子女愿把这些欣慰和收获，连同他在家庭生活中的喜怒哀乐写下来，让大众对这个考古工作者爱国、爱民族的心路历程有所了解，也以此书告慰慈祥的父亲母亲：辛劳了一辈子，你们可以安息了，就像走在你们前面的诸多可敬的老前辈那样。

　　本书的写作经历了孕育—动笔—迷茫—加速的过程，说来话长。十七年前父亲离世后，我们子女很是忙了一阵：给几个单位挑选所需的照片并注明日期地点；捐献家里的书籍期刊、重要的家具，交接时对那些有故事背景的遗物做说明；为出版纪念文集，郭大顺和高炜先生要我们提供父亲前半生的活动素材，为此我们取得了老家高阳县文物保管所、北师大校史办公室的支持，得到了许多珍贵资料，又写了纪念性文章；把父母的重要遗物送交牛河梁遗址博物馆以及正在筹建的陕西考古博物馆，为了让年轻人知道这些物品背后的故事，撰写了很多文字材料。

这期间，我弟弟受到他岳父家续写家族史传统的启发，有意常和母亲聊天，果然听来了许多以前不曾知道的往事，并做了记录，这使得我们对父母在50年代之前的事情有了更清晰的了解。我比弟妹们大5到8岁，原本比他们知道得多，也就接受得更多、更细致些，我也好奇地和母亲核对、追问一些细节。未曾料想，这些琐事成了本书前篇的重要素材。

进入新世纪以后，我翻阅着近千张旧照片、数百封来往信件，从中看到了父亲的活动轨迹，幸好他对重要照片附有简单的注释。他的笔记本和许多不成文的纸片，也记录了他的行动和心思。与此同时，我也利用尽可能的机会，去了父亲生前去过的许多地方：平谷、琉璃河、易县、阳泉和蔚县等，在与当地人的交谈中深受感染与鼓励。2009年初，在开始准备纪念父亲百年诞辰大会的讲稿时，这许多往事渐渐联想并串接在一起，在我心中逐渐明朗，我开始觉得，我可以也应该，以父亲的一些照片、手札为"准心"，写出几篇专题性的怀念文章，比如关于父亲的家庭、昆明的记忆、父亲的挚友、父亲和北大等。纪念活动进行时，我受到启示，又萌生了把父亲的一生写成书的想法。回京后和友人谈起，他们持有两种意见，多数人认为我这个学理科的门外汉，必须先看一些名人的自传或传记，有了样板再做构思，找出版社协商后再动笔；也有少数人认为这样会有副作用，增添写作的思想束缚。我采纳了后者，不去看那些样板而"一意孤行"。从2009年冬季开始不分日夜，钻在父亲的手稿、信件和照片堆里，把每时每刻回想起来的极其零散的大小情节、故事、人物，以及我的所见、所闻、所想，以自然小段的形式一一写出，再做连接。到2011年底，已有了近十六万字、约七十个自然节的散碎素材。写作过程中，我对父亲的一生逐渐有了轮廓性的新体会，但又强烈感到，远未触及父亲学术思想的精髓，也未能深入理解他宽容的心地，对他的叙述显得粗浅、零散，头脑里涌现出了许多问题想再问问父母，却已无奈。我也曾把这些素材拿给几位友人阅读，他们都觉得我写作的初始就缺乏目标、提纲，各章节之间联系不够紧密，是十足的"自由散漫体"，让读者阅读如此琐碎凌乱的原始性素材，难以对苏秉琦做出总体概括，也就难被出版社接纳。此时又正逢右手有疾，不能握笔，写作竟然搁浅了一年多，内心极度苦恼。但是，在这一年多时间里，一些新发生的事情一再激励、触动着我难以平静的心。

有的老学者离世后，生前许多文字材料被家属轻易或无奈地处置了，这绝非主人本意。我父亲曾讲过佟柱臣研究员，于20世纪60年代初到研究所工作，这和裴文中先生的鼓励是分不开的。但是在文凭唯高的环境里，他自然是默默努力工作，自己认可自己，忠厚待人，忠于学问，直到三十年后才逐步好转并取得瞩目成果。前几年老人去世后，他遗留的大量文稿由他女儿来继续做整理。他女儿的奋斗精神令我景仰。

李晓东先生与我们素不相识，却让我们很感动。他把我父亲1964年在一个文物保护会议上的发言整理了出来，让更多世人知道，我父亲在那时就首次提出了大遗址的概念。这启发了我，必须认真善待父亲书房里的资料，尽量公之于世，少些损失。

一些展览和网上的文章，使我深有感触。在20世纪50年代初，考古所喜气洋洋地成立，人心一致，积极组织力量尽早出野外，可有的文章只说那时人员来路多、情况复杂等。又如，有人说建国前北京和南京的考古是两个派系。这样讲固无不可，但读者会误以为两者不容。据我所知，这所谓的两派在五六十年代是相敬如宾、配合很好的。这更让我意识到，发生在我家里的许多小小往事，如果我不把它写在纸上，随着时光流逝，必将烟消云散。

怀着对父母的思念，我去了沈阳、东山嘴和牛河梁，去了瓶窑和良渚遗址，去了泰山和大汶口，去了铜绿山，去了夏县、侯马、太原，去了成都、上海、南京、广州、福州，感受父亲当年的足迹和心迹。我见到了不少人，加深了对父亲的认识，但也有许多我原本想见的人竟然已匆忙地离去了。我越发感到自己的时间不多了。

2013年初，我到长春地震部门出差期间，拜访了吉林大学边疆考古研究中心，见到了赵宾福教授。他是张忠培先生的高足。我惊奇地看到，在他办公室醒目的位置挂着我父亲1988年参加他硕士学位论文答辩时与其同门同届研究生的合影。闲谈中我请赵教授简单地翻看了书稿前半部分素材。他认为：你不是写"苏秉琦传"，也不是写"苏秉琦学术思想史"，因此可以不拘泥于格式。后来他又在邮件里更加明确地说："你就是要从生活、家庭的视角来写，从他作为儿子、兄弟、丈夫、父亲、师长、朋友、公民的视角来写。这种如实的、写真的、以素材为主的'原生态'式的写法，不仅是可取的、而且是有意义的。更重要的是，你的著作将为更多的人日后研究苏秉琦、认识苏秉琦、评价苏秉琦，提供一份难得的属于学术之外的珍贵材料，而恰恰是这部分材料才最有可能帮助大家找到'苏秉琦之所以能够成为苏秉琦'的真正答案……"

上述种种事件让我明确认识到，书写父亲的心迹与足迹，这是对父亲的一份爱，更是回报社会的一种责任。我于2013年春又回到了键盘前，专心做这件事。父亲给了我生命，如今我该用我生命的一小部分为父亲再做些事情，这是父亲没有交代给我但我该自觉去做的最后一件事。

我记住了赵宾福教授的嘱咐：务必注意内容的科学性和真实性。我对记忆深刻的情节描述得很细致，例如对王振铎先生在我家里谈话细致的描写，源于我对他的崇拜，而且他的话语很容易被我接受，事后我还从父亲那里进一步得到了消化理解；而徐旭生先生、俞德浚先生的许多重要谈话，我能理解的很少，因此写作时只能慎重选择，粗略记述。有的历史事件如1945年发生在昆明的"一二·一"流血事件、生物学界在50年代大力推行米丘林和李森科学说活动等，我年幼时只是模糊地听说，了解极少，在写作时查阅资料后稍作叙述。再有就是父亲在家里的许多谈话，几乎全是事后的回忆，难免有偏差，对这个问题的处理办法是，凡是我觉得比较肯定的近于原话的，加了引号，而只是其大意的则未加引号，叙述大概。有些和学术关联较密切的话语我尽量和他的文字材料相对比，防止出现大的偏差。下篇收录了许多父亲的手札、散页等资料。从有了复印机之后，他常把一些重要信件在发出之前留下复印件，这就让我得以引用原文，还原事件更加真实可靠。

在写作的紧要关头，2014年4月26日，我有幸参加了陕西考古学会在宝鸡举行的小型座谈会，会间意外而兴奋地见到了久违的徐旭生老伯的子女王忱和徐桂伦。他们竟用了二十年的时间，去了徐老伯当年科学考察的地方，对当时中外第一次科学考察做翔实的调研，最后写成《高尚者的墓志铭》一书（中国文联出版社，2005年）。同样，上海大学美术学院的罗宏才教授，也用了二十年的时间，调研了陕西省考古的历史，最终写成洋洋六十万字、照片四百余幅的《陕西考古会史》（陕西师范大学出版社，2014年）。在和他们的交谈中我意识到，对于当时北平研究院的工作和业绩，现在的人了解甚少，以往出版的权威书籍也叙述有限且有偏漏。这两本书补充了以往出版著作的空缺，都是我的好榜样。回京后，我再接再厉"冲刺"了四个多月，终于在2014年9月完成初稿，然后整理图片，并开始与出版社接洽。

全书按时间先后叙事，有的事和人，经历了较长时间，所以将涉及的内容和情节，按照时间的发展放到了不同章内。各部分篇幅因叙事需要长短不一，未做刻意剪裁或调整。一切随其自然。

因本人视角和认识水平有限，所写内容恐不能做到客观全面，其中定有不妥之处，亦请批评指正。书中涉及与我父亲相识相交的高人、贵人，为了便于行文，大多没有冠上职称、职务等。

后篇收录了父亲未发表的成段的文字和通信,形式上显得有些罗列化,这是考虑到它们难有专门出版的机会,同时为了保存它的史料价值,所以原样展示,希望能为研究学术史的学者提供原始资料。原拟使用二百余张照片,后经筛选,精选出一百余张配合文字,以飨读者。由于认识的人有限,照片里部分人的名字没能列出,敬请谅解。

本书得以顺利成稿、出版,得到了张忠培、郭大顺等先生的诸多指点和帮助。高蒙河教授、赵宾福教授也做了很多校勘工作。作为非考古专业出身的我,对他们的慷慨支持和悉心帮助表示真诚的感谢!

三联书店曾于1999年出版了父亲的《中国文明起源新探》中文简体版。在发行仪式上,孙晓林编辑对我说,真没料到,有那么多苏秉琦的学生由衷热爱着老师,认真为老师的书埋头做了大量细致工作,着实让人感动。现在,本书又得到三联书店总编辑翟德芳先生和编辑曹明明女士的鼎力协助,对行文做了诸多重要的润色。在此一并特致诚挚谢意。

苏恺之

2014年10月4日于昌运宫